2030년, 남북은 왜 만나야 하는가?

SCIENCE
&
TECHNOLOGY

통일보다 더 큰 통합을 위하여

2030년, 남북은 왜 만나야 하는가?

김수한 지음

WHY SHOULD THE SOUTH AND THE NORTH MEET BY 2030

大韓國民의 운명을 가를 5년, 남북이 만나야 역사가 열린다!

"남북이 다시 만난다면, 우리는 묻지 않을 수 없다"

- 그동안 우리는 얼마나 준비되어 있었는가?
- 얼마나 열린 마음을 가지고 있었는가?
- 그리고 이제부터 무엇을 해야 하는가?

바른북스

추천사

국방부 장관으로 재직하던 시절, 김수한 기자는 국방 정책의 현장을 성실히 취재하던 기자 중 한 사람이었다. 그는 단순한 기사 작성을 넘어 사안의 구조적 맥락을 파악하려는 태도를 일관되게 보여주었고, 그 관심은 결국 학문적 탐구로 이어져 북한학 박사라는 이력을 더하게 되었다. 그리고 지금, 《2030년, 남북은 왜 만나야 하는가?—통일보다 더 큰 통합을 위하여》라는 책으로 그간의 고민과 연구의 결과를 차분히 풀어내고 있다.

이 책은 단순히 통일의 이상을 말하지 않는다. 감정적 주장이나 이념적 서술이 아닌, 차분한 어조로 남북관계가 왜 지금 다시 이어져야 하는지를 설명한다.

책의 중심에는 "외부가 결정하기 전에, 우리가 만나야 한다"는 문제의식이 절절히 자리하고 있다. 한반도는 지정학적으로 외세의 이해관계가 집중되는 지역이다. 남북이 대화하지 않으면, 우리의 미래는 외세의 논리에 따라 결정될 수밖에 없다는 사실은 누구보다 안보 분야에 몸담았던 이들이 절감하는 현실이다. 특히 국제 정세의 급변과 미중 전략 경쟁이 격화되는 상황 속에서, 남북이 대화하는 것이 얼마나 중요한 일인지 이 책은 잘 짚어낸다.

또한 이 책은 남북의 만남이 단지 통일을 위한 사전 단계가 아니라, 그 자체로 전략적 의미가 있다는 점을 강조한다. 대화를 통해 긴장을 관리하고, 상호 오해를 줄이며, 나아가 공동의 미래를 설계할 수 있는 공간을 마련하는 것이 바로 '만남'의 실질적 가치다. 저자는 이 점을 군사, 외교, 경제, 사회문화 등 다양한 영역을 통해 입체적으로 설명하고 있다.

나는 이 책이 우리 사회에 필요한 균형감각을 제공하리라 믿는다. 안보는 결코 평화와 반대되는 말이 아니며, 오히려 튼튼한 안보야말로 대화를 가능하게 하는 조건이라는 점에서, 이 책은 그 둘 사이의 연결 고리를 잘 설명하고 있다. 국방을 다룬 사람으로서, 그리고 오랜 시간 국방 정책을 지켜봐 온 기자이자 학자로서 김수한 박사가 써낸 이 책을 기쁘게 추천한다.

2025년 5월 31일

정경두 전 국방부 장관·합참의장

머리말:
남과 북, 왜 지금인가?

분단은 우리의 일상 속에 너무나 깊게 스며들어 이제는 당연하게 여겨지기까지 한다. 분단된 지 80년 가까운 시간이 흐른 지금, 남북은 너무도 달라졌고, 서로를 이해하는 언어조차 달라지고 있다. 그러나 이러한 단절 속에서도 여전히 "왜 우리는 만나야 하는가"라는 질문은 유효하다. 아니, 지금이야말로 이 질문을 다시 던지고 대답해야 할 때다.

한반도는 여전히 세계에서 가장 뜨거운 지정학적 갈등의 지점이며, 남과 북의 관계는 동북아 평화의 핵심 변수이다. 남북이 갈등하면 군사적 긴장이 높아지고, 남북이 대화하면 세계는 그에 주목한다. 단지 민족의 문제가 아니라, 국제 정치의 중대한 요소로 기능하고 있는 것이다. 북한 핵 문제, 미중 전략 경쟁, 일본과의 역사 갈등까지 얽혀 있는 이 지형도 속에서 남북관계는 결코 독립적이지 않다.

그렇기에 남북 문제는 단순히 역사적 고통의 회고에 머무를 수 없다. 우리는 냉전의 유산을 극복하고 새로운 시대적 비전을 마련해야 한다. 이는 통일을 해야 한다는 당위의 문제가 아니라, 앞으로 이 땅에 살아갈 세대들에게 보다 평화롭고 지속 가능한 미래를 남겨줄 수 있는가 하는 생존의 문제이기도 하다. 전쟁의 위협이 일상이 되어서는 안 되고, 분단이 숙명이 되어서는 더욱 안 된다.

특히 지금은 새로운 세대가 등장하고, 남북 모두가 커다란 사회적 변화를 겪고 있는 시기다. 남한은 정치·경제적으로 성숙한 민주국가로 자리 잡았고, 북한도 과거와는 다른 방식으로 변화하고 있다. 내부적으로는 시장의 확산과 주민들의 생활양식 변화가 감지되고 있으며, 외부적으로는 국제사회와의 관계 속에서 자구책을 찾고 있다. 이러한 변화의 교차점에서, 우리는 다시 남북의 만남을 이야기해야 한다. 이는 회복과 상생, 공존의 미래를 위한 출발점이다.

이 책은 단순한 통일론을 말하려는 것이 아니다. 우리는 왜 만나야 하는지를 묻고, 그동안 만나지 못한 이유를 되짚으며, 다시 만날 수 있는 조건과 미래를 상상하려 한다. 그 과정에서 '만남'은 단순한 제도적 통일을 넘어서는 개념이 될 것이다.

그것은 한반도에 살아가는 사람들 간의 신뢰, 공감, 그리고 지속 가능한 관계의 복원을 의미한다. 그 여정을 통해, 한반도에서 '분단'이 아닌 '연결'이라는 새로운 언어를 만들어 갈 수 있기를 기대한다.

追伸: 다행스럽게도 6월 3일, 새 대한민국 대통령이 평화적으로 선출되었다. 모두 이 땅을 굽어살피는 하늘의 뜻이다. 제21대 이재명 대통령에게는 2030년 6월 3일까지 5년간 대통령의 권한이 주어진다. 국가와 민족, 세계의 운명이 걸린 5년이다. 부디 하늘의 선택이 남북의 우리 겨레와 세계 모든 이를 구하기를.

2025년 6월 4일
광교호수에서
김수한

목차

| 추천사 |

| 머리말: 남과 북, 왜 지금인가? |

1부.
남과 북, 우리는 누구인가?

- **1장.** 분단의 기원: 어디서부터 잘못되었는가 ·········· 12
- **2장.** 남북의 체제는 어떻게 달라졌는가 ·········· 22
- **3장.** 민족 정체성, 우리는 한민족인가? ·········· 71

2부.
접촉과 단절의 역사

- **4장.** 7.4 공동성명부터 판문점 선언까지 ·········· 98
- **5장.** 이산가족, 만남과 이별의 기록 ·········· 109
- **6장.** 대북지원과 그 논란들 ·········· 119

3부.
북한을 이해한다는 것

7장. 북한 사람들은 어떻게 사는가? ·········· 132
8장. 북한의 경제와 시장: 붕괴인가 진화인가 ·········· 146
9장. 북한의 지도자와 권력 구조 ·········· 172

4부.
남북관계의 쟁점과 해법

10장. 쟁점과 해법 정리 ·········· 186
11장. 핵 문제, 어떻게 풀 수 있을까 ·········· 199
12장. 주한미군과 평화체제: 동맹인가 자주인가 ·········· 209
13장. 통일 담론과 남북의 통일방안 ·········· 221

5부.
미래를 향한 상상

14장. 독일 통일에서 배우는 것들 ·········· 244
15장. 청년의 눈으로 본 통일, 기회인가 부담인가 ·········· 255
16장. 한반도 미래 시나리오:
　　　공존, 연합, 통일, 그리고 코리안 커먼웰스 ·········· 265
17장. 남북은 왜 만나야 하는가, 만나면 무엇을 얻는가 ·········· 281

| 맺음말: 남북이 다시 만난다면 |

| 참고문헌 |

WHY SHOULD THE SOUTH
AND THE NORTH MEET BY 2030

1부.

남과 북, 우리는 누구인가?

1장. 분단의 기원: 어디서부터 잘못되었는가
2장. 남북의 체제는 어떻게 달라졌는가
3장. 민족 정체성, 우리는 한민족인가?

1장.

분단의 기원: 어디서부터 잘못되었는가

한반도의 분단은 한국 현대사의 가장 아픈 상처이며, 여전히 풀리지 않는 숙제이다. 우리는 흔히 분단을 당연하게 여기거나, 단순히 냉전의 부산물 정도로만 치부하곤 한다. 그러나 분단은 하루아침에 발생한 우연한 사건이 아니었다. 이 장에서는 한반도의 분단이 왜 시작되었고, 어디서부터 잘못되었는지 그 근원을 살펴보고자 한다.

1. 해방의 기쁨이 곧 분단의 서막이 되다

1945년 8월 15일, 일제 식민지에서 해방된 한반도는 독립과 자주국가 건설의 꿈에 부풀었다. 하지만 해방의 기쁨은 잠시였고, 강대국의 이해관계 속에서 한반도는 남북으로 갈라지기 시작했다. 미군과 소련군의 군사적 점령지 경계선으로 그어진 38선은 당초 임시적인 군사 분할선에 불과했지만, 시간이 흐르며 돌이킬 수 없는 정치적 경계가 되고 말았다.

1945년 8월 15일, 일본 제국의 무조건 항복과 함께 한반도는 식민 지배에서 벗어났다. 무력한 민족의 자주적 독립이 아닌, 일본의 패전으로 주어진 해방은 새로운 희망과 동시에 커다란 불안을 안겨주었다. 조선인들은 마침내 일제로부터 자유로워졌지만, 그 해방은 스스로 쟁취한 것이 아니었기에 다음 단계를 주도적으로 이끌기 어려운 구조적 한계를 안고 있었다.

그 사이 미국과 소련은 전후 아시아 질서 재편의 일환으로 한반도 분할 점령을 급히 논의했다. 1945년 8월 10일, 미 국무부의 중령 딘 러스크와 찰스 본스틸은 야전 지도 위에 자를 대고 38선을 선택했다. 이들은 서울이 남한 측에 포함될 수 있도록 경계선을 설정했으며, 이는 군사적 편의에서 나온 결정이었으나, 훗날 정치적 분단의 뿌리가 되었다.

이 결정은 한반도 내부의 정치적 상황이나 민족적 합의와는 무관하게 이루어졌으며, 8월 24일에는 소련군이 북위 38도선을 넘어 평양에 진주하고, 9월 8일에는 미군이 인천을 통해 남한에 상륙한다. 이렇게 남북으로 나뉜 점령은 이후 각기 다른 정치적 질서를 구축하는 기반이 되었고, 이질적 체제를 만드는 씨앗이 되었다.

민중의 입장에서 해방은 일제에서 벗어난 자유였지만, 곧 외세의 새로운 지배 속에 놓이게 되었다는 점에서 진정한 해방이라 부르기 어려웠다. '해방'이라는 이름의 현실은, 오히려 분단이라는 새로운 갈등의 출발점이었던 것이다.

2. 냉전의 세계, 한반도라는 무대

1945년 이후, 세계는 미소 양극체제로 빠르게 재편된다. 한반도는 그 중간에 있었고, 전략적 요충지로서의 가치는 곧 '이념 대리전의 장'이라는 비극으로 이어졌다.

미국은 남한에 친서방적 정부를, 소련은 북한에 공산정권 수립을 추진한다. 서로 다른 체제가 각자의 영역에서 고착되며, 남북한은 단일 정부 수립이 아닌, 각자의 정부 수립으로 향한다.

2차 세계대전이 끝난 직후, 전 세계는 두 개의 초강대국인 미국과 소련을 중심으로 양극화되기 시작했다. 자본주의와 공산주의, 자유민주주의와 사회주의라는 상반된 체제가 충돌하는 냉전 구도가 형성되며, 그 여파는 한반도에도 그대로 드리워졌다.

한반도는 지정학적으로 대륙과 해양 세력이 만나는 접점에 위치해 있었고, 이는 곧 미국과 소련 양국 모두에게 전략적 가치가 큰 지역이었다. 미소 양국은 해방 후 한반도에 자신들의 영향력을 유지하고자 각자의 방식으로 정치적 개입을 시도했다. 미국은 남한에서 친미적 자유주의 정권 수립을, 소련은 북한에서 공산주의 정권 구축을 지원하며, 한반도는 냉전의 첫 시험장이 되었다.

1945년 말 모스크바 3국 외상 회의에서는 한반도에 임시정부를 수립하고 5년간 신탁통치를 시행한다는 방안이 제시되었다. 그러나 이 신탁통치안은 조선 내 좌우 진영의 극심한 반응을 낳았고, 특히 남한에서는 반탁운동이 급속히 확산되며 정치적 혼란이 가중되었다. 동시에 미소공동위원회가 설치되어 통일정부 수립을 논의했지만, 사사건건 의견이 충돌하면서 결실을 맺지 못했다.

이러한 와중에 미국은 1947년 한반도 문제를 유엔으로 이관하였고, 유엔의 결의에 따라 남한 지역에서만 총선거가 시행되어 1948년 대한민국 정부가 수립되었다. 이는 북측의 반발을 불러왔고, 북한 역시 같은 해 조선민주주의인민공화국을 선포하며 독자적 정권을 구성했다. 이로써 한반도는 냉전 구도의 일환으로 각각 다른 체제와 이념을 갖춘 두 개의 정부가 출범하게 된 것이다.

냉전은 단순한 국제 정치의 구도가 아니라, 한반도 내부의 갈등을 증폭시키는 결정적 요인이었다. 외세의 영향력 아래 놓인 남북한은 서로를 부정하고 경쟁하며 체제 대결에 들어섰고, 민족의 화해와 통일이라는 과제는 점점 더 멀어지게 되었다.

3. 좌우합작과 모스크바 3상회의: 길 잃은 통일의 기회

1946년~47년은 통일을 위한 마지막 희망이 있었다. 여운형과 김규식이 주도한 좌우합작운동, 그리고 미소공동위원회는 남북이 하나의 정부를 만드는 기회를 제공했다. 그러나 이념적 대립과 외세의 간섭 속에 이 시도는 실패하고 만다.

한편, 1945년 모스크바에서 열린 미·영·소 3국 외상 회의에서는 '신탁통치'라는 논쟁적인 안이 나왔다. 이 시기부터 '외세의 개입'과 '민족 내부의 분열'이 동시에 작동하며 통일은 점점 멀어졌다.

모스크바 3상회의(1945년 12월 16~25일)는 해방 후 혼란스러운 한반도에 대한 국제사회의 첫 공식적 접근이었다. 이 회의에서 미국, 영국, 소련은 한반도에 임시 민주정부를 수립하고 5년간 신탁통치를 실시한다는 방안을 합의하였다. 이는 단일 정부 수립을 위한 기반이 될 수도 있었으나, 곧바로 '신탁통치 찬반 논쟁'으로 이어지며 민족 내부의 대립을 더욱 심화시켰다.

신탁통치를 두고 좌익은 수용, 우익은 반대로 나뉘었다. 김구, 이승만 등 우익 진영은 외세의 간섭을 배격하며 즉각적인 독립과 단독 정부 수립을 주장했고, 여운형, 박헌영 등 좌익은 통일정부 수립을 위한 과도기적 방안으로 받아들였다. 이 갈등은 민족 내부의 통합 가능성을 크게 훼손시켰고, 해방 후 최대의 분열 국면으로 이어졌다.

한편 미소공동위원회는 모스크바 회의의 후속 조치로 남북한 정치 세력의 협력을 이끌어 내려 했지만, '정통성 있는 정치 세력'의 정의를 두고 이견이 심했다. 미국은 친서방 세력 중심의 정부를, 소련은 친공산 세력 중심의 정부 구성을 주장하면서 회담은 진전을 이루지 못했다.

이 시기 여운형과 김규식이 주도한 좌우합작운동[01]은 좌·우익이 하나의 정부를 수립하자는 민족적 통합 노력의 결정체였다. 이들은 이념보다 민족을 앞세우며 미소공동위원회에 협조하고자 했지만, 각 진영 내부 강경파의 반발과 외세의 간섭 속에서 결국 실패하고 말았다. 이로써 통일정부 수립의 기회는 사실상 소멸되었고, 남과 북은 각자의 길로 나아갈 수밖에 없었다.

---

[01] 양동안(2004), 〈여운형의 민족통일노선〉, 《정신문화연구 2004년 겨울호 제27권 제4호 통권97호》, 141-174, pp.143-144.

4. 남북한의 각기 다른 출발: 1948년, 분단의 공식화

1948년, 남한에는 대한민국 정부가 수립되고, 곧이어 북한에도 조선민주주의인민공화국이 들어선다. 이는 사실상 분단의 공식화였다. 이때부터 한반도는 두 개의 체제, 두 개의 민족국가가 서로를 인정하지 않는 특수한 상태에 돌입한다.

1948년은 한반도의 운명이 갈라진 해였다. 5월 10일, 유엔한국임시위원단의 감시 아래 남한 단독으로 총선거가 실시되었고, 이를 통해 제헌국회가 구성되었다. 이어 7월 17일, 대한민국 헌법이 제정·공포되었으며, 8월 15일에는 이승만을 초대 대통령으로 하는 대한민국 정부가 정식으로 수립되었다. 이는 남한 지역만의 정치 체제 수립을 의미했으며, 통일정부 수립의 가능성이 사실상 사라진 순간이었다.[02]

북한은 이러한 남한 단독 정부 수립에 강하게 반발하였다. 북측은 1948년 8월 25일, 남측의 국회의원에 해당하는 최고인민회의 대의원을 선출하고, 이를 기반으로 정부 수립에 나서 9월 9일 내각 총리로 임명된 김일성을 수반으로 하는 조선민주주의인민공화국을 선포하였다. 이로써 한반도에는 서로 다른 체제와 이념을 가진 두 개의 정부가 성립되었고, 각각 상대를 정통 정부로 인정하지 않은 채 대립 구도가 굳어졌다.

남북 양측은 모두 자신들이 한반도 전체의 유일한 합법 정부임

---

[02] 이정식(2006). 〈이승만의 단독정부론 제기와 그 전개〉, 《한국사 시민강좌 제38집》, 40-73, pp.71-73.

을 주장하며, 정치적·외교적으로 경쟁했다. 특히 북한은 남한 총선거가 분단을 고착시킨 행위라고 비판했고, 남한은 북한의 정부 수립을 반국가적 행위로 간주했다. 이런 긴장 속에서 남북 간의 소통은 완전히 단절되었으며, 분단은 일시적인 상황이 아닌, 장기화되는 현실로 굳어지게 되었다.

1948년의 분단은 단순한 국가 형성의 이중화가 아니라, 서로 다른 역사 해석과 체제의 충돌이 공식화된 상징이었다. 이후의 6.25 전쟁은 이러한 대립이 군사적 충돌로 비화한 사건이었고, 분단은 더욱 심화되는 결과를 낳게 되었다.

5. 분단의 서사, 그 복합적 역사의 과정

분단은 어느 하나의 요인만으로 설명할 수 없다. 외세의 개입, 민족 내부의 갈등, 국제 정치의 흐름, 지도자들의 잘못된 판단이 복합적으로 얽혀 있다. 분단의 요인과 배경을 다시 돌아보는 것은 단지 과거를 되짚기 위함이 아니라, 현재 우리가 풀어야 할 남북 문제의 본질을 이해하고, 미래의 통일로 가는 길을 찾기 위한 필수적인 작업이다.

분단은 어느 하나의 요인으로 귀결되지 않는 복합적 역사 과정이었다. 외세의 정치적 이해관계, 민족 내부의 이념 대립, 지도자들의 정치적 선택, 국제 정세의 격동. 이 모든 것들이 복합적으로 작용해 형성된 비극적 궤적이었다. 분단은 일제강점기에서 벗어난 직후부터 시작된 불안정한 정치 구조 속에서 서서히 현실로 굳어졌고, 이는 단순히 냉전 질서의 일방적 결과가 아니라 한국 사회 내부의 대응 방식과 선택의 산물이기도 하다.

우리는 해방을 자주적으로 맞이하지 못했다. 이는 이후 정치 질서 수립에서 주도권을 잡지 못하고 외세의 틀 안에서 길을 모색해야 했다는 점에서 결정적 약점이 되었다. 그 틈바구니에서 남북한은 각각 미국과 소련이라는 패권국가에 의존하여 자신들의 정치 체제를 정당화하고 강화해 나갔다. 이 과정에서 한반도의 통일은 점차 현실적인 목표가 아니라, 이상으로만 존재하게 되었다.

또한 민족 내부의 좌우 이념 갈등은 통일정부 수립이라는 공동의 과제를 위협했다. 중도 세력이 좌우합작을 통해 민족적 대타협을 시도했지만, 그들은 양극단의 세력에 의해 고립되었다. 이러한 대립 구조는 이후 수십 년간 남북한 정권의 정통성 경쟁과 체제 대결로 이어지며, 민족적 통합의 가능성을 차단했다.

이제 우리는 단순히 과거를 비판하거나 안타까워하는 데서 그칠 수 없다. 분단의 기원을 다시 성찰하는 일은 현재의 갈등 구조를 재해석하고, 미래의 통일을 위한 새로운 상상력을 회복하는 과정이다. 역사에 대한 성찰은 정체성을 확립하고 방향성을 정립하는 토대가 되며, 통일은 그 위에서만 실현 가능한 미래다.

'분단'은 사건이 아니라 '과정'이었다

한반도의 분단은 단순히 외세의 탓도, 민족 내부의 분열 때문만도 아니다. 해방 직후의 혼란, 이념 갈등, 국제 정세의 변화, 그리고 지도자들의 판단과 실수가 복합적으로 얽힌 결과였다.

우리가 이 역사를 다시 짚는 이유는 단지 과거를 회상하기 위함이 아니다. 분단의 기원을 올바로 이해할 때만이, 통일을 향한 길도 올바로 설계할 수 있기 때문이다.

한순간에 이루어진 것이 아니다

많은 이들은 1945년 8월 15일 해방과 함께 38선이 그어지면서 분단이 시작되었다고 생각한다. 그러나 이는 분단의 시작점이지, 그 자체가 분단의 완결은 아니었다. 당시 38선은 임시 군사분계선으로 설정되었고, 이는 향후 통일정부 수립의 과정에서 일시적 조치로 여겨졌다. 그러나 이후 상황은 점점 돌이킬 수 없는 방향으로 흘러갔다.

'과정'으로서의 분단은 정치적 선택과 누적의 결과

분단은 단순히 외세가 만든 지리적 구획이 아니라, 미소 냉전 구도 속에서 남북이 각기 다른 정치 체제와 이데올로기를 선택하고 강화해 가는 일련의 과정이었다. 그 과정에는 각 진영의 이해관계, 국내 정치 세력 간의 갈등, 국제 정치의 흐름이 복잡하게 작용했다. 통일을 모색하는 과정은 실패했고, 그 실패가 누적되며 분단이 하나의 '체제'로 굳어졌다.

분단의 심화는 제도화와 일상화의 결과

남북한은 각기 다른 정부 수립(1948), 상호 체제 정당화, 6.25전쟁(1950)이라는 극단적 충돌을 겪으며, 분단은 단순한 경계선을 넘어 서로 다른 체제가 경쟁하는 구조로 심화되었다. 이 과정에서 분단은 단순한 지리적 단절을 넘어 사회, 문화, 언어, 사고방식의 분리로 확장되었으며, 세대를 거쳐 일상 속의 현실로 자리 잡게 되었다.

분단을 '사건'으로 보면 현실을 단순화하게 된다

만약 분단을 하나의 '사건'으로만 본다면, 우리는 그 책임을 외부에만 전가하거나, 단순한 지도자의 선택으로 환원해 버리기 쉽다. 그러나 분단을 하나의 역사적 '과정'으로 본다면, 우리 사회가 겪은 갈등과 선택, 그리고 그것을 둘러싼 국내외 정치 역학을 더 깊이 있게 이해할 수 있다. 이 시각은 통일 문제를 다룰 때도 더 성찰적이고 성숙한 접근을 가능하게 한다.

현재진행형의 분단, 그 끝은 우리가 만든다

'과정'으로서의 분단은 오늘날에도 여전히 이어지고 있다. 군사적 긴장, 상호 적대감, 제도적 단절은 분단이 아직 끝나지 않았다는 증거다. 따라서 분단의 '종결' 또한 단일 사건으로 오지 않는다. 그것 역시 하나의 과정이며, 남북이 어떤 선택을 하고, 어떻게 대화하고, 어떤 상호 신뢰를 쌓는가에 따라 새로운 방향으로 전개될 수 있다.

2장.
남북의 체제는 어떻게 달라졌는가

남과 북은 분단 이후 각각 전혀 다른 길을 걸어왔다. 하나의 민족이었지만, 서로 다른 이념과 체제 속에서 완전히 이질적인 국가로 성장해 온 것이다. 이 장에서는 정치, 경제, 사회, 문화의 영역을 중심으로 남북한 체제의 차이를 입체적으로 조망해 본다.

1. 오늘날 남북의 체제

1) 정치 체제: 민주주의와 수령 중심 체제의 극명한 대조

남한은 헌법상 자유민주주의를 채택한 다당제 공화국이며, 입법·행정·사법의 3권분립, 대의제 선거, 언론과 표현의 자유를 제도적으로 보장하고 있다. 대통령 직선제, 국회의 다당제 운영, 지방자치제 등 다양한 정치 참여 경로가 제도화되어 있다.

반면 북한은 조선로동당 일당 독재 체제로, 국가의 모든 권력이 김일성-김정일-김정은으로 이어지는 세습 체제에 집중되어 있다. 명목상으로는 내각과 최고인민회의 등의 국가기관이 존재하지만, 실질적 권력은 김정은 국무위원장 1인에게 집중되어 있으며, 정치적 반대나 대중적 비판은 사실상 불가능하다.

이처럼 남북은 형식과 실질 모두에서 완전히 상반된 정치 구조를 갖고 있으며, 이 차이는 상호 신뢰 구축과 제도적 교류의 가장 큰 장벽이 되고 있다.

남북한의 정치 체제는 단지 제도의 차이만이 아니라, 정치권력의 정당성, 운영 방식, 국민과 국가의 관계, 권력의 이동 구조 등에서 본질적인 차이를 보인다. 남한은 자유민주주의에 기반한 대의제 다당제 체제이며, 북한은 조선로동당 중심의 수령 유일 지배체제로 구성되어 있다. 이는 곧 국가 운영의 철학이 다르고, 권력의 흐름이 다르며, 국민이 국가에 참여하는 방식 자체가 전혀 다르다는 것을 의미한다.

남한의 정치 체제는 대한민국 헌법에 따라 3권분립을 기반으로 운영된다. 입법부(**국회**), 행정부(**대통령 및 내각**), 사법부(**법원**)의 권력이 상호 견제하는 구조 속에서, 대통령은 국민의 보통·평등·직접·비밀선거에 의해 선출된다. 정당은 자유롭게 결성될 수 있으며, 언론과 시민사회는 정치권력에 대해 비판하고 감시할 수 있는 제도적 자유를 보장받는다. 이러한 구조는 제도적으로 국민 주권, 권력 분산, 다원주의를 구현하려는 체제적 의지를 담고 있다.

반면 북한은 형식적으로는 최고인민회의를 정점으로 하는 인민

대표제 체제를 갖추고 있지만, 실질적으로는 김일성-김정일-김정은으로 이어지는 수령 중심의 세습 독재 체제다. 정치권력은 '당-정-군'이 결합된 구조 아래 조선로동당에 집중되어 있으며, 모든 정책 결정과 국가 운영은 김정은 국무위원장의 지시와 승인에 따라 이루어진다. 헌법상 국가주석 개념은 사라졌지만, 김일성은 '영원한 주석'으로 헌법에 명시되어 있고, 김정은은 당과 국무위원회, 군 통수권까지 동시에 장악하고 있다. 즉, 북한에서 정치는 권력분립이 아닌 권력 통합과 충성의 구조로 작동한다.

남한의 정치권력은 주기적 선거를 통해 교체되며, 언론의 자유, 정당의 경쟁, 시민의 정치 참여가 제도화되어 있다. 반면 북한은 형식적인 선거는 존재하지만, 후보는 1인뿐이고 결과는 사실상 정해져 있다. 정당은 조선로동당을 중심으로 조선사회민주당, 천도교청우당 등 위성정당이 존재하지만, 실제로는 당내 견제나 정치적 다양성이 작동하지 않는다. 또한 사상의 자유, 언론의 자유는 철저히 통제되며, 정치적 반대는 곧 국가에 대한 반역으로 간주된다.

이러한 정치 체제의 차이는 단지 운영 방식의 차이에 그치지 않는다. 그것은 권력의 개념 자체, 그리고 국민을 바라보는 국가의 시선이 완전히 다름을 보여준다. 남한에서 정치는 국민의 뜻을 반영하고 대변하는 수단이지만, 북한에서 정치는 수령의 의지를 관철하기 위한 국가 기구에 가깝다. 남한의 시민은 정권을 선택하고 평가하는 주체이지만, 북한의 인민은 국가의 계획에 복종하고 따라야 할 대상이다.

이 극단적인 정치 체제의 차이는 단순한 체제 경쟁을 넘어서, 남북이 서로를 이해하기 어렵게 만들고, 협력과 대화의 기반을 취약하게 만드는 가장 근본적인 요인 중 하나다. 남한은 북한의 체제를 비민주적이고 폐쇄적인 전체주의로 인식하고, 북한은 남한의 정치 체제를 혼란스럽고 분열적인 자유주의로 비판한다. 서로의 정치 체제를 인정하지 않고 있는 현실은 남북관계의 신뢰 구축을 가로막고 있으며, 정치적 대화를 어렵게 하는 구조적 장애물로 남아 있다.

2) 경제 체제: 시장경제와 계획경제, 그리고 내부 진화의 양상

남한은 자유시장경제를 기반으로 한 자본주의 국가다. 민간 기업 중심의 생산과 소비, 글로벌 시장과의 연계, 금융과 산업의 다양화가 특징이다. IT, 반도체, 자동차, 바이오산업 등을 중심으로 세계 경제에서 중상위권의 경쟁력을 보유하고 있다.

반면 북한은 국가가 생산과 분배를 통제하는 계획경제 체제를 유지해 왔으며, 농업과 중공업 중심의 자립경제 모델을 지향해 왔다. 그러나 1990년대 '고난의 행군'을 거치며 식량난과 경제난이 심각해졌고, 이후 비공식 시장인 '장마당 경제'가 확대되면서 실질적으로는 부분적 시장화, 이중경제 구조가 나타나고 있다.

남북 간의 경제 격차는 GDP, 수출입, 산업 기반, 기술 수준 등 전 부문에서 압도적으로 벌어진 상태이며, 이는 향후 경제협력과 통합의 현실적 과제로 떠오른다.

남한과 북한은 경제 체제에서 가장 극명한 차이를 보인다. 남한은 시장경제를 기반으로 한 자본주의 체제, 북한은 국가 주도의 계획경제 체제를 채택하고 있다. 이 차이는 단순히 운영 방식의 문제가 아니라, 자원의 배분 방식, 생산의 주체, 소득의 분배 구조, 그리고 경제 성장의 방향 자체를 결정하는 근본적이고 체계적인 차이다.

남한의 시장경제는 개인의 자유와 사적 소유권을 기반으로 하며, 수요와 공급에 따라 자원이 배분되고 가격이 형성된다. 기업은 민간이 주도하고, 정부는 조세·금융·법률 등으로 이를 조정하는 역할을 수행한다. 1960~70년대의 국가 주도 개발 정책 이후, 남한은 수출 주도형 산업화를 통해 급격한 경제 성장을 이루었고, 현재는 반도체, 자동차, 조선, 바이오, IT 등 고부가가치 산업을 중심으로 세계 경제에서 중상위권의 위치를 차지하고 있다.

반면 북한은 계획경제를 바탕으로 한 사회주의 모델을 유지해 왔다. 생산수단은 국가가 소유하며, 모든 생산과 분배는 중앙계획에 따라 결정된다. 시장 기능은 원칙적으로 배제되며, 노동력은 배급 체제와 의무노동을 통해 운영된다. 북한은 1950~60년대에 비교적 안정적인 경제 성장을 경험했지만, 1970년대 이후 대외 경제 관계의 축소와 기술 낙후, 자원의 비효율적 배분 등으로 점차 정체 상태에 빠졌다. 특히 1990년대 초 소련 및 동구권 사회주의 국가들의 몰락은 북한의 경제 생존 기반을 무너뜨렸고, 1990년대 중후반에는 '고난의 행군'이라 불리는 심각한 경제위기와 식량난을 겪었다.

그러나 이 과정에서 북한 내부에서도 체제의 비공식적 진화가 나타났다. 주민들이 생존을 위해 자발적으로 형성한 '장마당(시장)'이 확산되면서, 비공식 시장이 실질적으로는 북한 경제의 핵심 축으로 작동하게 되었다. 이는 정부의 통제 아래에서 벗어난 사적 거래, 가격 형성, 비공식 고용의 확대를 의미하며, 엄밀히 말해 북한은 오늘날 이중경제 구조를 갖추고 있다. 겉으로는 계획경제를 유지하지만, 실제로는 시장 메커니즘이 일정 부분 사회 전반에 스며들고 있는 것이다.

남한과 북한의 경제 격차는 현재 단순한 발전 정도를 넘어, 구조와 체질, 국제 연계성에서 전면적인 차이를 보이고 있다. 남한은 글로벌 공급망의 핵심 노드로 기능하며, 다국적 기업, 자유무역협정, 외국인 직접 투자 등 국제 경제질서에 깊이 통합된 개방경제다. 반면 북한은 UN 및 미국의 경제 제재하에서 외부 경제와의 연계가 거의 단절된 고립경제이며, 대중국 무역에 거의 전적으로 의존하고 있다.

이러한 체제 차이는 남북 경제협력이나 통일 이후의 경제통합을 논의할 때 극복해야 할 현실적 장벽으로 작용한다. 특히 경제 시스템 자체가 다르기 때문에, 단순히 기술이나 자본을 이전한다고 해서 문제가 해결되지는 않는다. 서로 다른 가치관, 노동윤리, 기업문화, 금융 시스템에 대한 이해가 선행되어야 하며, 장기적 관점에서의 제도 조율과 인식 통합이 병행되어야 한다.

하지만 동시에 이러한 차이는 상호보완적 가능성을 내포하고 있기도 하다. 북한은 자원과 노동력이 풍부하고, 남한은 자본과 기술을 보유하고 있다. 안정적인 평화 환경이 구축되고 상호 신뢰가 형성된다면, 두 경제 체제의 보완적 결합은 상당한 상승효과를 가져올 수 있다. 이른바 '한반도 경제공동체' 구상은 바로 이러한 상호보완성에 기반을 두고 있다.

남북 경제 체제의 차이는 지금도 현실적인 거리감을 만들고 있지만, 그 이면에는 공존과 협력을 통해 새로운 경제질서를 창출할 수 있는 잠재력도 함께 존재한다. 그 잠재력을 현실화하기 위해서는, 단순한 체제 수용을 넘어 정책, 제도, 문화 전반에 대한 깊은 이해와 신뢰의 회복이 전제되어야 한다.

3) 사회구조: 개인 중심 vs 집단 중심, 다양성과 획일성의 차이

남한 사회는 개인의 권리와 자유, 다양성을 중시하는 구조다. 시민사회가 발달하고, 다양한 정치적·사회적 목소리가 존재하며, 언론·출판·종교의 자유가 보장된다. 젠더 감수성, 사회운동, 청년 문화 등 다양한 사회 변화가 동시다발적으로 나타난다.

북한은 집단주의와 충성 체제, '수령—당—인민'이라는 위계질서 속에서 개인은 국가의 부속물로 기능하는 경우가 많다. 사상과 행동의 통일이 강조되며, 사회 전체가 '혁명적 기풍'을 유지해야 한다는 이념 아래, 사회통제가 강력하게 작동한다.

이러한 사회·문화적 차이는 단순한 제도 차이보다 더 깊은 인식과 생활 방식의 격차를 형성하며, 상호 간 문화적 오해와 감정적 거리감을 증폭시키는 요소로 작용한다.

남북한은 정치와 경제뿐 아니라 사회구조 면에서도 근본적으로 다른 체계를 형성하고 있다. 남한은 개인 중심의 자유주의 사회, 북한은 집단 중심의 전체주의 사회로 요약할 수 있으며, 이는 각기 다른 체제 속에서 살아가는 구성원들의 일상, 사고방식, 정체성에 깊숙이 영향을 미친다.

남한 사회는 개인의 자유와 권리를 최우선의 가치로 인정하는 사회다. 헌법에 따라 국민은 표현의 자유, 신체의 자유, 사상의 자유, 결사의 자유 등을 보장받고 있으며, 사회는 다양한 이해관계와 가치관이 공존하는 다원주의적 구조를 이룬다. 가족, 학교, 지역, 종교, 성별, 세대, 정치 성향에 따라 각기 다른 공동체가 존재하고, 이들이 서로 경쟁하고 협력하면서 사회가 역동적으로 변화해 간다.

민주화 이후 시민사회가 성장하면서, 시민 개개인은 국가의 대상이 아니라 참여의 주체로 자리 잡게 되었고, 다양한 사회운동과 커뮤니티 활동은 민주주의의 일상적 기반이 되었다.

반면 북한은 사회주의 이념을 바탕으로, 개인이 아니라 집단과 전체의 이익을 우선시하는 사회를 지향한다. 국가와 당, 수령을 중심으로 한 철저한 위계적 구조 속에서, 모든 주민은 '혁명적 인간상'에 부합하는 삶을 살아야 한다는 집단주의적 삶의 방식을 요구받는다. 사회는 '조직생활'이라는 통제 메커니즘에 따라 철저히 관리되며, 학교, 직장, 지역사회 모두가 정치사상 학습과 충성심 고양을 위한 장치로 작동한다. 개인은 사적 영역을 거의 갖기 어렵고, 자율성보다는 국가가 부여한 역할을 충실히 수행하는 것이 미덕으로 간주된다.

이러한 구조적 차이는 주민들의 삶의 리듬과 감정 구조, 그리고 자신과 타인을 인식하는 방식까지 크게 다르게 만든다. 남한에서는 개인의 자아실현과 자유, 개성과 선택이 중요한 가치로 존중되며, 자기표현의 방식으로 다양한 라이프스타일이 존재한다. 북한에서는 이러한 '개성'은 체제에 대한 불복종으로 여겨질 수 있으며, 모든 사회적 행위는 체제의 안정과 수령의 의지에 부합하는 방식으로 제한된다.

또한 사회통제 방식에서도 큰 차이가 나타난다. 남한은 법과 제도에 따른 사후적 규제 및 권리 보호 체계가 작동하며, 권력에 대한 비판과 감시는 시민사회의 역할로 받아들여진다. 반면 북한은 예방적 통제와 상시 감시 체계가 생활 전반에 걸쳐 있으며, 주민들 간의 '상호 감시'를 장려하고, 충성심과 복종 여부에 따라 사회적 계층('성분')이 결정되는 경우도 존재한다.

이처럼 사회구조의 차이는 단순히 체제 유지 방식의 차이만이 아니라, 사람들 간의 관계 설정, 공동체 인식, 갈등 해결 방식, 교육 방식 등 삶의 전 영역에 걸쳐 광범위한 차이를 만들어 낸다. 남한에서 '자유'가 당연한 권리로 여겨지는 반면, 북한에서 '충성'은 생존을 위한 조건이다. 남한의 사회가 다원성과 경쟁, 갈등과 타협을 전제로 하는 '열린 사회'라면, 북한은 통일성과 규율, 충성과 복종이 미덕이 되는 '닫힌 사회'라고 볼 수 있다.

이러한 사회구조의 차이는 남북이 교류하거나 통일을 논의할 때 가장 민감하고 어려운 부분 중 하나로 작용한다. 정치나 경제의 제도는 협상과 제도 조율을 통해 조정할 수 있지만, 사람들의 삶의 방식과 가치관, 인식 구조는 하루아침에 바뀌지 않기 때문이다. 따라서 남북한의 사회구조에 대한 이해는 단순한 체제 비교를 넘어, 서로 다른 세계를 살아온 사람들 간의 심리적 거리감과 문화적 장벽을 이해하는 데 중요한 기반이 된다.

4) 정보 환경과 대중문화: 개방과 폐쇄의 극단적 대비

남한은 인터넷과 SNS, 다양한 매체를 통해 정보가 자유롭게 흐르는 사회다. K-POP, 드라마, 영화 등 대중문화의 글로벌 확산은 한국 사회의 대표적 소프트파워로 작용하고 있으며, 국민 개개인의 정보 접근권도 높다.

반면 북한은 정보의 유입을 엄격히 통제하며, 국가가 모든 정보와 매체를 관리한다. 외부 방송이나 휴대전화의 사용, 외국 콘텐츠 접근은 불법으로 간주되며, 내부 언론은 체제 선전과 김정은 체제 찬양 중심으로 편성된다.

이러한 정보 환경의 격차는 서로에 대한 이해와 공감의 장벽을 더욱 높이며, 탈북민 등 일부 예외를 제외하면 서로의 실상을 아예 모르고 사는 단절 상태를 낳는다.

남북한은 정보의 흐름과 대중문화의 존재 방식에서 극단적으로 대조적인 체제를 보여준다. 이는 단순한 제도적 차원을 넘어서, 사회 구성원들의 사고방식, 감정 구조, 세계관 형성에까지 깊이 관여하는 정체성의 구조적 차이를 만들어 낸다. 남한이 '정보의 홍수'와 '문화의 다양성' 속에서 살아가는 개방 사회라면, 북한은 '정보의 통제'와 '문화의 통일성' 속에서 운영되는 폐쇄 사회다.

남한은 인터넷과 SNS, 유튜브, 방송, 출판, 영화, 음악 등 다매체 환경이 발달한 정보 사회다. 모든 시민은 스마트폰을 통해 전 세계 뉴스와 여론, 지식과 오락에 실시간으로 접근할 수 있으며, 정보의 소비뿐 아니라 생산도 개인이 주도한다. 언론의 자유, 표현의 자유가 헌법에 보장되어 있으며, 정치·사회·문화적 쟁점에 대해 다양한 시각이 공존한다. 이는 대중문화의 발전과도 긴밀히 연결되어 있다. K-POP, 드라마, 영화, 웹툰, 예능 등은 단지 오락의 수단을 넘어서 한국 사회의 정체성과 가치, 감성, 사고방식을 세계에 공유하는 소프트파워로 작동한다.

반면 북한은 정보의 흐름을 철저하게 통제하는 국가다. 모든 언론은 조선로동당의 공식 입장을 전달하는 통로이며, 신문·방송·라디오·출판은 모두 국가의 이념과 정책에 따라 제작·편집·배포된다. 인터넷은 일반 주민에게 허용되지 않으며, 국제 통신망은 차단되어 있다. 주민들은 지정된 내각 통신망이나 내부용 '광명망'만을 이용할 수 있고, 외국 정보에 접근하는 행위는 법적으로 처벌받는 중대한 범죄로 간주된다. 정보는 권리가 아니라 통제 대상이며, 진실은 공공의 것이 아니라 국가의 필요에 따라 구성되는 것이다.

이러한 정보 통제 속에서 북한의 대중문화는 자율적 창작이 아니라 국가의 이념을 전파하고 주민의 충성심을 강화하는 수단으로 기능한다. 영화, 음악, 연극, 문학 등 모든 문화 콘텐츠는 수령에 대한 찬양, 체제에 대한 긍정, 혁명에 대한 동원을 중심으로 제작되며, 예술인은 창작자라기보다 체제의 선전도구에 가깝다. 북한 주민은 문화소비자가 아니라, 문화교양 교육의 대상이며, 그 과정은 집단적 사상 통일을 위한 수단이다.

하지만 흥미로운 것은, 이러한 구조 속에서도 북한 내부에서 비공식적 문화소비와 정보 교류가 점점 증가하고 있다는 점이다. DVD, USB, SD카드 등의 형태로 남한 드라마와 음악, 영화가 비밀스럽게 유입되어 '지하 문화시장'을 형성하고 있으며, 이를 통해 일부 주민들은 남한 사회의 실상과 외부 세계의 다양성을 경험하고 있다. 이러한 비공식 정보의 유통은 북한 내부에 점진적인 인식 변화, 가치관의 균열, 체제에 대한 재평가의 씨앗이 되고 있다.

결국 남북의 정보 환경과 대중문화는 단순한 시스템의 차이를 넘어서, 각 사회가 구성원에게 어떤 세계를 보여주고, 어떤 삶을 상상하게 하며, 어떤 미래를 그리게 하는가를 보여주는 거울이다. 남한은 다원성과 창의, 참여와 소비를 기반으로 한 정보·문화 체계를 구축했고, 북한은 통제와 선전, 집단적 동일화를 중심으로 문화와 정보를 설계했다. 이 차이는 남북한 주민이 세계를 이해하고 타인을 바라보는 방식, 그리고 자기 자신을 규정하는 방식에까지 결정적인 영향을 미친다.

따라서 남북 교류를 위한 신뢰 형성과 감정적 공감대 구축의 가장 큰 과제 중 하나는, 이 정보와 문화의 간극을 좁히는 일이다. 문화는 제도보다 빨리 사람을 바꾸고, 정보는 언어보다 깊이 사고를 바꾼다. 그렇기에 이 영역에서의 차이는 위협이자, 동시에 서로를 이해하고 연결할 수 있는 가장 강력한 다리이기도 하다.

5) 국제관계와 대외 전략: 외교 다변화 대 고립적 자주노선

남한은 미국, 일본, 유럽연합, 중국 등과 외교·경제·군사 관계를 다변화하며 국제사회 속에서의 다자 협력 전략을 지향하고 있다. 유엔, WTO, OECD 등 국제기구에 적극 참여하며, 글로벌 의제를 주도하려는 외교적 역량을 확대하고 있다.

북한은 전통적으로 자주노선을 내세우며, 미국 중심의 국제질서에 반대하는 외교 노선을 유지해 왔다. 중국과 러시아를 전략적 우군으로 삼고 있으며, 최근에는 핵 개발과 군사력 강화를 외교 협상의 지렛대로 활용하려는 움직임이 강해지고 있다.

양국의 외교 전략은 단순한 국가 간 교류 수준이 아닌, 체제 유지와 정당성 확보의 전략 수단이라는 점에서 본질적인 차이를 가진다.

남북한은 국제사회에서 완전히 다른 외교 전략과 외교적 위치를 가지고 있다. 남한은 외교 다변화와 국제 협력 중심의 개방적 외교를 지향하는 반면, 북한은 체제 유지와 대외 압력에 대한 방어를 위해 자주노선을 강조한 폐쇄적·선별적 외교를 전개하고 있다. 이러한 차이는 단순한 외교 방식의 차이를 넘어, 국제사회 속에서 자국의 정체성과 전략적 목표를 어떻게 정의하는가에 대한 근본적인 관점의 차이에서 비롯된다.

남한은 자유민주주의와 시장경제 체제를 기반으로 하여, 미국을 중심으로 한 자유주의 국제질서에 편입되어 있다. 1953년 한미상호방위조약 이후 미국과의 안보 동맹을 통해 군사적 억지력을 확보했으며, 일본, EU, 중국, 아세안 국가들과도 외교·경제협력을 강화하며 외교의 다변화와 경제의 세계화를 동시에 추구해 왔다. 또한 남한은 유엔, WTO, OECD, G20 등 다양한 국제기구에서 글로벌 논의에 적극 참여하는 '중견국 외교'를 실천하고 있으며, 평화유지활동, 인도적 지원, 기후변화 대응 등 범세계적 의제에도 목소리를 내고 있다. 이러한 외교 전략은 남한이 국제사회에서 합법성과 신뢰, 영향력을 확보하는 수단으로 작동하고 있다.

반면 북한은 '자주적 외교'를 외교 전략의 핵심으로 삼고 있다. 이는 외세 간섭을 배제하고, 자국의 정치 체제와 이념, 정책 방향을 외부의 압력 없이 독자적으로 결정해야 한다는 원칙을 의미한다. 북한의 외교는 기본적으로 체제 안전과 정권 생존을 최우선 목표로 삼으며, 그 수단으로 핵무장, 미사일 개발, 군사력 강화를 선택해 왔다. 외교 관계 역시 극히 제한적으로 유지되며, 중국과 러시아를 주요 우방국으로 삼는 반면, 미국, 일본, 한국과는 적대적 관계를 기반으로 한 대결 외교를 펼치고 있다.

북한은 국제사회의 제재와 압박을 외세의 부당한 간섭으로 규정하며, 이에 대응하기 위한 수단으로 핵무기를 협상 카드이자 외교 수단으로 활용하고 있다. 특히 북미 간 비핵화 협상이 교착 상태에 빠진 이후에는, 국제사회로부터 더욱 고립되는 양상을 보이면서도 동시에 핵보유국으로서의 지위를 기정사실화하려는 외교 전략을 강화하고 있다. 이러한 행보는 자주노선의 연장이면서도, 실질적으로는 국제 고립과 외교적 유연성의 제약이라는 이중적 한계를 초래하고 있다.

남북한의 외교 전략은 체제 유지와 생존이라는 동일한 목표를 공유하면서도 그 접근 방식과 실행 수단에서 정반대의 길을 걷고 있다. 남한은 협력을 통해 자국의 생존과 번영을 추구하고, 북한은 대립과 고립 속에서 내부 결속과 정당성을 강화하려 한다. 특히 북한의 외교 전략은 대외 갈등을 내부 정치 통제 수단으로 전환시키는 특성을 지니고 있어, 대화와 협력보다는 긴장과 대결이 전략적으로 유리한 국면으로 작용하는 경우도 있다.

그럼에도 불구하고 북한은 완전히 폐쇄된 국가는 아니다. 외형적으로는 자주노선을 유지하면서도, 생존을 위한 전략적 교역, 제한적 외교 접촉, 국제기구와의 최소한의 협력을 유지하고 있다. 최근 들어 일부 아프리카·동남아시아 국가들과의 외교 관계 복원 시도, 국제 보건기구와의 접촉 등은 여전히 북한이 국제사회와의 최소한의 연결고리를 유지하려는 움직임으로 해석될 수 있다.

남한과 북한의 외교 전략의 차이는 단순한 정책 노선의 차이를 넘어서, 자국이 세계 속에서 어떤 위치에 있다고 보는가, 그리고 어떤 방식으로 자국의 이익과 생존을 확보할 수 있다고 믿는가에 대한 철학적 차이이기도 하다. 이 차이는 남북관계에도 그대로 투영되어, 외교적 신뢰 형성, 비핵화 협상, 군축 대화, 경제협력 등 모든 영역에서 '상호 전략의 충돌'이라는 구조적 장벽을 만든다.

따라서 향후 남북이 실질적인 협력과 공존을 도모하기 위해서는, 이처럼 상이한 외교 전략의 차이를 이해하고, 이를 조율할 수 있는 중간지대 혹은 '전략적 공존의 외교 틀'을 만들어 가는 노력이 병행되어야 한다. 남북은 외교의 방식이 다르지만, 그 외교가 결국 한반도의 평화와 번영이라는 공동 목표로 수렴될 수 있다는 점에서, 서로의 전략을 변화시킬 수 있는 상호작용의 가능성도 여전히 존재한다.

2. 남북의 정치 체제, 어떻게 달라졌나

1) 일제강점기 이전, 공유된 정치문화의 기반

해방 이전 한반도는 오랜 세월 동안 중앙집권적 왕조 체제를 유지해 왔다. 고려와 조선을 거치며 유교적 관료제, 문치주의, 군사·행정 일체형 통치 구조가 뿌리내렸고, 이를 통해 통일국가적 정체성과 민족 공동체 의식이 심화되었다. 즉, 해방 이전까지 남북은 정치 체제의 경험적 기반이 동일했다.

해방 이전의 한반도는 오랜 시간 동안 단일한 정치적 틀 안에서 운영되어 왔다. 고려와 조선을 거쳐 이어진 왕조 중심의 통치 체제는 중앙집권적이고 관료 중심적인 성격을 가지고 있었으며, 유교적 질서와 왕권 중심의 정치문화가 사회 전반에 뿌리내려 있었다. 왕은 하늘의 뜻을 받드는 존재로 인식되었고, 관료는 엄격한 과거시험을 통해 등용되며 지식과 도덕성을 겸비한 '선비 계층'이 국가 운영을 담당하였다. 이러한 구조는 남북을 막론하고 조선이라는 공통의 국가적 틀 속에서 수백 년간 공유된 정치 경험이었다.

조선 후기로 들어서면서 농민 봉기와 외세의 침투로 국가 체제가 흔들렸고, 그 과정에서 개화파와 위정척사파, 독립협회 등의 정치적 흐름이 다양하게 등장했지만, 그 중심에는 여전히 '하나의 통일국가'로서의 한반도 정치문화가 자리 잡고 있었다. 지역 간 정치권력의 분산이 없었고, 왕권과 유교 이념 중심의 지배 질서는 사회 질서의 기본 골격을 이루었다. 즉, 해방 이전까지 한반도는 정치 체제의 다양성을 거의 경험하지 않은 단일 통치 구조의 역사를 이어왔던 것이다.

또한 백성은 국가와 왕조를 단일한 운명공동체로 인식했으며, '왕은 곧 나라'라는 인식 속에서 정권의 정당성은 도덕성과 하늘의 뜻(天命)에 기반한다고 여겨졌다. 이런 유교적 정치사상은 지배층뿐 아니라 일반 민중에게도 뿌리 깊은 문화로 자리 잡았고, 사회 전반에 권위에 대한 존중, 위계 중심의 관계, 공동체 중심의 질서 의식을 퍼뜨렸다.

이처럼 조선시대까지 이어진 정치 체제는 남과 북 모두에게 동일한 통치 철학과 질서 체계, 정치 행위의 방식을 체화시켰다. 근대 이전의 정치문화는 오늘날의 민주주의나 사회주의 체제와는 본질적으로 다르지만, 분단 이전까지 남북은 정치·문화적으로 하나의 경험 공동체였음을 말해준다. 정치 체제의 차이가 발생한 것은 바로 이러한 공통 기반 위에 해방 이후 외세의 개입과 이념 대립이 가해지면서 비롯된 역사적 단절의 결과이지, 내재적 분화의 결과는 아니었다.

따라서 남북의 정치 체제가 달라진 오늘의 현실을 이해하기 위해서는, 먼저 그 이전에 우리가 공유했던 정치문화의 일체감과 통일된 국가 정체성을 직시할 필요가 있다. 그것은 단순한 향수가 아니라, '다시 하나'로 연결될 수 있는 정치적 상상력의 근거가 되기 때문이다.

2) 해방 직후의 정치 공백과 외세의 개입

1945년 해방과 함께 일제의 식민 통치가 무너졌지만, 그 자리를 대신한 것은 남쪽의 미군정(미국)과 북쪽의 소련군정(소련)이었다. 이 시기 한반도는 독자적인 정치 체제를 수립할 기회조차 갖지 못하고, 외세에 의한 이념적 영향과 정치적 통제를 받기 시작했다.

미국은 자유민주주의와 자본주의의 가치를 중심으로 남한을 관리했고, 소련은 공산주의와 사회주의 모델을 북측에 이식하며 사상·제도·정치 인프라를 구축했다. 이 시기는 단순한 점령이 아니라, 이념 블록의 실험장이자 분단의 구조가 구체화되는 시기였다.

1945년 8월 15일, 한반도는 일제로부터 해방되었지만, 그것은 곧바로 '독립국가의 탄생'을 의미하지는 않았다. 해방은 외형적으로는 민족의 승리였으나, 실질적으로는 정치의 공백을 초래한 사건이었다. 조선총독부의 붕괴와 함께 기존의 행정 조직이 붕괴되었고, 자주적 정부를 수립할 수 있는 국내 정치 세력의 준비와 역량은 아직 부족한 상태였다. 게다가 해방 직전까지 일제의 통제를 받았던 조선은 국내 정치 세력 간의 협력보다는 이념과 노선에 따라 분열적인 양상을 보이기 시작했다.

이러한 혼란 속에서 한반도는 미국과 소련이라는 양대 강대국에 의해 38선을 기준으로 양분되어 점령된다. 이는 단순한 군사적 편의가 아닌, 이후의 정치 질서를 결정짓는 중대한 분기점이었다. 남쪽에는 미국이 진주하여 미군정을 수립했고, 북쪽에는 소련군이 들어와 사회주의 체제를 정착시키기 위한 기반을 마련하였다. 이 두 점령군은 각자의 이념과 체제에 따라 남북의 정치 환경을 재편했고, 한반도는 본격적으로 냉전체제의 일선에 위치하게 되었다.

남한에서는 미군정 하에 민족주의 계열과 우익 인사들이 중심이 되어 정치 세력을 형성하고, 대한민국 임시정부 계열 인사들이 귀국해 영향력을 행사하려 했다. 반면 북한에서는 소련의 후원을 받은 김일성을 중심으로 한 공산주의 세력이 급속도로 부상하였다. 이들은 민중조직, 인민위원회, 토지개혁 등을 통해 사회주의 혁명의 기틀을 빠르게 다져나갔다. 특히 소련은 북한 내 공산주의자들에게 행정, 정치, 군사적 지원을 아끼지 않았고, 그 결과 북은 점차 일당 독재 체제의 기틀을 갖춰갔다.

이 시기, 남북한 모두에서 '단일 정부 수립'에 대한 열망은 분명히 존재했다. 하지만 미국과 소련의 이해관계는 그 가능성을 차단했다. 미소공동위원회가 결렬되고, 남한의 단독 선거가 시행되며 대한민국이 1948년 8월 15일 먼저 수립되었고, 북한에서도 조선민주주의인민공화국이 1945년 9월 9일 수립되었다. 이로써 한반도는 완전히 두 개의 국가, 두 개의 정치 체제로 나아가는 길에 들어서게 된다.

북한은 남한이 먼저 단독 정부를 수립했기 때문에 어쩔 수 없이 북한도 단독 정부를 수립했다고 주장해 왔지만, 소련군정과 김일성 역시 광복 직후부터 단독 정부를 수립하려는 계획을 치밀하게 준비한 정황이 확인된 바 있다. 조선로동당 출판사 1963년판《김일성선집 I》에 수록된〈북조선 정치 정세와 북조선임시인민위원회 조직에

관하여〉 제하 연설문은 김일성이 1946년 2월 8일 "오늘 북조선에 중앙 주권기관을 조직하는 것은 완전히 성숙된 과업"이며 "우리는 우리나라에 통일정부가 수립될 때까지 북조선 림시 인민위원회가 이런 기관으로 되어야 한다고 인정합니다"라고 말한 사실을 전한다.[03]

이 시기의 가장 큰 특징은, 남과 북 모두가 자신들의 의지로 정치 체제를 선택했다기보다는, 외세에 의해 질서가 주입되고 방향이 설정되었다는 점이다. 남한의 자유민주주의와 북한의 사회주의는, 단지 국내 정치 세력 간의 대결만으로 결정된 것이 아니라, 미국과 소련의 대리 대결이라는 냉전 구도의 일부로서 형성된 결과였다.

해방이라는 민족사적 사건은 자주독립이라는 목표와는 달리, 외세에 의한 정치적 재구성이라는 아이러니한 결과를 낳았다. 이 시기에 벌어진 남북 분단의 결정적 전환은 정치 체제의 방향을 가르는 출발점이 되었고, 이후 모든 남북관계의 출발선이 되었다. 우리가 오늘 남북의 정치 체제 차이를 논할 때, 그것은 단지 내부의 선택이 아닌 외부의 개입과 국제질서의 반영이라는 점에서 보다 복합적인 이해가 필요하다.

3) 1948년, 남북의 분리 국가 수립

분단의 결정적 전환점은 1948년 남한의 단독 선거와 대한민국 정부 수립, 그리고 곧이어 이루어진 조선민주주의인민공화국의 창

---

[03] 고유환(2015), 〈남북한 정치체제 성립과 전개과정〉, 《현대사광장 제5호》, 10-35, p.14.

건이다. 남한은 자유선거를 통해 이승만 정부가 출범하며 민주주의 기반의 공화국 체제를 형성했고, 북한은 김일성을 중심으로 공산당 일당 독재 체제를 제도화했다. 이로써 한반도는 하나의 민족, 두 개의 국가, 서로 다른 정치 원리를 지닌 실체로 분리되었다.

1948년은 한반도 분단의 현실이 정치적으로 확정된 해였다. 해방 이후 한동안 '통일된 자주국가의 수립'은 남북 모두의 공통된 열망이었지만, 그 방향은 갈수록 어긋나기 시작했다. 미소공동위원회의 반복된 결렬과 남북 간 상호 불신, 무엇보다 미국과 소련이라는 냉전 진영의 이해관계가 충돌하면서 단일 정부 수립은 좌절되었고, 결국 각각의 정치 체제가 독자적인 국가로 출발하게 된다.

1948년 5월 10일, 유엔 한국임시위원단의 감시 아래 남한에서만 단독 총선거가 실시되었다. 북한과 소련은 이를 강하게 반대했지만, 남한 내부에서는 공산 세력의 반대와 혼란 속에서도 선거가 강행되었다. 그 결과 국회의원들이 구성되었고, 7월에는 제헌헌법이 제정되었으며, 8월 15일 대한민국 정부가 공식적으로 수립되었다. 초대 대통령은 이승만이었다.

이에 대한 대응으로 북한은 1948년 9월 9일, 김일성을 수반으로 하는 조선민주주의인민공화국을 수립하였다. 그들은 자신들이야말로 조선의 유일한 합법 정부임을 주장했고, 남한 정부를 미제의 괴뢰 정부로 규정하였다. 양측 모두 자신이 한반도 전체의 정통성을 계승하고 있다는 입장을 취하면서, 상호 승인도, 공존도 불가능한 대립적 국가 관계가 공식화되었다.

이러한 남북 분리 국가의 수립은 단지 국가의 탄생이 아니라, 정치 체제의 분기점이자 민족 분단의 제도적 고착을 의미했다. 남한은 자유민주주의와 시장경제를 근간으로 한 체제를 제도화했고, 북한은 사회주의 계획경제와 공산당 일당 체제를 중심으로 정치 시스템을 정비했다. 특히 북한은 빠르게 토지개혁, 기업 국유화, 여성해방 등을 추진하며 사회주의 국가의 전형적인 구조를 갖춰나갔고, 남한은 미국의 지원 아래 자유주의 진영에 본격적으로 편입되어 갔다.

양측의 정부 수립 이후 한반도는 단순히 분리된 상태가 아니라, 서로를 부정하는 적대적 주체로 존재하게 되었다. 단일 민족이면서도 두 개의 상반된 정치 체제를 갖게 된 이 구조는 이후 1950년 6.25전쟁의 직접적인 배경이 되었고, 현재까지 이어지는 남북관계의 근본적인 갈등 구조로 남아 있다.

1948년은 단순한 연대가 아니다. 그것은 남북이 서로 다른 길을 제도적으로, 정치적으로, 그리고 역사적으로 확정 지은 해였으며, 분단이 잠정적 상태가 아닌, 현실이 되는 기점이었다. 오늘날 남북이 만나고 협력하는 데에 수많은 제약이 존재하는 것도, 바로 이때 확정된 정치 체제의 상이함과 상호 정당성 부정이라는 구조적 요인 때문이다.

4) 6.25전쟁과 체제의 고착화

1950년 6.25전쟁은 단지 전쟁이 아니라, 정치 체제의 경쟁이 무력 충돌로 격화된 사건이었다. 남과 북은 각자의 체제를 한반도 전역에 적용하려는 시도 속에서 전쟁을 벌였고, 결국 1953년 정전협정 이후 두 체제는 군사적 대치 속에서 완전히 분리되었다. 이 전쟁은 단순한 분단을 '체제 분단'으로 고착화시키는 결정적 계기였으며, 이후 남한은 반공주의 체제 강화, 북한은 주체사상과 수령 중심의 권위주의 정치로 급속히 강화되어 갔다.

1948년 남북이 각각 분리된 정부를 수립한 이후, 한반도는 더 이상 정치적으로 하나의 통일국가가 아닌, 서로 다른 이념과 체제를 지닌 두 개의 국가로 나뉘게 되었다. 그러나 이 분단 상태는 여전히 잠정적이고 불안정한 균형에 머물러 있었고, 양측 모두 자신이 한반도의 유일한 정통 정부임을 주장하며 통일을 위한 주도권 경쟁을 이어갔다. 이 경쟁은 결국 무력 충돌로 이어졌고, 그것이 바로 1950년 6월 25일에 발발한 6.25전쟁이다.[04]

6.25전쟁은 단순한 국지적 충돌이 아니었다. 그것은 남한의 자유민주주의 체제와 북한의 사회주의 체제 간의 무력 충돌이자, 미국과 소련이라는 냉전 진영의 대리전 성격을 띤 국제전쟁이었다. 북한은 소련과 중국의 묵인 혹은 지원을 등에 업고 남침을 단행했고, 미국은 즉각 유엔군을 조직해 남한을 지원했으며, 전쟁이 장기화되자 중국군이 개입하면서 전선은 한반도 전역을 오가며 치열하게 교착되었다.

전쟁의 결과는 명확한 승패 없이, 1953년 7월 27일 정전협정이라는 이름의 휴전으로 마무리되었다. 그러나 그 휴전은 곧 분단의 고착화, 그리고 체제의 고착화를 의미했다. 전쟁 이전만 하더라도 남북 간의 교류나 인적 이동이 제한적이나마 가능했지만, 전쟁 이후 군사분계선은 완전히 닫힌 국경이 되었고, 이산가족의 탄생, 군사

---

[04] 손대권(2025). 〈김일성의 세 차례 한국전쟁 획책과 중국의 동맹 제지: 지정학적 구도의 변화를 중심으로〉, 《한국과 국제정치 제41권 제1호》, 281-321, p.296.

대치의 일상화, 이념적 적대의 강화라는 새로운 현실이 형성되었다.

이 시기를 기점으로 남과 북은 각자의 체제를 더욱 공고히 다져 나갔다. 남한은 반공주의를 국시로 내세우며 국가보안법을 강화하고, 자유민주주의 체제를 내세운 권위주의 통치 체제를 유지하였고, 북한은 김일성을 중심으로 한 유일지도체제를 강화하며 사회주의 계획경제와 수령 중심의 정치 구조를 확립해 나갔다. 특히 북한은 전쟁의 결과를 김일성 개인의 영도력과 반미 투쟁의 승리로 선전하면서, 체제의 정당성과 수령의 정통성을 강화하는 계기로 삼았다.

이처럼 6.25전쟁은 남북이 각자의 정치 체제를 확립하고 내면화하는 결정적 분기점이었다. 전쟁은 단순히 군사적 대결이 아니라, 체제의 생존을 위한 전면전이었고, 그 이후의 한반도는 단순히 분리된 상태가 아니라 적대적 분단 상태로 전환되었다. 이 체제의 고착화는 오늘날까지도 남북관계를 규정하는 가장 근본적인 구조적 조건으로 작용하고 있다.

전쟁 이후 남북은 더 이상 통일을 위한 경쟁자가 아니라, 존재 자체를 위협하는 적으로 서로를 인식하게 되었고, 이것은 정치 체제의 완전한 분리를 낳았다. 이념의 차이는 점점 더 깊어졌고, 신뢰는 단절되었으며, 남북의 정치 체제는 물리적 경계뿐 아니라 심리적·문화적 경계까지도 단단히 구축된 구조로 자리 잡게 되었다.

5) 냉전체제 속 각자의 길

전후 세계는 미국과 소련 중심의 이념 냉전체제로 재편되었고, 남한은 미국 중심의 자유주의 진영에, 북한은 소련-중국 축의 공산권에 편입되었다. 남한은 1960~80년대 산업화·민주화의 길을 거쳐 다당제·선거제·시민사회의 성장을 이뤘고, 북한은 김일성-김정일-김정은으로 이어지는 세습적 일당 독재 체제를 굳히며, 당·정·군이 통합된 수령 중심 통치 시스템을 확립했다. 이제 두 체제는 형식·내용·운영 방식에서 극단적으로 달라진 별개의 정치문화를 형성하게 되었다.

6.25전쟁 이후 남북한은 서로를 인정하지 않는 완전한 대립 관계 속에서, 각기 다른 정치 체제를 더욱 강화하며 독자적인 길을 걷기 시작했다. 이 시기의 한반도는 단순한 분단 상태를 넘어, 냉전체제의 최전선이자 이념 블록의 최첨단이 되었다. 미국과 소련을 중심으로 한 냉전 구도는 남북의 정치·경제·사회 전반에 깊은 영향을 미쳤고, 남한은 자유민주주의 진영, 북한은 사회주의 진영의 일원으로 각각 자리 잡았다.

남한은 미국의 원조를 바탕으로 전후 복구와 산업화에 착수했으며, 반공을 국가 이념으로 삼고 내부적으로는 강력한 반북·반공 정서를 조성했다. 이승만 정권에서 시작된 권위주의적 통치는 1960년대 박정희 정부를 거치면서 더욱 공고해졌고, 유신체제를 통해 개발독재와 국가 주도의 산업화가 추진되었다. 이 시기 남한은 경제 성장을 통한 체제의 정당화, 즉 '잘사는 나라'를 만드는 것으로 체제의 우월성을 증명하려 했다.

반면 북한은 전쟁 이후 김일성을 중심으로 한 수령 체제의 강화에 집중했다. 김일성은 전쟁의 경험을 이용해 반미 투쟁과 자주노선을 내세우며, 주체사상이라는 독자적 이념 체계를 정립해 나갔다. 공산당 일당 지배체제를 기반으로 정치적 반대세력을 숙청하고,

당·정·군의 권력을 통합하는 유일 지배 구조를 구축했다. 또한 대대적인 토지개혁, 산업 국유화, 사회주의적 복지제도 등을 통해 내부 체제를 안정시켰다.

1960~70년대까지는 북한이 남한보다 상대적으로 경제력과 사회 안정 면에서 우위에 있다는 평가도 존재했지만, 시간이 흐르며 남한의 고도성장과 북한의 폐쇄경제 한계가 명확히 드러나기 시작했다. 특히 1990년대 초 소련과 동구권 사회주의 국가들의 붕괴는 북한 체제에 심각한 외교·경제적 충격을 안겨주었고, 이는 고립과 내부 통제의 강화로 이어졌다.

이러한 상반된 경로 속에서 남북한은 서로에 대해 더욱 극단적인 인식 구조를 형성하게 되었다. 남한은 북한을 폐쇄적이고 낙후된 전체주의 국가로, 북한은 남한을 제국주의 앞잡이이자 부패한 자본주의 국가로 규정하며, 정치 체제의 차이를 단순한 제도적 차이를 넘어 이념적 대립, 정체성 갈등으로 확장시켰다.

냉전체제는 1990년대 초 국제질서에서는 해체되었지만, 한반도에서는 오히려 그 유산이 더욱 공고히 작동하게 되었다. 남북 모두 냉전적 이념 구조 위에서 자국의 정치 체제와 통치 정당성을 구축했기 때문에, 냉전의 해체는 체제의 위기로 이어졌고, 그만큼 체제 수호와 내부 결속을 위한 외부 적대의 필요성이 더욱 커졌다. 이로 인해 남북은 단순한 분단 상태가 아니라, 체제를 유지하기 위해 서로를 필요로 하는 적대적 공존 상태에 빠지게 된다.

이처럼 6.25전쟁 이후 냉전기 수십 년의 시간은 남북한이 각자의 체제를 굳히고, 상대를 부정하며, 분단의 구조를 완전히 내면화하게 만든 시기였다. 이 시기에 형성된 정치·이념의 경계는 오늘날 남북 간의 대화와 협력에 가장 큰 구조적 제약으로 작용하고 있으며, 여전히 한반도의 미래를 가로막고 있는 현실이다.

3. 남북의 경제 체제, 어떻게 달라졌나

1) 해방 직후, 비슷했던 경제 기반

1945년 8월, 한반도는 일제로부터 해방되었지만, 경제적으로는 독립된 자립경제의 기초를 전혀 갖추지 못한 상태였다. 일제강점기 동안 한반도의 경제는 일본 제국의 산업구조에 종속된 형태로 발전했으며, 남과 북 모두 식민지 수탈경제 체제의 한 부분이었다. 즉, 한반도 전체는 일본 본국의 필요에 따라 재편된 편향적이고 왜곡된 경제 구조를 공유하고 있었다.

당시 남한은 주로 농업 중심 지역이었다. 쌀, 보리 등 식량 생산이 주요 산업이었고, 상대적으로 비옥한 평야지대가 넓어 농업 생산력은 높았지만, 산업화 수준은 매우 낮았다. 특히 남한 지역에는 대규모 중공업 시설이나 현대적 공업 기반이 거의 존재하지 않았다. 반면 북한은 함경도, 평안도 지역을 중심으로 일본이 남긴 중공업 기반이 비교적 많이 존재했다. 수력발전소, 제철소, 화학공장, 광산 등이 북한 지역에 집중되어 있었으며, 이를 통해 일부 산업화의 토대가 마련되어 있었다.

그러나 이 같은 산업 분포는 식민지적 목적에 따라 만들어진 것으로, 자립적 경제 발전을 위한 균형 잡힌 구조는 아니었다. 남쪽은 농산물을 생산해 북쪽으로 보내고, 북쪽은 산업제품을 만들어 남쪽에 공급하는 식민지형 내부 분업 구조가 형성되어 있었던 것이다. 남과 북 모두 일본 본국에 필요한 자원을 조달하거나 가공하는 데 맞춰진 경제였기 때문에, 해방 이후 일본과의 경제적 연결이 끊기자 한반도 전체가 심각한 경제적 공백 상태에 빠질 수밖에 없었다.

또한 금융, 무역, 기술 인프라 역시 일본에 의해 철저히 통제되고 있었던 터라, 해방 직후 남북 모두 독자적인 금융 시스템, 무역 네트워크, 전문 인력이 턱없이 부족했다. 심지어 공장 운영 기술자, 경영 인력 등 핵심 인재들도 대부분 일본인이었거나 일본과 긴밀히 연결된 인사들이었기 때문에, 이들이 일본으로 철수하면서 경제 운영 자체가 불가능한 상황이 벌어졌다.

남북 모두 농업과 일부 산업 인프라를 갖추고는 있었지만, 전반적으로 식민지 잔재를 넘어설 독자적 경제 시스템을 구축할 준비가 되어 있지 않았다. 따라서 해방 직후 남북은 매우 유사한 조건에서 경제적 재건과 체제 수립이라는 막대한 과제를 동시에 떠안게 되었다.

결국 이때의 한반도 경제는, 겉으로는 북쪽이 산업화 수준이 높고 남쪽이 농업이 발달한 것처럼 보였지만, 본질적으로는 둘 다 취약하고 종속적이며, 외부의 지원 없이는 독립적으로 기능하기 어려운 구조였던 셈이다. 이러한 공통된 취약성은 이론상으로는 남북이 경제협력과 상호보완을 통해 통합적 재건을 도모할 수도 있었겠지만, 실제로는 냉전 구도 속에서 각각 다른 방향으로 경제 체제를 구축하게 되는 기반이 되었다.

2) 남한, 미국 원조와 시장경제의 길

해방 직후 남한은 심각한 경제적 혼란 속에 있었다. 일제의 수탈경제 구조가 무너진 뒤, 자립적 생산 기반을 갖추지 못한 채 정치적·사회적 혼란이 겹쳐졌다. 특히 6.25전쟁(1950~1953)은 남한의 경제 기반을 거의 초토화시켰다. 공장, 농지, 교통망 등 대부분의 생산 인프라가 파괴되었고, 수백만 명의 피난민과 막대한 인적 손실이 남았다. 이 상황에서 남한 경제를 지탱하고 재건할 수 있었던 가장 큰 힘은 미국의 대규모 원조였다.

1950년대 남한 경제는 사실상 미국 원조경제였다. 미군정 시기부터 이어진 미국의 지원은 전쟁 이후 본격화되어, 식량, 의료품, 생필품 공급은 물론 인프라 복구, 산업 재건에도 절대적인 역할을 했다. 미군정과 이후 이승만 정부는 미국의 경제적 지원을 기반으로 남한 체제의 안정을 도모했고, 냉전 구도 속에서 남한을 자유진영의 전초기지로 육성하려는 미국의 전략적 목적 역시 이 원조 정책을 뒷받침했다.

미국 원조는 단순한 긴급구호 차원을 넘어, 남한 경제의 구조를 자본주의 시장경제 체제로 전환하는 데 중대한 영향을 끼쳤다. 원조 물자의 유통과정에서 민간 자본이 축적되었고, 이를 바탕으로 초기 상공업자 계층이 형성되었다. 정부는 1950년대 후반부터 민간 중심의 경제 활성화를 추진했으며, 이러한 흐름은 1960년대 박정희 정부에 이르러 수출주도형 산업화 전략으로 본격 전환된다.

박정희 정부는 1962년부터 경제개발 5개년 계획을 수립하고, 국가 주도로 산업화에 착수했다. 이 시기 정부는 자본과 기술을 선별적으로 배분하면서 대기업(재벌) 중심의 산업구조를 형성해 나갔다. 섬유, 신발, 조선, 철강 등 경공업과 중화학공업이 집중적으로 육성되었으며, 수출 증대가 경제 성장의 핵심 목표가 되었다. 특히 베트남 전쟁 특수와 중동 건설 붐 등 외부 수요를 적극 활용하면서, 남한은 1970~80년대 고도성장을 기록할 수 있었다.

남한 경제 발전의 또 다른 중요한 특징은 개방과 세계화다. 1980년대 이후 남한은 세계무역기구(WTO), 경제협력개발기구(OECD) 등에 가입하며 글로벌 경제질서에 적극 편입되었고, 1990년대에는 금융 자유화와 구조조정 정책을 통해 선진국형 시장경제로 탈바꿈하는 길을 걷게 된다. IT 산업, 반도체, 바이오, 첨단 제조업 등 첨단산업 부문의 육성은 이후 남한 경제가 지속 성장할 수 있는 기반이 되었다.

결국 남한은 전후 미국의 원조를 바탕으로 파괴된 경제를 복구하고, 국가 주도의 산업화 단계를 거쳐, 민간 중심의 자유시장경제 체제로 자리 잡았다. 이 과정은 외부 지원을 내부 동력으로 전환한 성공 사례로 평가될 수 있으며, 특히 글로벌화 속에서도 민간 기업의 경쟁력과 국가 인프라를 동시에 강화한 점이 특징적이다.

오늘날 남한 경제의 구조적 특징은 이 시기 형성된 경제 발전 전략의 연장선상에 있으며, 이는 북한과의 경제 비교에서 압도적 격차를 낳는 주요 요인 중 하나로 작용하고 있다.

3) 북한, 계획경제와 자력갱생 노선

해방 직후 북한 역시 경제적으로 황폐한 상황에 직면해 있었다.

그러나 남한과 달리 북한은 상대적으로 산업 인프라가 남아 있었고, 소련과 중국이라는 강력한 지원 세력이 존재했다. 이러한 조건 속에서 북한은 전후 복구와 국가 건설을 추진하는 과정에서 빠르게 사회주의 계획경제 체제를 구축해 나갔다.[05]

북한 경제는 1950년대 초반부터 토지개혁과 산업 국유화를 단행하면서 사회주의 체제의 기본 골격을 완성했다. 농업 부문에서는 무상몰수·무상분배 방식으로 토지를 재편하고, 이후 협동농장 체제로 집단화를 추진했다. 산업 부문에서는 대규모 국유화를 통해 사기업을 전면 폐지하고, 모든 생산수단을 국가가 소유하고 통제하는 구조를 구축했다. 이러한 조치는 계급 구성을 재편하고, 국가가 경제를 일원적으로 계획·관리하는 체제를 정착시키는 데 중요한 역할을 했다.

1950년대 후반 북한은 소련과 동구권 사회주의 국가들의 경제 원조와 기술 지원을 받아 전후 복구를 빠르게 진행했다. 이 시기 북한은 오히려 남한보다 경제적 지표에서 앞선다는 평가를 받을 정도로 산업 생산성과 인프라 복구에서 가시적인 성과를 거두었다. 특히 중화학공업 육성, 수력발전 확대, 광업 강화 등은 북한이 자립적 경제 기반을 다지는 데 중요한 토대가 되었다.

그러나 1960년대 중반부터 북한은 기존 사회주의 국가들과의 차별화를 꾀하며 주체사상을 공식 이념으로 채택했다. 주체사상은 정치, 군사뿐만 아니라 경제 부문에도 강력한 영향을 미쳤다. 북한

---

[05] 박순성(1998). 〈남북한 경제체제의 변화와 경제통합의 모색〉, 《사회과학연구 37집》, 133-156, pp.137-140.

은 외부 의존을 최소화하고, 자력으로 경제를 발전시키겠다는 자력갱생 노선을 채택했다. 이로 인해 북한은 국제 분업과 무역 대신, 내부 자원의 동원과 자체 생산 체계를 강화하는 방향으로 나아갔다.

자력갱생 노선은 초기에는 독립적 경제 발전을 강조하는 긍정적 의미를 가졌으나, 시간이 지나면서 심각한 한계에 봉착했다. 제한된 자원과 기술력, 폐쇄적 경제 구조 속에서 북한은 점점 세계 경제 변화에 대응하지 못하게 되었고, 생산성 저하와 공급 부족, 기술 낙후가 만성화되었다. 특히 1970년대 이후 북한은 대외 부채 문제와 경제 성장 둔화를 겪었고, 1980년대에는 국제 시장과의 단절이 더욱 심화되면서 심각한 경제 침체에 빠졌다.

1990년대 초 사회주의권 붕괴는 북한 경제에 결정적 타격을 가했다. 소련과 동구권 국가들로부터의 경제적 지원과 교역이 중단되면서 북한은 급격한 외화난과 에너지 부족, 식량난에 직면했다. 결국 1990년대 중반 북한은 '고난의 행군'이라는 극심한 경제위기와 인도적 재난을 겪게 된다. 이 시기 북한은 국가의 공식 경제 체계만으로 국민 생계를 유지할 수 없는 상황에 이르렀고, 자연스럽게 장마당(**비공식 시장**)이 자생적으로 등장하기 시작했다.

비록 북한 당국은 여전히 사회주의 계획경제의 틀을 유지하고 있지만, 실질적으로는 비공식적 시장경제 활동이 사회 전반에 확산되었고, 이는 북한 경제 구조를 이중경제 체제로 변화시키는 결과를 초래했다. 공식 경제는 국가 통제 아래 움직이지만, 많은 주민들은 비공식 시장 활동을 통해 생계를 유지하는 현실이 고착화된 것이다.

오늘날 북한 경제는 외형적으로는 사회주의 계획경제를 유지하고 있으나, 내부적으로는 시장화와 국가 통제의 혼합 구조를 특징으로 한다. 자력갱생을 내세운 고립적 경제 운영은 국제제재와 맞물려 경제 성장을 극도로 제한하고 있으며, 외부 세계와의 연계 부족은 지속적인 경제 발전의 가장 큰 장애물로 작용하고 있다.

4) 1990년대, 격차의 확대

1990년대는 남북한 경제 격차가 본격적으로 극대화된 시기였다. 이 시기 국제 정세는 급변했다. 소련의 해체(1991)와 동유럽 사회주의 국가들의 붕괴는 냉전체제의 종식을 의미했으며, 이는 남북 모두에게 심대한 영향을 미쳤다. 그러나 그 충격의 강도는 남과 북에서 현저히 달랐다.

남한은 이미 1980년대 후반 민주화 과정을 거치며 정치적 안정을 다지고 있었고, 1988년 서울올림픽을 성공적으로 치르며 국제 사회에서 국가 이미지를 크게 향상시켰다. 이러한 기반 위에서 남한은 1990년대 초 세계 경제에 적극 편입하는 길을 택했다. 우루과이 라운드 협상, OECD 가입(1996) 등을 통해 무역 자유화를 추진했고, 첨단산업과 금융, 서비스 부문을 육성하며 경제 구조의 고도화를 이루었다. 정보통신 혁명과 글로벌화 물결을 타고 남한은 본격적으로 선진 경제권에 진입하는 데 성공했다.

반면 북한은 완전히 다른 상황에 직면했다. 소련과 동구권은 북한에 대한 경제 지원과 무역을 끊었고, 북한은 순식간에 주된 외화 수입원과 생필품 조달 경로를 상실했다. 이에 따른 대외경제 붕괴는 국내 경제 전체에 치명타를 가했고, 에너지 부족, 원자재 수급난, 농업 생산성 저하가 겹치면서 북한 경제는 사실상 마비 상태에 빠졌다.

특히 1990년대 중반 북한은 '고난의 행군' 시기를 겪었다. 대규모 식량 부족과 기아, 질병 확산, 사회기반시설 붕괴로 수십만 명 이상의 인명 피해가 발생했다. 이 시기 국가는 공식 배급 시스템을 유지할 수 없게 되었고, 주민들은 생존을 위해 자연발생적으로 장마당(비공식 시장)을 만들어 거래를 시작했다. 이는 북한 경제가 이념적으로는 계획경제를 고수하되, 현실적으로는 통제 불가능한 시장화 과정을 겪기 시작했음을 의미한다.

남한은 이 시기에도 경제 성장을 지속하며 세계 10위권 경제대국으로 자리 잡았다. 반면 북한은 경제 총량 자체가 축소되었고, 대외경제 고립, 내부 생산 체계 붕괴, 만성적인 식량난과 에너지 부족으로 인해 남북 간 경제력 격차는 수십 배 이상 벌어지게 되었다. GDP 규모, 국민소득, 산업 인프라, 기술 수준, 생활 수준 모두 비교 불가능할 정도로 차이가 심화되었다.

이 격차는 단순히 경제력 차이를 넘어 체제의 지속 가능성, 주민 생활의 질, 국제사회에서의 위상 등 모든 분야에 영향을 미쳤다. 특히 남북 간 대화나 경제협력 논의가 이뤄질 때마다, 이 엄청난 격차는 현실적인 통합과 교류를 어렵게 하는 구조적 요인으로 작용하고 있다. 또한 북한 내부적으로는 이 격차를 체제 불안 요인으로 인식하며 더욱 폐쇄성을 강화하는 악순환이 반복되었다.

결국 1990년대는 남북이 각각 완전히 다른 경제적 궤적을 타게 된 결정적 전환점이었다. 남한은 세계화와 산업고도화로, 북한은 고립과 생존 중심의 경제로 갈라지면서, 두 경제 체제는 실질적으로 접점을 잃어버리게 되었다.

5) 현재: 남북 경제의 현실적 차이

오늘날 남북한 경제는 구조, 규모, 성격 모든 면에서 극명한 차이를 보인다. 남한은 세계 경제 속에 깊숙이 편입된 자유시장경제 국가로, 글로벌 무역, 첨단산업, 금융, 서비스 분야에서 두각을 나타내고 있다. 반면 북한은 여전히 사회주의 계획경제 체제를 표방하고 있으나, 사실상 장마당을 통한 부분적 시장화가 확산되면서 이중경제 구조를 지니게 되었다. 두 체제는 더 이상 단순히 발전 정도의 차이를 넘어, 경제의 본질적 성격 자체가 다른 길을 걷고 있다.

남한은 국내총생산(GDP), 1인당 국민소득, 무역규모, 산업구조 모든 면에서 북한을 압도하고 있다. 2020년대 기준으로 남한의 GDP는 북한의 50배 이상, 1인당 국민소득은 30배 이상 차이가 난다. 남한은 반도체, 자동차, 조선, 배터리, 디지털 콘텐츠 등 다양한 분야에서 세계적 경쟁력을 보유하고 있으며, 수출입 규모 또한 세계 10위권을 유지하고 있다. 또한 IT 기반의 디지털 경제로 빠르게 전환하며, 4차 산업혁명시대를 선도하는 국가 중 하나로 평가받고 있다.

반면 북한은 여전히 농업과 광업 중심의 1차 산업 비중이 크고, 산업시설의 현대화는 극히 제한적이다. 국가가 공식적으로 생산과 유통을 통제하는 계획경제 체제를 유지하려 하지만, 주민들의 생계는 점점 장마당을 통한 사적 거래에 의존하고 있다. 특히 국제사회의 경제 제재로 인해 공식 외화 수입이 극도로 위축되었고, 이에 따라 암시장을 통한 무역, 비공식적 경제활동이 일상화되었다. 이러한 변화에도 불구하고 북한은 여전히 체제의 공식 이념상 자력갱생을 강조하고 있으며, 본격적인 개방과 개혁은 추진하지 못하고 있다.

인프라 수준에서도 차이는 현격하다. 남한은 전국에 고속도로망과 고속철도(KTX)가 깔려 있고, 5G 통신 인프라, 스마트시티 구축 등 첨단 인프라를 적극 확장하고 있다. 반면 북한은 전력, 교통, 통신 등 기본 인프라가 심각하게 노후화되어 있으며, 지방 농촌 지역은 여전히 전기 공급조차 불안정한 곳이 많다. 정보통신 접근성에서도 남북 간 격차는 극심하여, 남한이 초고속 인터넷 보급률 세계 상위권인 반면, 북한은 내부망인 '광명망'을 통한 제한된 정보만을 제공받는다.

이러한 경제 현실의 차이는 남북 간 대화나 협력 논의에서 항상 현실적 제약으로 등장한다. 단순히 경제 격차를 넘어, 서로의 경제 운영 원리, 경제 주체의 행동 방식, 성장 전략 자체가 다르기 때문에, 단기적 통합이나 대규모 경제협력은 매우 신중하게 접근해야 할 과제다. 예를 들어, 인프라 연결, 산업 협력, 금융 지원 등 모든 분야에서 '격차 관리'와 '충격 완화'를 고려한 단계적 접근이 필수적이다.

또한 남한은 글로벌 스탠더드와 규제체계 속에서 움직이는 반면, 북한은 자급자족적 사고방식과 폐쇄적 통제 체제를 유지하고 있어, 협력의 룰을 설계하는 데에도 상당한 시간과 신뢰 구축이 필요하다. 남북 경제 관계는 정치적 합의만으로 풀릴 수 없는 복합적이고 장기적인 과제임을 의미한다.

결국 오늘날 남북의 경제는 규모의 격차, 체제의 차이, 인식과 문화의 간극 모두를 포괄하는 구조적 분단 상태에 있으며, 이 현실을 인정한 상태에서 전략적, 점진적인 교류를 설계해야 미래의 통합 가능성도 열릴 수 있다.

6) 경제 체제 차이의 의미: 분단 구조의 강화와 교류 과제

남북한의 경제 체제 차이는 단순한 경제 발전 수준의 격차를 넘어, 한반도 분단 구조를 강화하고 고착시키는 심층적 요인으로 작용하고 있다. 남한과 북한은 이제 경제 체제의 기본 원리부터 운영 방식, 경제 주체의 역할, 글로벌 연계성에 이르기까지 전혀 다른 시스템을 가지고 있으며, 이 차이는 단순한 통계상의 수치로는 설명할 수 없는 구조적 벽을 만들어 냈다.

남한은 세계시장에 통합된 자유시장경제 국가로, 글로벌 네트워크 속에서 혁신과 경쟁을 통해 성장하는 체제다. 반면 북한은 계획경제를 표방하면서도 사실상 부분적 시장화와 국가 통제를 병행하는 이중경제 구조를 가지고 있다. 북한은 여전히 자력갱생을 강조하며 체제 안정과 정치적 통제를 최우선시하고 있으며, 이러한 경제 운영 방식은 외부 세계와의 본격적 연계 가능성을 크게 제한하고 있다.

이러한 경제 체제 차이는 남북한 사이에 단순히 '경제력의 격차'만을 낳은 것이 아니다. 더 근본적으로는 서로를 이해하고 협력할 수 있는 제도적, 문화적, 심리적 기반 자체를 약화시켰다. 남한은 경제적 성공과 글로벌 스탠더드를 체제의 정당성 근거로 삼고 있지만, 북한은 체제 생존을 위해 외부와의 차단과 통제 전략을 강화해 왔다. 이로 인해 남북한은 서로의 경제 시스템을 상호 인지하고 조정할 수 있는 공통 언어와 경험을 잃어버린 상태에 이르렀다.

결국 남북 경제 체제 차이는 남북이 다시 만나기 위해 넘어야 할 가장 현실적이고 견고한 장벽이 되었다. 단순히 정치적 선언이나 합의만으로는 이 장벽을 허물 수 없다. 남북이 진정으로 교류하고 협력하기 위해서는, 경제 체제 차이를 인정하고 관리하면서, 신뢰를 쌓아나가는 점진적 접근이 필수적이다.

구체적으로는 대규모 경제통합이나 투자 확대를 서두르기보다는 농업, 산림, 보건, 인프라 복구 등 비교적 충돌 위험이 적고 상호 이익이 명확한 분야부터 단계적으로 협력을 시작하고, 상호 간 규제와 제도 차이를 조정할 수 있는 중장기적 로드맵을 수립하며, 북한 내부의 시장화 흐름을 존중하고 지원하는 방식으로 자생적 변화와 개방을 유도하는 전략이 필요하다.

또한 국제사회와의 조율을 통해 제재 체제하에서도 가능한 인도적, 민생 협력 영역을 확대하고, 남북 간 경제적 신뢰를 서서히 구축해 나가는 것이 중요하다. 신뢰와 상호 의존성이 일정 수준 이상 축적되지 않으면, 경제적 교류는 오히려 체제 불안정성만 자극할 수 있기 때문이다.

따라서 남북 경제 체제 차이는 극복해야 할 장애물이 아니라, 조심스럽게 조정하고 관리해야 할 조건으로 인식해야 한다. 남북은 서로를 바꾸려고 하기보다, 서로 다른 상태에서도 함께 살아가는 방법을 찾는 것이 필요한 시점에 와 있다. 경제협력 역시 통일을 위한 준비가 아니라, 평화와 공존을 위한 필수적 토대로 새롭게 재구성되어야 한다.

4. 남북의 사회·문화 체제, 어떻게 달라졌나

1) 해방 이후, 같은 전통 속 다른 방향으로의 출발

1945년 해방 직후 남북한은 수백 년 동안 공유해 온 전통적 사회구조와 문화를 여전히 함께 지니고 있었다. 조선시대부터 이어진 유교적 가치관은 남북 모두에 깊게 스며들어 있었고, 가족을 중심으로 한 공동체 의식, 연장자 존중, 교육을 통한 사회적 상승 욕구 등은 남과 북을 가리지 않고 기본적인 사회규범으로 작용했다. 언어, 풍습, 관습, 민족의 역사적 기억 또한 큰 차이 없이 공유되었다. 해방 직후만 놓고 본다면, 남과 북은 정치적으로는 분단되었지만 사회·문화적으로는 하나의 연속된 공동체였다고 할 수 있다.

그러나 이 같은 공통 기반 위에 세워질 수 있었던 남북한의 사회·문화 체제는, 곧바로 서로 다른 방향으로 분화되기 시작했다. 남한은 미군정의 영향 아래에서 개인의 자유와 민주주의적 가치를 기반으로 한 시민사회를 구축하려는 시도를 시작했다. 미군정은 일정 부분 기존의 사회구조를 존중했지만, 동시에 민주주의 제도와 시장경제 원칙을 이식하고자 했다. 이는 전통적 공동체 의식 위에 개인의 권리와 자유를 강조하는 새로운 가치체계가 접목되는 변화를 가져왔다.

반면 북한은 소련의 지원을 받으며 사회주의 혁명 노선을 채택했다. 북한은 일제강점기 이후 급진적 변화를 통해 봉건적 사회구조를 일소하고, 사회주의적 평등과 집단주의를 기반으로 한 새로운 사회질서를 세우려 했다. 토지개혁, 산업 국유화, 계급타파 정책을 통해 전통적 지주계급, 상류층을 제거하고, 농민과 노동자를 사회의 주체로 세우는 작업이 빠르게 진행되었다. 이 과정에서 유교적 질서와 전통적 공동체 의식은 '구습'으로 규정되어 철저히 해체되었고, 개인보다는 집단과 당에 대한 충성심이 강조되는 새로운 사회규범이 자리 잡게 되었다.

남북한은 모두 해방 후 사회 변화를 경험했지만, 그 방향성과 속도는 매우 달랐다. 남한은 점진적 변화를 통해 전통과 현대를 연결하려 했고, 민주주의적 가치를 서서히 확산시켜 나갔다. 반면 북한은 단절적이고 혁명적인 방식으로 기존 질서를 일거에 뒤엎고, 새로운 이념적 사회를 건설하려 했다. 그 결과 남한에서는 전통과 현대, 개인과 공동체, 자유와 규범이 복합적으로 공존하는 사회구조가 형성되었지만, 북한에서는 당과 수령을 중심으로 모든 사회가 일원화되고 동원되는 구조가 확립되었다.

결국 해방 직후 남북한은 같은 전통적 토양에서 출발했지만, 외세의 영향, 이념적 선택, 체제 건설의 방향성에 따라 사회·문화 체제가 완전히 다른 길을 걷게 되었다. 이 초기의 분화는 시간이 흐를수록 심화되어, 오늘날 남북한 주민들 사이에 존재하는 생활 방식, 가치관, 정체성의 간극으로 이어지게 된다. 남과 북은 같은 역사와 문화를 공유했던 민족이었지만, 해방 이후 불과 몇 년 만에 사회적 상상력과 삶의 방식까지 달라지기 시작한 것이다.

2) 사회구조의 차이: 개인주의 대 집단주의

해방 이후 남북은 같은 전통적 사회기반에서 출발했지만, 체제 선택과 이념 노선의 차이에 따라 사회구조 또한 빠르게 달라지기 시작했다. 특히 '개인'과 '집단'에 대한 인식, 그리고 사회 구성원 간의 관계 설정 방식에서 남북은 근본적으로 다른 길을 걷게 되었다.[06]

남한은 자유민주주의 체제를 수립하는 과정에서 개인의 권리와 자유를 강조하는 방향으로 사회구조를 발전시켰다. 산업화와 도시화, 민주화 과정을 거치면서 개인은 독립적 권리를 가진 존재로 인식되었고, 국가와 사회는 개인의 자유와 권리를 보장하고 지원해야 할 대상으로 재정의되었다. 가족, 지역 공동체, 학교, 종교단체 등 다양한 사회단위는 비교적 자율성과 다원성을 인정받으며 발전했다. 특히 1980년대 이후 시민운동과 다양한 사회운동이 활성화되면서, 국가와 사회가 개인의 자유를 억압할 수 없다는 인식이 폭넓게 확산되었다.

반면 북한은 사회주의 체제의 확립과 함께 집단 중심의 사회구조를 강력하게 구축했다. 북한 사회에서 개인은 독립적 존재가 아니라, 당과 수령, 그리고 인민 대중 속에서 자신의 존재 의미를 찾는 구성원으로 정의되었다. 개인의 권리나 자유보다는 집단의 이익, 사회 전체의 목표 달성이 우선시되었으며, 이는 국가 주도의 전면적인 사회 통제 체제로 구체화되었다. 노동당이 지도하는 사회주의 조직체계가 생활의 모든 영역을 관장했으며, 개인은 학교, 직장, 동네 등 어디에서든 소속된 조직을 통해 국가의 방침과 사상교육을 받아야 했다.

이러한 사회구조의 차이는 단순한 이념 차원을 넘어, 생활 방식

---

[06] 이우영(2022). 〈한국의 체제전환 연구의 비판적 검토: 남북한 사회문화적 갈등과 통합 연구를 위한 제언〉, 《현대북한연구 제25권 제3호》, 269-301, pp.289-291.

과 사고방식, 사회적 관계 맺는 방식 자체를 다르게 만들었다. 남한은 다양한 가치와 의견의 존재를 자연스럽게 받아들이는 사회로 발전했지만, 북한은 획일성과 충성심, 집단 내 일체감을 최고의 가치로 삼는 사회가 되었다. 남한에서는 개인의 선택과 다양성이 존중되는 반면, 북한에서는 집단의 결정과 국가의 지침이 개인의 삶을 규정하는 기본 원리가 되었다.

또한 이러한 차이는 세대가 갈수록 더욱 강화되었다. 남한에서는 개인화와 탈권위주의 경향이 뚜렷해졌고, 청년 세대를 중심으로 자유로운 의사 표현과 개인적 라이프스타일 추구가 자연스러운 현상이 되었다. 반면 북한에서는 세대교체에도 불구하고 집단주의적 규율과 충성심 교육이 지속되었으며, 특히 청년동맹, 여성동맹, 직맹 등 각종 대중 조직을 통해 개인을 체제에 일관되게 편입시키려는 노력이 계속되었다.

결국 남북한은 같은 민족, 같은 문화적 전통을 지니고 있음에도 불구하고, 개인과 집단을 바라보는 기본적 세계관에서 본질적으로 다른 사회구조를 구축하게 되었다. 이 차이는 오늘날 남북한 주민 간의 심리적, 문화적 거리감을 심화시키는 주요 요인 중 하나가 되었고, 향후 남북 간 교류와 통합을 논의할 때 반드시 고려해야 할 근본적 조건이 되고 있다.

3) 문화의 차이: 다양성과 통제의 대비

남북한은 해방 당시까지만 해도 언어, 전통 예술, 의례, 생활문화 등에서 큰 차이가 없는 하나의 민족 공동체였다. 그러나 분단 이후 정치 체제와 사회구조가 급격히 다르게 형성되면서, 문화 역시 전혀 다른 길을 걷게 되었다. 특히 문화의 기능과 역할, 그리고 표현 방식에 있어서 남북은 극명한 대조를 보인다.

남한은 자유민주주의 체제 아래에서 문화의 다양성과 자율성을 점차적으로 확대해 나갔다. 1960~70년대 군사정권 시절에는 검열과 통제가 일부 존재했지만, 1980년대 민주화 이후에는 표현의 자유가 본격적으로 확장되면서 문화예술 분야는 비약적인 성장을 이루었다. 대중음악, 영화, 문학, 공연예술 등 다양한 문화 장르가 폭발적으로 발전했고, 특히 1990년대 이후 인터넷과 디지털 기술의 발전에 힘입어 한류(K-POP, 드라마, 영화 등) 현상이 세계로 퍼져 나가게 된다. 남한 사회에서 문화는 개인과 집단의 다양한 정체성을 표현하는 공간이자, 사회적 상상력과 창조성을 발휘하는 중요한 영역으로 자리 잡았다.

반면 북한은 문화예술을 체제 수호와 사상 선전을 위한 정치적 도구로 철저히 통제했다. 문학, 영화, 음악, 미술 등 모든 문화 활동은 김일성-김정일-김정은 3대 세습 체제와 노동당의 이념을 찬양하고, 혁명정신과 사회주의 우월성을 선전하는 내용을 중심으로 생산되었다. 예술은 개인의 창의적 표현이 아니라, 당의 방침에 따라 인민을 교육하고 동원하는 수단으로 기능했다. 모든 공연, 전시, 출판물은 엄격한 사전 검열을 통과해야 하며, 외국 문화에 대한 접근은 철저히 차단되었다.

이러한 문화 통제는 북한 주민들에게 다양한 세계관이나 대안적 사고를 접할 기회를 근본적으로 차단했으며, 문화적 상상력의 영역 자체를 축소시켰다. 예를 들어 북한의 영화나 소설은 대부분 영웅적 노동자, 충성스러운 군인, 현명한 지도자를 이상화하는 도식적 구조를 반복하며, 현실의 다양한 감정과 인간적 갈등을 담아내는 데에는 한계가 있다. 이에 비해 남한의 대중문화는 다양한 계층, 세대, 지역, 성별을 반영하고 있으며, 때로는 국가 권력과 사회적 규범을 비판하고 전복하는 창조적 에너지를 보여주기도 한다.

또한 일상적 문화소비 양식에서도 남북한은 커다란 차이를 보인다. 남한에서는 인터넷, 스마트폰, 스트리밍 플랫폼 등을 통해 누구나 자유롭게 국내외 콘텐츠를 소비할 수 있고, 문화 트렌드가 빠르게 글로벌 트렌드와 동조된다. 반면 북한에서는 국가 통제하의 제한된 콘텐츠만을 허용하며, 일부 장마당을 통한 외국 드라마·영화 유입이 있기는 하지만 이는 엄격히 불법으로 취급된다. 북한 내부에서 외부 문화를 접하는 것은 체제에 대한 심각한 위협요소로 간주된다.

결국 남북한은 문화의 생산과 소비, 그리고 문화가 사회 속에서 담당하는 역할에 있어 완전히 다른 길을 걸어왔다. 남한은 다양성과 창의성을 통해 문화를 사회 변화의 동력으로 삼은 반면, 북한은 통제와 선전을 통해 문화를 체제 유지를 위한 방어막으로 삼았다. 이 같은 문화적 차이는 오늘날 남북 주민 간의 정서적 공감대 형성에 커다란 장벽으로 작용하고 있으며, 향후 교류와 통합을 위한 또 다른 숙제가 되고 있다.

4) 교육 체제의 차이: 열린 교육 대 정치적 교양

남북한의 교육 체제는 해방 직후까지만 해도 유사한 기초를 공유하고 있었다. 조선시대부터 이어진 유교적 교육관, 식민지 시기에 형성된 근대적 학교 제도 등은 남북 모두에게 기본적 틀을 제공했다. 그러나 분단 이후 각각의 체제에 맞는 새로운 국가교육 정책이 추진되면서, 남북의 교육은 철학과 목표, 방법, 내용 면에서 뚜렷하게 달라지기 시작했다.

남한은 자유민주주의 체제 아래에서 교육을 개인의 성장과 사회발전의 수단으로 보았다. 1948년 제정된 교육법은 '민주 시민 양성'을 기본 이념으로 삼았고, 초·중등 의무교육 제도가 본격적으로 시행되었다. 1960~70년대 경제개발 과정에서는 인력 양성을 위한 기술교육과 과학교육이 강화되었고, 1980년대 민주화 이후에는 비판적 사고력, 창의성, 인권 감수성 등을 중시하는 교육 개혁이 추진되었다. 남한의 교육은 점점 다양성과 자율성을 확대하는 방향으로 발전했으며, 학생 개개인의 잠재력 발휘와 진로 선택의 자유를 보장하려는 노력이 이어졌다.

반면 북한은 교육을 단순한 지식 전달이나 개인 성장의 수단으로 보지 않았다. 교육은 사회주의 혁명을 완성하고 체제에 충성하는 인재를 양성하는 수단이었다. 김일성시대부터 교육은 '김일성 혁명사상'을 근본으로 삼았으며, 이후 김정일주의, 김정은시대를 거치면서 지도자에 대한 절대 충성과 사회주의 체제 수호가 교육의 핵심 목표로 설정되었다. 모든 학습은 정치적 교양과 밀접하게 결합되었고, 과학, 수학, 외국어 교육조차도 사회주의 이념과 당정 노선에 복무하는 방향으로 재구성되었다.[07]

---

07) 김서경(2024). 〈북한 유일지배체제 형성과 교육의 역학 관계〉, 《현대북한연구 제27권 제3호》, 48-86, pp.70-76.

북한의 학교 교육에서는 혁명역사 교육이 매우 중요한 비중을 차지한다. 유년기부터 청소년기에 이르기까지 김일성과 김정일, 김정은의 생애와 업적을 체계적으로 학습하고, '반제 반미 투쟁'과 '사회주의 조국 수호'를 필수 과목으로 배운다. 학생들은 정치적 충성심을 고양하기 위해 다양한 조직 활동(**소년단**, **청년동맹** 등)에 참여하며, 국가가 정한 이념교육을 수시로 받는다. 이는 지식 전달 이상의 문제로, 인간형 자체를 '혁명전사'로 규정하는 교육이라 할 수 있다.

또한 북한은 평생교육 개념을 강하게 강조한다. 직장인, 농민, 군인, 여성 모두가 지속적으로 정치학습과 사상교양을 받아야 하며, 이는 사회 전반의 동원 체계 유지와 체제 충성도 강화를 위한 필수적 장치로 작동한다. 이에 비해 남한에서는 평생교육이 개인의 자기 계발과 직업능력 향상을 위한 자율적 선택의 영역으로 자리 잡았다.

결국 남북한의 교육 체제는 학생을 어떻게 규정하는가, 교육을 통해 어떤 사회를 만들고자 하는가 하는 질문에 대해 전혀 다른 답을 내리고 있다. 남한에서는 교육이 개인의 자유와 잠재력, 다양성을 존중하는 방향으로 진화해 온 반면, 북한에서는 교육이 체제 유지를 위해 개인을 규율하고 통제하는 핵심 수단이 되었다. 이 차이는 단지 학교 제도의 차이를 넘어, 남북 주민 간의 사고방식, 가치관, 세계관의 차이를 심화시키는 중요한 원인으로 작용하고 있다.

5) 언론과 정보 접근성의 차이

남북한의 체제 분단은 단순히 정치나 경제뿐 아니라, 정보와 언론의 세계에서도 극단적으로 다른 환경을 만들어 냈다. 해방 직후까지만 해도 남북 모두 언론의 자유가 보장된 상태는 아니었지만, 시간이 지날수록 정보에 대한 접근성, 표현의 자유, 미디어의 역할 면에서 두 사회는 완전히 다른 길을 걷게 되었다.

남한은 자유민주주의 체제하에서 언론의 자유를 헌법적 권리로 보장하고 있다. 물론 1960~80년대 군사정권 시기에는 언론통제와 검열이 강화되기도 했지만, 1987년 민주화 이후 남한은 본격적으로 언론의 자유를 보장하는 사회로 발전했다. 다양한 신문, 방송, 인터넷 매체가 존재하며, 정치, 경제, 사회, 문화 전반에 걸쳐 자유롭게 비판하고 다양한 견해를 표출할 수 있다. 특히 인터넷과 모바일 기술의 급속한 발전은 정보 접근성을 획기적으로 높였고, 남한은 세계에서 손꼽히는 인터넷 보급률과 정보 소비 속도를 가진 사회로 자리 잡았다. 소셜미디어를 통한 실시간 소통, 개인 미디어의 확산은 남한 사회에서 여론 형성과 사회 변화를 빠르게 촉진하는 중요한 힘이 되었다.

반면 북한은 국가가 모든 언론과 정보를 철저히 통제하는 체제를 유지하고 있다. 북한의 신문, 방송, 출판, 인터넷은 모두 당국의 승인을 받은 내용만을 다룰 수 있으며, 기본적인 목적은 대내적으로 체제 찬양과 지도자 숭배를, 대외적으로는 사회주의 체제 우월성과 미국·남한 비난을 선전하는 데 있다. 대표적인 매체인 노동신문, 조선중앙TV, 조선의 오늘 같은 기관들은 정보 전달 기능보다 체제 선전 기능을 우선시한다.

북한 주민들은 외부 세계에 대한 정보를 거의 접할 수 없다. 인터넷은 일반 주민들에게 완전히 차단되어 있으며, 일부 특권층만 제한적으로 내부 인트라넷(광명망)을 사용할 수 있을 뿐이다. 외국 방송이나 영상물은 불법으로 간주되며, 이를 소지하거나 시청하다 적발될 경우 심각한 처벌을 받는다. 외부 정보 차단은 단순한 검열 차원을 넘어, 체제 유지의 필수 조건으로 작동하고 있다.

그럼에도 불구하고 1990년대 후반 '고난의 행군' 시기를 거치면서 장마당을 통해 밀수입된 남한 드라마, 영화, 음악이 은밀하게 퍼지기 시작했다. 이를 통해 일부 북한 주민들은 남한 사회의 일상과 문화를 단편적으로나마 접하게 되었고, 이는 북한 내부의 세계관과 체제 인식에 미세한 변화를 일으키는 요소가 되고 있다. 그러나 이러한 비공식적 정보 유입은 철저히 단속되고 있으며, 전체 사회구조를 바꿀 정도로 확산되지는 못한 상태다.

결국 남한은 정보의 자유와 다양한 여론의 존재를 전제로 한 사회를 구축한 반면, 북한은 정보 통제를 통해 사회를 일원화하고 체제를 유지하는 방향으로 발전해 왔다. 이 차이는 단순한 미디어 환경의 차이를 넘어, 남북 주민 간의 현실 인식과 사고방식, 세계관을 극적으로 다르게 만드는 핵심적인 요소가 되고 있다. 정보와 언론의 자유는 단순한 권리 문제가 아니라, 사회의 개방성과 변화 가능성을 결정짓는 근본적 차이로 작용하고 있는 것이다.

6) 일상생활의 변화: 현대화와 전통적 구조의 격차

남북한은 해방 직후까지만 해도 비슷한 일상 문화를 공유하고 있었다. 가족 중심의 생활양식, 공동체적 삶의 방식, 농업과 전통 산업에 기반한 경제활동 등은 남과 북 모두에게 공통된 생활의 모습이었다. 그러나 분단 이후 각각 다른 체제 속에서 살아가면서, 남북한 주민들의 일상생활은 점차적으로 근본적인 변화를 겪었다. 오늘날 남북의 일상은 현대화 정도, 생활 방식, 소비문화, 가치관 면에서 매우 큰 격차를 보이고 있다.

남한은 1960~70년대 급격한 산업화와 도시화를 통해 농촌 사회에서 도시 사회로의 대전환을 경험했다. 농업 중심의 생활은 빠르게 쇠퇴하고, 제조업과 서비스업 중심의 경제가 성장하면서 국민의 일상생활은 근본적으로 변화했다. 고속도로, 지하철, 고층 아파트, 대형 쇼핑몰, 스마트폰 등 현대적 인프라가 일상 속에 깊숙이 들어왔고, 1980년대 이후 민주화와 정보화가 가속화되면서 남한 사회는 글로벌 트렌드를 실시간으로 반영하는 개방적이고 다원적인 생활문화를 갖게 되었다.

남한 주민들의 일상생활은 빠르게 개인화되었다. 핵가족화, 1인 가구 증가, 맞벌이 부부, 다양한 라이프스타일 추구가 일반화되었으며, 젊은 세대를 중심으로 자아실현과 자기표현을 중시하는 문화가 퍼졌다. 여가와 소비를 중요시하는 생활패턴, 해외여행과 외국문화에 대한 적극적 수용, 자유로운 패션과 취미활동 등은 남한 사회의 일상적 풍경이 되었다.

반면 북한은 여전히 집단주의적이고 전통적 생활구조를 상당 부분 유지하고 있다. 북한 주민들은 지역별로 조직된 '인민반'이나 '사회주의 노동단체'에 소속되어 있으며, 직장과 거주지가 밀접하게 연결된 생활패턴을 유지하고 있다. 주거는 여전히 국가가 배정하는 방식이 주를 이루고 있으며, 생활용품과 식량 등은 국가 배급제에 의존하는 체계를 기본으로 삼는다. 물론 배급 시스템은 1990년대 '고난의 행군' 이후 심각하게 약화되었고, 많은 주민들이 장마당을 통한 자생적 거래로 생계를 유지하고 있지만, 공식적으로는 집단생활과 국가 관리 체계가 유지되고 있다.

북한에서는 개인의 소비와 자유로운 여가 활동이 제한적이다. 시장 활동이 증가하고 있지만, 여전히 공식적인 사회생활은 정치조직과 집단행사 중심으로 이루어지며, 개인의 라이프스타일을 자율적으로 선택하는 문화는 정착되지 못하고 있다. 의식주 전반에서도 남한과는 큰 차이가 있다. 예를 들어 패션은 국가 규정과 사회적 통제의 영향을 많이 받고, 인터넷이나 글로벌 문화 콘텐츠에 대한 접근은 사실상 차단되어 있다.

그럼에도 불구하고, 2000년대 이후 장마당의 확산과 일부 외부 문화 유입은 북한 주민들의 일상에 변화를 가져오고 있다. 휴대폰 보급이 늘어나고, 일부 도시 지역에서는 소규모 상점이나 식당 문화가 생겨나고 있으며, 남한 드라마나 음악을 몰래 소비하는 젊은 세대들도 등장하고 있다. 이는 북한 일상 속에서도 점진적인 현대화와 개인화의 흐름이 내재되고 있음을 보여준다.

결국 남한은 세계 최첨단 생활환경과 글로벌 문화소비 사회로 진입한 반면, 북한은 집단주의적 전통 위에 제한적이고 부분적인 현대화 흐름이 교차하는 사회가 되었다. 이 일상생활의 차이는 단순한 경제력 차이 이상의 의미를 가지며, 남북 주민 간의 감정적·문화적 거리감을 심화시키는 중요한 요인으로 작용하고 있다. 또한 향후 남북 교류나 통합 논의에서도 생활양식 차이를 조정하고 이해하는 작업이 필수적임을 시사한다.

3장.

민족 정체성, 우리는 한민족인가?

　남북은 언어와 혈통, 역사라는 공통의 뿌리를 공유하고 있지만, 분단 이후 형성된 서로 다른 체제와 생활양식 속에서 정체성은 각기 다른 방향으로 진화해 왔다. 이 장에서는 남북한 주민들이 스스로를 어떻게 인식하는지, '한민족'이라는 개념이 여전히 유효한지를 여러 관점에서 살펴본다.

1. 역사와 혈통의 연속성

　남북한 모두 고조선부터 시작되는 단일 민족사의 계보를 공유하고 있으며, 한민족이라는 이름 아래 단군신화, 삼국시대, 고려·조선의 역사 등을 공통된 문화유산으로 교육받아 왔다. 특히 분단 이전 세대에게는 이러한 혈연적·문화적 동일성에 대한 인식이 강하게 남아 있다. 조상, 성씨, 지연, 가족사를 통해 남북을 하나의 민족으로 보는 감각은 여전히 유효하다.

민족의 기원에 대한 서사, 한자 문화권에 속한 역사적 경험, 한국어라는 동일한 언어 사용은 민족 정체성의 핵심 기반이 되었다. 특히 분단 이전 세대에게는 이러한 혈연적·문화적 동일성에 대한 인식이 강하게 남아 있다. 일제강점기를 함께 겪으며 형성된 공동의 역사 기억, 광복의 감격, 6.25전쟁 이전의 교류 경험 등은 남북 모두에게 민족 공동체 의식을 심어주었다.

북한에서도 '우리민족끼리'라는 구호 아래 민족적 단일성을 강조하고 있으며, 남한 역시 민족통합의 중요성을 강조하는 담론이 지속적으로 존재해 왔다. 특히 설, 추석, 한글날과 같은 전통문화와 기념일을 공유하는 점, 유교적 가정관과 제사 문화의 유사성 등은 현재까지도 생활문화 속에서 남북 간 공통된 정체성을 이어주는 역할을 한다.

이러한 역사적·혈통적 연속성은 분단 이후 남북 사이의 다양한 갈등과 차이에도 불구하고 민족적 동질성을 확인할 수 있는 토대로 작용한다. 다만 이러한 연속성이 후속 세대에게도 동일한 무게로 전달되고 있는가는 또 다른 질문이 필요하다. 시간의 흐름 속에서 체제와 가치의 차이가 축적될수록, 역사와 혈통이 정체성 유지에 기여하는 힘도 상대적으로 약화될 수 있음을 함께 성찰할 필요가 있다.

2. 이념과 체제가 만든 새로운 정체성

그러나 분단 이후 남북은 서로 다른 국가 이념과 체제 속에서 자라난 세대가 주축이 되며, 민족 정체성에 대한 인식에도 큰 차이가 생기기 시작했다. 남한은 자유민주주의와 자본주의 체제를 기반으로 시민 중심의 정체성을 강조하며, 민족보다는 '대한민국 국민'이라는 국가 정체성이 강화되고 있다. 반면 북한은 주체사상과 사회주의 혁명 전통 속에서 '수령 중심의 인민'이라는 집단 정체성을 강하게 주입해 왔다.

분단 이후 남과 북은 각기 다른 국가 이념과 체제 속에서 정체성을 형성해 왔다. 이러한 이념과 체제는 단지 정치와 행정의 틀이 아니라, 국민 개개인의 자아 인식과 세계관, 그리고 타자에 대한 태도까지도 결정짓는 핵심 요소로 작용하고 있다.

남한의 헌법은 국민의 권리와 자유를 보장하며, 개인의 자율성과 창의성, 사회참여의 중요성을 강조한다. 이로 인해 남한의 국민 정체성은 국가의 구성원으로서의 자각과 함께 민주주의의 가치, 인권의 존중, 경제적 기회의 균등 등에 기초해 형성되었다. 특히 교육과 언론, 문화 전반에서 강조되는 자유와 다양성은 대한민국 국민으로서의 정체성을 더욱 공고히 다졌다.

반면 북한은 사회주의 혁명과 주체사상, 수령 중심의 정치 체제를 통해 전혀 다른 방향의 집단 정체성을 구축해 왔다. 김일성에서 김정일, 김정은으로 이어지는 유일영도 체제 아래, 인민은 지도자에 대한 충성과 집단의 통일성을 중심으로 정체성을 형성해 왔다. 이념 교육은 유치원 시절부터 시작되며, 모든 교육과 사회 활동은 당의 노선에 부합하는 인간상을 길러내는 데 집중된다. 자아보다는 집단, 자유보다는 충성, 다양성보다는 획일성이 강조되는 구조이다.

남한이 시민 개개인의 주체적 권리와 의무를 중심으로 한 정체성을 발전시켰다면, 북한은 수령과 조국, 당에 대한 무조건적 복종을 강조하는 방식으로 집단적 민족 정체성을 강화한 것이다. 이러한 차이는 단순한 체제의 차이를 넘어서, 같은 한민족이라는 뿌리를 공유하면서도 실질적인 정체성의 내용과 방향이 얼마나 달라졌는지를 보여주는 상징적 사례라 할 수 있다.

3. 교육과 언론이 형성한 상이한 세계관

남북한의 교육과 언론은 정체성 형성에 결정적인 영향을 미친다. 남한은 다양한 시각을 인정하는 다원주의 교육을 실시하지만, 북한은 체제 수호와 충성심 고취에 초점을 맞춘 단일한 역사관과 세계관을 제공한다. 언론과 미디어 역시 남한에서는 자유로운 정보 접근이 가능하지만, 북한에서는 국가가 허용한 정보만이 유통된다. 이로 인해 남북 주민은 같은 사건조차 전혀 다른 시각으로 기억하고 해석한다.

교육은 단순한 지식 전달을 넘어, 세계관과 역사관, 국가관을 형성하는 핵심 도구이며, 언론은 사회 현실에 대한 인식과 판단을 구성하는 거울이기 때문이다.

남한의 교육은 다양한 관점을 인정하는 다원주의적 성격을 지니고 있다. 초·중·고 교육과정에서는 민주주의, 인권, 세계 시민의식, 비판적 사고 등의 가치가 강조되며, 역사 교육에서도 식민지 지배, 독재, 민주화운동 등 다양한 시기를 균형감 있게 다룬다. 대학 교육과정과 민간 교육 역시 학생들의 자율성과 탐구 능력을 강화하는 데 중점을 둔다.

언론의 경우, 헌법에 보장된 언론·출판의 자유 아래 수많은 신문, 방송, 인터넷 매체가 다양한 목소리를 내고 있다. 정부에 대한 비판도 일상화되어 있으며, 시민들은 여러 정보원을 통해 비교하고 판단할 수 있는 환경 속에 놓여 있다. 유튜브나 포털 뉴스, 소셜미디어의 발달은 정보 접근의 폭을 넓히고 시민사회의 활력을 불러일으키는 역할을 한다.

반면 북한의 교육은 철저히 주체사상과 수령 중심의 이념교육을 골자로 한다. 유치원부터 김일성 일대기와 혁명사 교육이 시작되며, 초중등 과정 전반에 걸쳐 지도자 우상화, 반미주의, 계급투쟁적 역사 인식이 반복적으로 강조된다. 창의력이나 비판적 사고보다는 충성과 복종, 집단정신이 교육의 목표로 제시된다.

북한의 언론은 당의 통제 아래 철저히 관리되며, 외부 정보 유입은 법적으로 금지된다. 신문과 방송은 모두 조선노동당의 정책을 선전하는 도구이며, 정보는 검열된 상태로 일방향으로 제공된다. 로동신문, 조선중앙TV 등은 정권의 성과를 찬양하고, 남한과 서방의 체제를 비판하는 내용을 중심으로 편성된다. 일반 주민들은 인터넷에 접속할 수 없고, 내부 인트라넷을 통해 제한된 정보만 이용할 수 있다.

이러한 교육과 언론 환경의 차이는 남북 주민 간 현실 인식, 과거에 대한 기억, 현재의 세계에 대한 해석 방식까지도 서로 다르게 만든다. 같은 사건을 두고도 완전히 상반된 시각으로 인식하고 반응하게 되는 이유가 바로 여기에 있다. 예를 들어 6.25전쟁의 발발 원인이나 통일의 의미에 대해 남북한은 정반대의 내러티브를 교육과 언론을 통해 체화하고 있다.

결과적으로 남북의 교육과 언론은 정체성 형성에 있어 가장 중요한 분기점이 되었으며, 이는 상호 이해의 벽을 높이는 요인이기도 하다. 따라서 향후 교류와 통합을 논의하려면, 이러한 인식 구조의 차이를 이해하고 조정하는 과정이 반드시 선행되어야 한다.

4. 탈북민과 교류 경험이 보여주는 현실

남북한의 정체성 차이는 실제 접촉 과정에서 더욱 뚜렷하게 드러난다. 탈북민들은 남한 사회에서 "같은 민족"이라는 이름 아래 환영받기도 하지만, 동시에 언어, 사고방식, 가치관의 차이로 인해 적지 않은 문화적 충격과 차별을 경험한다. 이는 남북이 단순히 제도나 국경뿐 아니라, 정체성 면에서도 깊이 다른 사회로 나뉘어 있음을 방증한다.

남한의 자유롭고 경쟁적인 사회 환경은 북한에서 성장한 이들에게 때로는 낯설고 위협적으로 다가올 수 있으며, 이는 심리적 위축과 소외감으로 이어지기도 한다.

탈북민들이 겪는 대표적인 충격은 언어의 차이에서 비롯된다. 같은 한국어를 사용하지만, 표현 방식, 어휘, 억양, 사회적 담화 방식 등에서 큰 차이를 느낀다. 이 외에도 일상생활에서의 소비문화, 시간 개념, 인간관계 방식 등에서도 다른 사회적 코드가 적용되어 있어 탈북민들은 이질감과 격차를 실감하게 된다.

또한 일부 남한 주민들 사이에는 탈북민에 대한 편견과 선입견이 존재하기도 한다. 체제에 대한 낯선 인식이나 경제적 지원에 대한 불신 등이 복합적으로 작용하면서, 탈북민들은 종종 차별이나 사회적 배제에 직면한다. 이는 단순히 정체성 차이에서 비롯된 문제가 아니라, 남북 간 사회구조와 문화의 괴리에서 비롯된 복합적 현상이다.

그러나 동시에 교류 경험은 상호 이해의 가능성을 열어주는 소중한 계기도 된다. 남한 시민들이 탈북민의 경험을 듣고, 직접 만나고, 공동체 안에서 함께 생활하면서 생기는 교감은 기존의 편견을 허물고, 한민족이라는 정체성의 실천적 의미를 회복하게 하는 계기가 되기도 한다. 특히 남북 청년 세대 간 교류나 통일 교육, 문화예술 협업 프로그램은 정체성의 재구성에 있어 긍정적인 역할을 하고 있다.

결국 탈북민과의 교류는 남북 정체성의 현실적 차이를 보여주는 동시에, 그것을 극복하고자 하는 사회적 노력이 가능함을 시사한다. 이는 통일의 필요성이나 민족적 연대를 공허한 이상이 아닌, 삶 속에서 실현 가능한 문제로 전환시키는 실천의 출발점이 될 수 있다.

5. 민족이라는 이름의 가능성과 한계

그럼에도 불구하고 한민족이라는 개념은 여전히 남북을 연결하는 중요한 상징이다. 이산가족 상봉, 민간 교류, 스포츠 단일팀 구성 등에서 확인되듯이, 민족적 연대감은 위기의 순간마다 다시 소환되어 협력의 토대가 되곤 한다. 분단의 상흔 속에서도 혈연, 언어, 문화의 공유는 상징적 가교로 작용하며, 통일에 대한 정당성과 필요성을 제기하는 근거로 활용된다. 그러나 이 개념이 현실적으로 작동하기 위해서는 단순한 감성적 접근이 아닌, 상호 이해와 제도적 기반이 동반되어야 한다.

그러나 현실적으로 한민족이라는 개념은 점차 다양한 도전에 직면하고 있다. 첫째, 분단이 장기화되면서 정체성의 근거가 되는 기억과 경험이 세대 간에 단절되고 있다. 분단 1세대는 이산가족, 전쟁의 경험 등으로 민족적 동질성을 피부로 느낄 수 있었지만, 이후 세대에게 한민족은 역사 교과서 속 추상적 개념에 머무르기 쉽다.

둘째, 남북 간 생활양식과 세계관의 차이가 확대되면서, 단일 민족이라는 개념이 현실을 설명하기 어려운 측면도 있다. 정체성은 단지 혈연과 언어로 구성되지 않으며, 일상 속 가치관, 사회구조, 세계관이 중첩되어 구성된다. 그런 점에서 오늘날의 남북 주민은 다소 다른 '정체성의 우주' 안에 살아가고 있다고도 할 수 있다.

셋째, '민족'이라는 개념 자체가 현대 사회에서 과연 여전히 유효한 정치적·사회적 틀인가에 대한 비판적 시각도 존재한다. 국제화, 다문화 사회의 확산 속에서, 민족 개념은 종종 배타성과 동질성의 신화로 작용하며, 복합적 정체성을 살아가는 현대인의 삶과 충돌할 수 있다. 이는 통일 담론에서 한민족이 과연 충분한 동력이 될 수 있는지를 묻게 만든다.

그렇다고 민족이라는 개념을 폐기하거나 무시할 수는 없다. 오히려 그것이 단순한 신화나 감성적 구호에 머무르지 않고, 상호 이해와 존중, 제도적 연대의 구체적 실천으로 이어질 수 있어야 한다. '한민족'은 통일을 위한 감정적 토대이자, 공동체 회복의 철학적 전제가 될 수 있다. 다만 그것이 현실 속에서 기능하기 위해서는, 변화된 시대에 걸맞은 해석과 제도적 구조 위에서 재정립되어야 한다.

6. 남과 북, 우리는 누구인가?

남북한은 한 뿌리에서 시작되었지만, 지금은 전혀 다른 두 체제와 사회를 살아가고 있다. 하나였던 우리는, 언제부터인가 서로를 낯설게 바라보며, 때로는 의심하고, 심지어 적대시하기까지 한다. 그러나 그 단절과 대립의 이면에는 여전히 지워지지 않은 기억과 감정이 흐르고 있다. 남과 북은 다르지만 낯설지 않고, 갈라졌지만 완전히 끊어지지는 않았다. 우리는 누구인가? 이 질문은 단지 민족이라는 혈통의 문제를 넘어서, 정체성과 기억, 감정과 공존의 가능성에 대한 성찰이다.

1945년 해방 이후, 남북은 같은 출발선에 섰지만, 미국과 소련이라는 강대국의 영향 아래 서로 다른 체제를 선택하게 되었다. 남한은 자유민주주의와 시장경제의 길을 걸었고, 북한은 사회주의 계획경제와 주체사상을 중심으로 독자적 체제를 구축했다. 그 이후 전쟁과 냉전, 체제 경쟁의 시간은 남북의 길을 더욱 멀게 만들었다. 그러나 정치와 이념이 만들어 낸 경계는 인간의 기억과 정서까지 완전히 나누지는 못했다.

남북한은 같은 언어인 한글을 쓰고, 같은 조상과 신화를 기억하며, 같은 노래에 공감하는 사람들이다. 탈북민의 이야기, 이산가족의 재회, 남북 예술인의 교류는 우리에게 여전히 공유되는 정서적 기반이 있음을 증명한다. 북한의 뉴스에서 들리는 억양, 드라마 속 가족의 갈등, 음악 속 민요적 리듬은 낯설지만 익숙하다. 그 감정의 결은 분명히 다르지만, 같은 문화적 토양 위에 자란 나무들처럼 유사성을 품고 있다.

분단의 세월은 길었고, 체제는 깊이 다르게 진화했으며, 서로에 대한 이해는 점점 줄어들고 있다. 하지만 이러한 단절의 역사 속에서도 "우리는 누구인가"라는 질문은 끊임없이 되살아난다. 그것은 단지 과거를 되짚기 위한 질문이 아니라, 앞으로 어떻게 살아갈 것인가를 결정하는 질문이다. 우리는 서로를 부정할 수 없다. 그렇기에 서로를 마주 보고, 다시 대화하고, 만남을 모색해야 한다. 남북한은 서로 다른 길을 걸어왔지만, 그 끝에서 다시 만날 수 있는 존재다. 우리는 둘이지만, 여전히 하나였던 존재이고, 다시 하나가 될 수 있는 가능성을 품은 공동체다.

1) 삼국시대의 남북 – 경쟁과 균형의 삼각 구도

삼국시대에는 고구려(북), 백제(서남), 신라(동남)로 대표되는 세 국가가 존재했다. 특히 고구려는 북방의 강대한 세력으로, 만주와 한반도 북부를 중심으로 중국의 여러 왕조들과 맞서며 한민족 정체성의 북쪽 축을 형성했다. 반면, 신라와 백제는 한반도 남부를 두고 경쟁하며 남쪽 정체성을 구축했다.

삼국시대의 남북은 단순한 지리적 구분을 넘어, 각기 다른 정체성과 문화, 정치적 지향이 충돌하고 교차했던 역동적인 시공간이었다. 북쪽의 고구려는 압록강과 만주 지역을 중심으로 성장한 강력한 군사국가로, 북방 민족들과의 끊임없는 충돌 속에서 자신만의 전사적 전통과 대륙적 안목을 길러왔다. 고구려는 광개토대왕과 장수왕 시기 남하 정책을 통해 한강 유역까지 진출하며 한반도의 주도권을 쥐려 했고, 이는 곧 남쪽의 백제와 신라와의 치열한 충돌로 이어졌다.

백제는 남서부의 한강 유역에서 출발하여 해양 교역과 문화 교류를 통해 세련된 문화를 꽃피웠고, 중국 남조 및 일본과의 외교를 통해 외연을 확장했다. 반면 신라는 점진적인 성장과 유교·불교의 수용, 철저한 중앙집권화를 통해 남동부에서 강력한 국가로 부상했다. 삼국은 끊임없이 경쟁하면서도, 서로에게 영향을 주는 문화적 흐름 속에서 각자의 정체성을 다져갔다.

이 시기 '남북'의 구도는 고구려 대 백제·신라의 대립으로 나타났고, 고구려의 북방적 기상과 신라의 남방적 유연성은 결국 통일을 향한 여정에서 서로 다른 역할을 하게 된다. 고구려는 결국 당나라와의 격돌 끝에 멸망했고, 신라는 당과 연합해 삼국을 통일함으로써 '남방 주도형 통일국가'의 길을 열었다. 그러나 이 통일은 곧 후삼국시대로 이어지며, 남과 북의 공간적 경쟁은 역사 속에서 반복되는 주제로 남게 되었다. 삼국시대의 남북은 결국, 분열과 통합, 대립과 교류가 공존한 한국 고대사의 축소판이라 할 수 있다.

2) 통일신라시대의 남북 - 지역적 차이와 정치적 긴장 상존

통일신라시대의 남북은 겉으로는 하나의 국가 체제 아래 있었지만, 그 내부에는 여전히 지역적 차이와 정치적 긴장이 존재하는 복합적인 구조였다. 신라는 삼국을 통일한 이후 옛 고구려와 백제 지역까지 영토를 확장했으나, 이들 지역을 실질적으로 통합하고 안정시키는 일은 결코 단순하지 않았다. 행정적으로는 9주 5소경 체제를 통해 전국을 균형 있게 관리하고자 했지만, 정치적 중심은 여전히 경주와 영남 지역에 편중되어 있었고, 옛 고구려와 백제 지역은 변방으로서의 지위에서 벗어나지 못했다.

북쪽, 즉 옛 고구려 지역은 고도의 자치적 색채와 함께 반신라적 정서가 강하게 남아 있었으며, 그 지역 출신 세력은 중앙 정계 진입에 많은 제약을 받았다. 특히 고구려 유민들은 불만을 품고 발해로 이주하거나, 때때로 반란의 움직임을 보이기도 했다. 발해의 성장은 신라 북방의 위협으로 작용했고, 이는 사실상 한반도에 두 개의 국가가 공존하던 이중 체제, 즉 '남신라-북발해' 구도를 형성하게 만들었다. 따라서 통일신라의 북방은 완전한 통합의 공간이기보다는, 외교와 경계, 통제의 대상이었다.

남쪽, 특히 경주를 중심으로 한 영남 지역은 통일신라의 정치·문화·경제 중심지로 기능했다. 귀족 중심의 골품제는 지역적 신분 고착을 강화했으며, 이는 중앙과 지방, 남과 북 사이의 사회적 간극을 심화시켰다. 시간이 지나면서 지방 호족의 세력이 성장하고, 중앙 귀족 체제에 대한 불만이 높아지면서 남북의 균형은 다시 흔들리기 시작했다.

결국 통일신라시대의 남북은 명목상 통일된 국가 안에서도 문화, 권력, 정체성의 차이가 상존했던 시기로, 이후 후삼국시대의 분열과 대립의 씨앗을 내포하고 있었다. 통일 이후에도 이어졌던 이러한 공간적 긴장과 지역 간 불균형은 한국사의 남북 구조가 단지 현대의 분단만으로 설명되지 않는, 장기적인 역사적 연속선상에 놓여 있음을 보여준다.

3) 후삼국시대의 남북 – 북방 주도의 통일국가를 탄생시키다

후삼국시대의 남북은 통일신라의 해체 이후, 다시금 한반도에 분열과 경쟁의 시대가 도래한 국면이었다. 신라의 중앙집권 체제가 붕괴되며 지방 호족 세력이 부상했고, 이들은 각각 자신들의 세력을 바탕으로 새로운 국가를 세웠다. 이로써 한반도에는 북쪽의 후고구려(이후 태봉으로 개칭), 남서쪽의 후백제, 그리고 영남에 잔존한 신라가 삼분하여 대립하는 구도가 형성되었다. 이는 단지 정치적 분열만이 아니라, 남북의 지역 정체성과 세력 기반이 다시금 나뉘어졌음을 보여준다.

북쪽의 후고구려는 궁예에 의해 건국되었으며, 옛 고구려 유민들의 향수와 북방 민족적 기질을 정치적 동력으로 삼았다. 그는 스스로 미륵불을 자처하며 강력한 통치 이념을 주장했으나, 지나친 전제정과 종교적 독선은 내부 반발을 일으켰고, 결국 왕건에게 축출당했다. 왕건은 이를 계승하여 고려를 세우고, 고구려의 정통성을 재해석하며 북방 중심의 통일을 추진했다.

반면 남쪽의 후백제는 신라 말기 무신 출신인 견훤이 세운 국가로, 백제 유민과 남서 지역의 호족 세력을 결집해 독자적인 정권을 수립했다. 후백제는 전라도와 충청 지역을 중심으로 강력한 농업 기반과 군사력을 바탕으로 성장했으며, 신라와 고려 모두를 위협하는 존재로 부상했다. 견훤은 고려와의 경쟁 속에서 한반도 남부를 장악하려 했지만, 내분과 왕건의 전략적 외교에 밀려 결국 아들에게 배신당하고 고려에 투항하게 된다.

영남 지역의 신라는 여전히 국가로 존재했으나, 실질적인 정치력과 군사력은 급격히 쇠퇴해 있었다. 왕권은 유명무실했고, 지방 호족들의 자율성이 강해졌으며, 결국 스스로 고려에 항복함으로써 천년 왕국은 막을 내리게 된다.

후삼국시대의 남북은 다시 한번 고구려적 북방성과 백제적 남방성, 그리고 신라적 중앙성이 삼각 대립하는 구조를 재현한 시기였다. 그러나 이 시기의 중요한 전환점은 북쪽의 고려가 중심이 되어 다시 통일을 이뤘다는 점이다. 이는 통일신라의 남방 주도 통일과는 대비되는, 북방 주도의 통일국가 탄생이라는 의미를 지닌다. 후삼국은 분열과 충돌의 시대였지만, 동시에 새로운 국가적 정체성을 모색하는 격동의 시기이기도 했다.

4) 고려시대의 남북 - 수도와 변경, 중심과 주변의 구도

고려는 통일 이후에도 북쪽의 거란, 여진, 몽골과의 긴장 속에 살았다. 이 시기 북쪽은 항상 국방의 요충지이자 외세의 침입 경계선이었으며, 남쪽은 비교적 평온한 생활 기반지로 기능했다.

이 시기의 남북은 통합된 하나의 국가 내에서의 중심-주변 구조로 작동했으며, 북방을 지키는 것은 고려 정체성의 핵심이었다.

고려시대의 남북은 하나의 통일국가 체제 안에서 형식적으로는 일원화되었지만, 실제로는 정치적 중심과 군사적 경계, 문화적 정체성이 지리적으로 분화되어 존재했던 구조였다. 고려는 후삼국을 통일하면서 북쪽의 고구려 전통과 남쪽의 신라·백제 전통을 포괄하는 새로운 국가를 지향했으나, 그 안에는 여전히 지역적 긴장과 기능적 구분이 존재했다.

북쪽은 고려의 군사적 방어선이자 대외 전략의 최전선이었다. 거란, 여진, 몽골과 같은 북방 민족들과의 지속적인 전쟁과 외교는 고려 북부의 안보를 핵심 과제로 만들었고, 이에 따라 천리장성 건설이나 양계제 운영 같은 제도적 대응이 이어졌다. 동북 9성의 일시적 점령이나 강동 6주의 확보 등은 단지 영토 확장이 아니라, 북방 경계를 관리하고 민족 정체성의 기반을 북쪽에 두려는 시도였다. 고구려 계승을 내세운 고려로서는 북쪽 국경의 안전과 상징적 위상 확보가 곧 정통성의 문제와도 직결되었다.

반면 남쪽은 상대적으로 정치·문화의 중심지로서 기능했다. 개경과 서경을 중심으로 한 행정·문치 체제, 불교와 유교의 융합적 전개, 왕실과 귀족 중심의 문화생활은 주로 남부와 중부 지역에서 꽃피었다. 경상도, 전라도, 충청도는 농업 생산의 기반이자 인구 밀집 지역으로서 고려의 경제를 지탱했으며, 과거제와 지방관 제도 등을 통해 중앙집권화를 확산시키는 공간이었다. 그러나 동시에 남부 지역에서도 호족과 향리의 자율성이 잔존하면서, 중앙과 지방 사이의 힘겨루기가 끊이지 않았다.

고려 말기로 갈수록 북쪽은 다시 혼란의 공간으로 변모했다. 원

간섭기의 영향 속에서 북부 국경은 실질적으로 몽골 세력의 영향을 받게 되었고, 이후 홍건적과 왜구의 침입은 남쪽까지 위협하며 전통적인 남북의 역할 구도마저 흔들리게 된다. 그 속에서 신진사대부와 신흥 무인 세력이 부상하며 새로운 정치 질서를 예고하게 된다.

결국 고려시대의 남북은 단순한 지리적 개념을 넘어, 국가 기능의 분업화와 정체성의 배경, 그리고 외부 세력에 대한 대응 전략의 구도를 반영한 복합적 개념이었다. 북은 경계와 긴장의 공간, 남은 통치와 문화의 중심으로 기능했으며, 이러한 남북 구도는 조선시대로 이어지는 역사적 흐름 속에서도 중요한 기초가 되었다.

5) 조선시대 전기의 남북-기능적으로 구분된 이중 구조

조선 역시 북쪽은 국경 방어의 공간, 남쪽은 정치적·문화적 중심지로 기능했다. 특히 평안도, 함경도는 중앙정부의 통제가 약하고, 외적의 침입 위험이 높아 '경계의 땅'으로 여겨졌다.

조선 전기의 남북은 중앙집권적 통치 체제 아래 하나의 국가로 통합되어 있었지만, 실질적으로는 정치적 권력의 집중과 군사적 경계 유지, 그리고 지역 간 정체성의 차이 속에서 지리적 비대칭성과 공간적 위계가 뚜렷하게 나타난 시기였다. 조선은 건국 초기부터 수도를 한양으로 정하고, 경상도와 충청도, 전라도 등 남부 지역을 중심으로 행정 체계와 사회 질서를 정비해 나갔다. 이는 남부 지역이 정치적 인재의 산실이자 유교적 문물의 중심지로 기능하게 된 배경이었다. 관료제도와 과거제 운영, 유학 교육의 확대는 주로 이 지역에서 활발히 전개되었고, 자연스럽게 중앙 정계의 핵심 인물 다수가

이 남부 지역 출신으로 채워졌다.

반면 북부, 즉 평안도와 함경도는 국경 방어의 최전선으로 간주되었다. 여진족과의 충돌, 북방 개척의 필요성, 외적 침입에 대비한 군사적 기지가 집중되면서, 북부는 방어와 경계의 역할을 수행했다. 그러나 이 지역은 중앙정부로부터 문화적·제도적으로 일정한 소외를 받았고, '서북인'이라 불리는 평안도·함경도 출신 인물들에 대한 차별적 인식이 조선 초기부터 나타나기 시작했다. 이들은 과거 시험에 응시하는 데 제약을 받거나 중앙 진출이 제한되었고, 이는 조선 후기까지도 이어지는 지역 차별의 씨앗이 되었다.

이러한 구조 속에서 남북은 서로 다른 역할과 인식을 갖게 되었다. 남부는 문치의 공간, 문화의 중심, 정권의 주역으로 인식되었고, 북부는 무력과 방어의 공간, 변방이자 주변부로 여겨졌다. 북방 개척과 토착민들의 삶은 조정의 시야에서 벗어나 있었으며, 국경 방어선에서의 분투는 국가 안보에는 필수적이었지만 정치적 보상으로 이어지지는 못했다. 한편 조선은 함경도 북단까지 군현을 설치하고 4군 6진을 개척하면서 영토 확장을 북쪽으로 밀고 올라갔지만, 이 지역 주민들과의 동일한 국가 구성원으로서의 인식은 제한적이었다.

결국 조선 전기의 남북은 하나의 국가 내부에서 기능적으로 구분된 이중 구조였다. 문화와 권력이 남쪽에 집중되고, 안보와 경계는 북쪽에 맡겨진 체제는 조선 전체 통치 질서의 중요한 기반이 되었고, 이후 조선 후기로 갈수록 심화되는 지역적 위계의 구조화로 이어지는 단초가 되었다. 이러한 조선 전기의 남북 구조는 조선의 정체성과 통치 철학, 그리고 향후 남북한 지역 격차를 이해하는 데 있어 중요한 역사적 기원을 제공한다.

6) 조선시대 후기의 남북 – 정치적 위계와 사회적 차별 심화

조선시대 후기에 접어들며 남북의 구도는 단순한 지리적 구분을 넘어, 정치적 위계와 사회적 차별, 경제적 불균형으로 심화된 구조로 고착되었다. 남부, 특히 영남과 호남 지역은 여전히 정치적 중심지로 기능했으며, 유교적 질서와 과거제 중심의 관료 선발 체계가 지역 기반의 학맥과 문중 세력 중심으로 더욱 공고해졌다. 양반 가문들은 대부분 남쪽에 집중되어 있었고, 한양을 포함한 수도권과 가까운 경기도 일대 역시 정치권력과 문화적 중심의 지위를 유지했다. 이는 조선 전기를 계승한 문치 체제의 연장선상에 있었고, 남부 지역은 교육, 관직 진출, 정치 네트워크에서 상대적 우위를 확보하고 있었다.

반면 북부 지역, 특히 평안도와 함경도는 여전히 군사적 경계의 지역으로 간주되었고, 동시에 조선 사회 내부의 차별적 시선과 배제의 대상이 되었다. '서북인'에 대한 편견은 조선 후기에도 계속되었고, 이들은 과거시험이나 관직 진출에서 불이익을 겪는 경우가 많았다. 함경도와 평안도 지역은 유교 교육 기관의 확산이 늦고, 지방 행정과 중앙정부의 연계도 느슨했으며, 이는 정치적 대표성의 결핍과 지역 내 소외감을 더욱 키웠다. 이러한 차별 구조는 조선 후기의 지역 정체성 분화와 이질감을 심화시키는 배경이 되었다.

그럼에도 불구하고 조선 후기 북부 지역은 군사·경제적 측면에서 점차 중요성을 더해갔다. 평안도는 대청무역의 관문이자 후일 개화기에 서양문물이 가장 먼저 유입된 지역 중 하나였고, 함경도는 광산 개발과 국경 수비의 요충지로 점차 전략적 가치를 인정받았다.

하지만 중앙 권력은 이러한 지역의 기능적 중요성을 정치적 포용으로 연결 짓지 못했고, 이는 구조적 불균형의 해소보다는 통제의 논리로 이어졌다.

조선 후기는 또한 민란과 사회 불안이 곳곳에서 발생하던 시기였고, 이러한 움직임은 남부와 북부 모두에서 일어났지만, 북쪽 지역에서 발생한 저항운동은 보다 체제 외적 성격을 띠는 경우가 많았다. 이는 중앙으로부터 소외된 집단들의 분노와 이질감이 보다 급진적인 방식으로 표출되었음을 보여준다. 결국 조선 후기의 남북은 한 국가 안에서의 내부 경계와 위계의 상징이었으며, 근대 전환기에 이르러 지역 불균형과 정체성의 문제는 새로운 정치·사회 변화의 뿌리가 되었다.

이처럼 조선시대 후기의 남북은 표면적으로는 단일 왕조 체제 속의 지역들이었지만, 실질적으로는 권력과 기회의 집중, 사회적 배제와 경제적 불균형이 함께 작동하는 분열된 공간이었다. 이는 훗날 일제강점기, 그리고 해방 이후 남북 분단을 이해하는 데 있어 중요한 역사적 맥락이 된다.

7) 일제강점기 시대 남북 불균형과 사회 차별화 경험

일제강점기의 남북은 식민지 통치 체제 아래에서 형식상 단일한 구조로 관리되었지만, 실질적으로는 일본 제국주의의 전략적 구도에 따라 경제적 역할의 분화, 사회적 조건의 차이, 그리고 민족운동 양상의 분리로 나타난 시기였다. 일본은 식민지 조선을 효율적으로 지배하기 위해 지역마다 다른 방식으로 개발과 억압을 병행했고, 그 결과 남과 북은 식민 체제 안에서도 서로 다른 경험과 기억을 축적하게 되었다.

　북부 지역, 특히 함경도와 평안도 일대는 자원 수탈과 공업화의 거점으로 집중개발 되었다. 일제는 이 지역에 철광석, 석탄 등 천연자원이 풍부하다는 점에 주목하고, 이를 채굴·가공하여 만주와 일본 본토로 반출하는 체계를 구축했다. 이에 따라 북부는 중공업 중심의 식민지 산업지대로 재편되었고, 일본인 기술자와 자본이 대거 진출하면서 조선인 노동자들은 험한 노동 환경에 노출되었다. 이와 함께 북부는 기독교 선교와 교육 활동이 활발했던 지역이기도 하여, 지식인과 학생 중심의 항일운동이 활발히 전개되기도 했다.

　남부 지역은 주로 농업 생산과 식량 수탈의 기지로 활용되었다. 전라도, 충청도, 경상도 일대의 비옥한 평야는 일본의 쌀 수탈 정책 하에서 대규모 소작농 체제로 편입되었고, 많은 농민들이 경제적 고통과 소작쟁의에 시달렸다. 이에 따라 남부에서는 농민운동과 사회주의 계열의 민중 항쟁이 활발히 전개되었으며, 이는 1920~30년대 노동·농민운동의 주요 무대로 기능했다. 하지만 상대적으로 산업 기반은 약했고, 일제의 개발 전략에서도 북부에 비해 후순위로 밀려난 경우가 많았다.

　민족운동의 양상도 남북에 따라 다르게 나타났다. 북부는 중국과 만주와의 인접성 덕분에 해외 독립운동의 전진기지 역할을 했으며, 무장 독립군이 형성되어 직접적인 항일 투쟁을 벌였다. 반면 남부는 문화운동, 민족교육, 언론 활동 등을 중심으로 한 내부적 저항과 자치운동이 두드러졌으며, 3.1운동 이후 전개된 다양한 사회운동의 기반이 되었다. 이러한 차이는 해방 이후 남북이 서로 다른 정치적 진로를 택하게 되는 데에도 영향을 주었다.

결국 일제강점기의 남북은 단지 물리적 공간의 차이가 아니라, 일제의 식민지 전략이 남긴 지역 불균형과 사회구조의 차별화된 경험의 총합이었다. 북은 공업화된 노동의 공간, 남은 농업화된 수탈의 공간으로 자리 잡았고, 그 속에서 성장한 정치 세력, 사회의식, 운동 방식은 해방 후 남북 체제 선택과 정체성 형성에 결정적인 기반이 되었다. 이는 남과 북이 해방 이후 각각 다른 사회주의와 자본주의의 길을 걷게 된 구조적 출발점 중 하나로 이해될 수 있다.

8) 광복 이후 분단 전까지 남북 – 통일국가 수립 기회 상실의 시대

광복 이후 분단 전까지의 남북은 해방의 기쁨과 함께 찾아온 혼란 속에서, 외세의 개입과 민족 내부의 이념 갈등이 복합적으로 얽히며 통일국가 수립의 기회를 점차 상실해 간 시기였다. 1945년 8월 15일, 일본의 패망으로 조선은 일제로부터 해방되었지만, 곧바로 미군과 소련군이 각각 38선을 기준으로 남과 북에 진주하면서 한반도는 군사적 분할 점령 상태에 놓이게 된다. 이 분할은 당초 임시적 조치로 여겨졌으나, 시간이 흐르면서 남과 북은 서로 다른 정치적 체제와 외교적 노선을 구축하며 사실상의 분단으로 향하는 길을 걷게 된다.

북한은 소련의 후원을 받으며 빠르게 사회주의 체제를 정비해 나갔다. 토지개혁, 주요 산업의 국유화, 인민위원회 조직 등의 정책이 시행되었고, 김일성을 중심으로 한 공산 세력이 정권을 장악해 나갔다. 반면 남한에서는 미군정이 주도하는 행정 체계가 수립되었고, 자본주의 질서 속에서 친일파의 잔존 문제, 좌우익 갈등, 미군정과 민중 간의 긴장이 점차 심화되었다. 좌익 세력은 민중의 지지를 받으며 활발히 활동했지만, 미군정은 이를 공산주의 세력으로 간주하고 탄압에 나섰고, 이 과정에서 남북의 정치 이념은 점차 명확히 구분되기 시작했다.

1946년과 1947년에는 미소공동위원회가 통일정부 수립을 위해 개최되었으나, 신탁통치 문제와 정치 세력의 인정 여부를 둘러싼 이견으로 끝내 결렬되고 만다. 그 결과 1948년, 유엔의 남한 단독 총선이 강행되면서 남한에는 대한민국 정부가, 북한에는 조선민주주의인민공화국이 각각 수립되어 한반도는 두 개의 국가로 나뉘게 된다. 이는 분단의 법적·제도적 확정이었고, 민족 내부의 상호 불신과 외세의 이해관계가 맞물리며 통일의 가능성을 봉쇄한 결정적 순간이었다.

이 시기의 남북은 정치 체제만이 아니라, 사회구조, 교육 내용, 사상 통제 방식, 대외 전략 등 거의 모든 영역에서 급격한 이질화를 겪으며 서로 다른 국가로 나아갔다. 특히 1946년 북의 토지개혁과 남의 좌익 탄압, 1948년 제주 4.3 사건과 여순 사건 등은 남북 내부에서도 심각한 사회적 균열을 야기했고, 이러한 갈등은 이후 6.25전쟁으로 이어지는 서사의 배경이 되었다.

결과적으로 광복 이후 분단 전까지의 남북은, 해방이라는 공동의 출발점에도 불구하고 통일된 민족국가 수립에 실패하고, 상호 대립과 체제 경쟁으로 돌입하는 과도기의 시기였다. 이는 단순한 외세의 분할 통치 결과만이 아니라, 민족 내부의 정치적 선택과 갈등, 상호 간의 불신이 빚어낸 복합적 결과였으며, 이후 남북관계의 근본적인 틀을 형성한 시기였다.

9) 분단 이후 2025년 현재까지의 남북
－극심한 대립과 간헐적 협력

분단 이후 2025년 현재까지의 남북은 70년이 넘는 시간 동안 극심한 대립과 간헐적 협력, 그리고 체제 경쟁 속에서 서로 다른 세계를 살아온 두 국가로 자리매김해 왔다. 1950년 6.25전쟁은 분단을 단순한 정치적 선에서 군사적·심리적 단절로 격화시킨 결정적 사건이었다. 전쟁은 수많은 희생자를 남기고 1953년 정전협정으로 마무리되었지만, 이는 평화협정이 아닌 휴전 상태의 고착이었고, 그 후 남북은 한반도에 군사적 긴장과 불신의 체제를 구조화시키는 데 몰입했다.

이후 남한은 미국과의 동맹 속에서 자유민주주의와 자본주의 경제 체제를 기반으로 산업화를 추진하였고, 1980년대 이후 민주화와 함께 세계적 경제 강국으로 부상하였다. 반면 북한은 김일성을 정점으로 한 1인 지배체제를 굳히며, 주체사상과 자력갱생을 내세운 고립적 체제를 유지해 왔다. 김정일, 김정은으로 이어지는 3대 세습은 체제의 안정성을 확보했지만, 국제사회의 고립과 경제난, 인권 문제 등으로 인해 심각한 내부 문제를 안고 있다.

남북은 냉전이 전개되던 1960~70년대에는 군사적 도발과 체제 선전을 중심으로 상호 적대적 경쟁을 이어갔고, 1972년 7.4 남북공동성명을 통해 처음으로 대화의 물꼬를 텄으나 실질적인 성과는 제한적이었다. 이후 1990년대 초, 냉전 종식과 함께 남북기본합의서가 체결되며 교류의 가능성이 열렸고, 2000년 김대중 정부 시절 최초의 남북 정상회담이 이루어지며 햇볕정책을 기반으로 협력의 시대가 열렸다. 개성공단 설립, 금강산 관광 등은 남북 간 물리적 연결의 상징이 되었지만, 정권 교체와 핵 문제로 인해 이내 중단되거나 파기되었다.

북한은 2006년 첫 핵실험을 시작으로 본격적인 핵무장 국가로의 길을 걷기 시작했으며, 이는 국제사회의 강력한 제재와 남북 간 신뢰 붕괴를 초래했다. 2018년에는 다시 한번 극적인 정상회담이 이루어지며 평화 분위기가 조성되었으나, 이후 북미 대화의 교착과 북측의 태도 변화로 관계는 다시 냉각되었다. 2020년 개성 남북공동연락사무소 폭파 사건은 남북 간의 대화 단절을 상징하는 사건이 되었고, 이후에도 양측은 실질적인 신뢰 회복에 이르지 못하고 있다.

2025년 현재, 남과 북은 서로를 '국가'로 인정하지 않는 헌법적 구조 속에서 여전히 정전체제 아래 존재하고 있으며, 북측의 핵과 미사일 위협, 남측의 대북 확장 억제 전략은 군사적 긴장을 상시화시키고 있다. 동시에, 남북 주민들 사이의 인식과 감정의 괴리는 점점 깊어지고 있다. 분단 80년 가까이 이어진 체제의 차이는 이제 단순한 이념의 문제가 아니라 세대와 문화, 사고방식의 단절로 확대되었으며, 통일에 대한 기대 역시 젊은 세대일수록 현실적 거리감을 느끼는 경향이 강하다.

그럼에도 불구하고, 여전히 남과 북은 하나의 민족이라는 역사적 사실과 지정학적 운명을 공유하고 있으며, 기후, 재난, 보건, 경제 등 초국경적 문제들은 협력의 필요성을 다시금 부각시키고 있다. 남북관계는 언제나 단선적인 긴장이나 단절만으로 설명될 수 없으며, 상호 신뢰 구축과 제도적 보장이 뒤따르는 평화체제 수립 없이는 본질적인 진전을 기대하기 어렵다. 따라서 앞으로의 남북은 단순한 통일 논리나 대결 구도가 아닌, 공존과 상호 인정의 방식으로 새로운 미래를 모색해야 할 과제를 안고 있다.

WHY SHOULD THE SOUTH
AND THE NORTH MEET BY 2030

2부.
접촉과 단절의 역사

4장. 7.4 공동성명부터 판문점 선언까지
5장. 이산가족, 만남과 이별의 기록
6장. 대북지원과 그 논란들

4장.
7.4 공동성명부터 판문점 선언까지

    1972년 7월 4일, 남북한은 역사상 처음으로 공식적인 합의를 도출했다. 박정희 대통령과 김일성 주석 체제하에서 발표된 이 공동성명은 평화통일 3대 원칙—자주, 평화, 민족대단결—을 명시하며, 남북 간 첫 공식 문서로서 역사적 의미를 지녔다. 비록 이후 유신체제 정당화나 내부 정치적 이용이라는 비판도 있었지만, 남북 당국자 간 직접 대화가 시작됐다는 점은 분단 이후 중대한 전환점이었다.

    남북한의 분단은 단절과 갈등의 역사만은 아니었다. 수차례의 대화와 합의가 있었고, 그 사이사이에는 통일을 향한 희망도 존재했다. 이 장에서는 분단 이후 진행된 주요 남북 합의의 흐름을 짚으며, 접촉과 단절의 반복이 남긴 의미를 성찰해 본다.

1. 7.4 남북공동성명: 첫 대화의 물꼬를 트다

1972년 7월 4일, 남북은 역사상 처음으로 남북 당국 간 공식적인 합의를 발표하였다. 당시 남측은 박정희 대통령, 북측은 김일성 주석 체제였으며, 비밀리에 진행된 고위급 접촉을 통해 도출된 이 성명은 전격적이면서도 상징적인 사건이었다.

7.4 공동성명은 세 가지 평화통일 원칙을 명시했다. 첫째, 통일은 외세에 의존하지 않고 자주적으로 이룬다. 둘째, 무력에 의하지 않고 평화적으로 실현한다. 셋째, 사상과 이념을 초월한 민족적 대단결을 추구한다. 이 원칙은 오늘날까지도 남북통일 논의의 기본 정신으로 인용될 정도로 중요한 철학적 기반이 되었다.

공동성명의 발표는 당시 냉전체제의 엄중한 분위기 속에서 남북 간 공식 채널이 개설되었다는 점에서 획기적인 사건이었다. 이후 남북조절위원회가 구성되고, 고위급 회담과 경제 및 인도적 협의가 시도되었으며, 남북 간 공식 문서의 교환과 연락 채널의 정례화가 추진되었다.

그러나 이러한 진전은 오래 지속되지 못했다. 남측에서는 이 성명이 유신체제 정당화에 활용되었고, 북측 역시 내부 정치적 결속과 대외 전략의 일환으로 공동성명을 이용하면서 신뢰 기반이 약화되었다. 또한 이후 접촉 과정에서 나타난 해석 차이, 상호 불신, 체제 간의 본질적 차이는 대화의 지속성을 위협했다.

그럼에도 불구하고 7.4 공동성명은 남북 대화의 출발점이자, 이후 모든 합의의 선례가 된 의미 있는 사건이었다. 정치적 이용과 외교적 한계에도 불구하고, 6.25전쟁 이후 한반도에서 갈등을 넘는

최초의 공식 문서라는 점에서 그 역사적 가치는 여전히 유효하다.[08]

2. 남북기본합의서와 한반도비핵화 공동선언

1991년 남북은 '남북기본합의서'를 채택하며 이산가족 문제, 군사적 긴장 완화, 경제협력 등 다양한 분야에서의 교류를 제도화하려 했다. 이어 1992년 1월에는 '한반도비핵화 공동선언'을 통해 남북한 모두 핵무기를 보유하지 않겠다는 의사를 천명했다. 냉전의 종식 이후 남북관계에도 새로운 장이 열릴 것이라는 기대가 컸던 시기였지만, 북핵 문제와 정치 불신으로 인해 실질적 진전은 크지 않았다.

1991년 12월 13일, 남북은 '남북 사이의 화해와 불가침 및 교류협력에 관한 합의서', 통칭 남북기본합의서를 채택하였다. 이 합의서는 분단 이래 최초로 양측이 실질적 관계 개선을 위한 포괄적 틀을 문서화한 것으로, 남북 간 화해, 불가침, 교류협력이라는 3대 영역을 규정하고 각각의 이행 방안을 포함하였다.

특히 이 합의서에는 남북 간 적대행위의 중단, 무력 불사용 원칙, 군사 당국 간 직통전화 설치, 경제·문화·체육·환경 등 민간 교류의 장려, 이산가족 문제 해결 등이 포함되어 있었고, 이후 남북관계 제도화를 위한 핵심 기반이 되었다. 남북기본합의서는 양측이 서로를 인정하진 않더라도 최소한의 공존 질서를 정립할 수 있다는

---

[08] 박정진(2012), 〈냉전시대 한반도 갈등 관리의 첫 실험, 7.4 남북공동성명〉, 《북한연구학회보 제16권 1호》, 293-320, pp.307-308.

점에서 큰 의미가 있었다.

이어서 1992년 1월 20일 채택된 '한반도비핵화 공동선언'은 남북 모두가 핵무기를 보유하지 않고, 핵재처리 및 우라늄 농축 시설을 설치하지 않으며, 상호 핵사찰을 수용하겠다는 내용을 담았다. 이는 한반도에서 핵 문제를 정치적·군사적 협상 이전에 남북이 자율적으로 해결하겠다는 의지를 보여준 첫 합의였다. 국제사회는 이를 환영했으며, 한반도비핵화 실현의 전환점으로 기대했다.

그러나 비핵화 선언의 이행은 곧 난관에 부딪혔다. 상호 사찰 범위와 방식, 북한의 불신, 남측의 미국과의 공조 문제 등이 얽히며 핵 의혹은 사라지지 않았고, 결국 북한의 국제원자력기구(IAEA) 탈퇴 선언과 함께 선언은 무력화되었다. 남북기본합의서 역시 고위급 회담은 수차례 열렸지만, 정권 교체와 핵 문제, 북미 갈등 등으로 인해 협력은 실현되지 못했다.

그럼에도 불구하고 이 두 문서는 향후 남북 간의 신뢰 구축, 안보 문제 해결, 제도적 관계 설정에 있어 이정표가 되었다. 또한 이후 6.15 선언, 10.4 선언, 판문점 선언 등에서 반복적으로 언급되며, 남북 합의의 역사적 맥락을 제공하는 핵심 토대가 되었다. 이들 선언은 단기적 성과보다는 장기적인 평화구조 형성의 초석으로서, 여전히 재해석되고 참고되어야 할 역사적 자산이다.

3. 6.15 공동선언: 정상 간 만남의 시대

2000년 6월, 김대중 대통령과 김정일 국방위원장의 정상회담을 통해 6.15 남북공동선언이 발표되었다. 이 선언은 '우리민족끼리' 정신을 바탕으로, 민간 차원의 교류와 이산가족 상봉, 경제협력(**금강산관광, 개성공단 등**)을 적극 추진하는 계기를 마련했다. 이는 남북관계에서 최초의 정상 간 직접 합의라는 점에서 전례 없는 진전이었다.

2000년 6월 15일, 김대중 대통령과 김정일 국방위원장의 첫 남북 정상회담이 평양에서 개최되었다. 이는 분단 반세기 만에 남북 정상이 처음으로 직접 만나 서로의 입장을 공유하고 공동의 합의를 도출한 역사적인 사건이었다.[09]

6.15 선언의 가장 중요한 특징은 '우리민족끼리'라는 표현을 통해, 외세가 아닌 민족 내부의 주체적 해결 의지를 분명히 한 점이다. 선언은 ▲통일 문제를 민족자주의 원칙에 따라 해결해 나갈 것 ▲남북이 각기 주장하는 통일방안을 인정하고 그 공통점을 찾아나갈 것 ▲경제협력을 포함한 교류와 협력을 강화할 것 ▲이산가족 문제를 조속히 해결할 것 ▲당국 간 대화를 지속할 것 등을 핵심으로 담았다.

이 선언은 남북관계의 새로운 지평을 열었으며, 이후 금강산 관광사업의 확대, 개성공단 착공, 이산가족 상봉의 정례화 등 실질적인 협력 사업들이 이어졌다. 무엇보다 기존의 대결과 불신의 프레임을 넘어서, 제도적 교류와 민간 차원의 접촉이 폭넓게 이루어졌다는 점에서 획기적인 변화로 평가받는다.

정상회담의 형식과 내용 모두에서 전례 없는 진전을 보여주었으며, 김대중 대통령은 이 공로로 같은 해 노벨평화상을 수상하기도 했다. 이후 6.15 선언은 향후 남북관계의 주요 합의에서 반복적으

---

[09] 임동원(2015). 《피스메이커 남북관계와 북핵문제 25년》, 창비. pp.17-110.

로 언급되며, 평화와 통일 논의의 기준점이 되었다.

그러나 동시에 이 선언이 가지는 한계도 분명했다. 합의 이행에 대한 법적 구속력이 약했고, 북한 내부의 체제적 폐쇄성과 남한 내 정권 교체에 따른 정책 변화로 인해 지속적인 이행이 어려웠다. 하지만 그럼에도 불구하고 6.15 선언은 남북관계사에서 '대화 가능성의 회복'이라는 상징적 전환점을 제공한 계기로서, 오늘날까지도 중요한 참고 기준으로 남아 있다.

4. 10.4 선언과 이명박 정부 이후의 단절

2007년 노무현 대통령과 김정일 위원장은 10.4 선언을 통해 6.15 선언의 연장선상에서 평화체제 구축과 경제협력 확대를 약속했다. 그러나 2008년 이후 이명박 정부의 등장과 함께 북측과의 관계는 급속히 악화되었고, 금강산 관광 중단, 천안함 사건, 연평도 포격 등으로 긴장이 고조되며 다시 냉각기로 접어들었다.

2007년 10월 4일, 노무현 대통령과 김정일 국방위원장은 평양에서 열린 제2차 남북 정상회담을 통해 '남북관계 발전과 평화번영을 위한 선언', 일명 10.4 선언을 발표했다. 이는 2000년 6.15 공동선언의 정신을 계승·발전시킨 문서로서, 한반도 평화체제 구축과 경제공동체 형성을 향한 구체적 비전을 담았다.

10.4 선언의 주요 내용은 ▲군사적 적대행위의 중지와 서해평화협력지대 조성 ▲개성공단 확대와 서해 공동어로구역 설치 ▲동해선과 경의선 철도·도로 연결 확대 ▲사회문화 교류 증진 ▲정상회

담의 정례화 등으로 구성되었으며, 남북 간 공동 번영과 상생협력의 청사진을 제시하였다.

노무현 대통령은 군사분계선을 직접 도보로 넘어가 평양에 도착하는 상징적 행보를 통해 남북 간 심리적 장벽을 허물고자 했다. 회담에서는 단순한 화해 선언을 넘어, 실질적 합의와 제도화 방안에 대한 논의가 활발히 진행되었으며, 이후 실무협의체 구성이 추진되었다.

그러나 2008년 이명박 정부가 출범하면서 남북관계는 급격히 냉각되었다. 새 정부는 '비핵·개방·3000' 구상을 내세워 북한의 비핵화 조치를 전제로 한 경협을 주장했으며, 이는 북측의 강한 반발을 불러왔다. 같은 해 금강산 관광객 피격 사건으로 관광이 전면 중단되었고, 2010년에는 천안함 피격 사건과 연평도 포격 등 군사적 충돌까지 발생하면서, 남북관계는 사실상 단절 상태에 들어갔다.

10.4 선언은 이행될 기회를 갖지 못한 채 유보되었으며, 이명박 정부 이후 보수 정권 시기에는 남북 대화와 교류는 거의 전면 중단되었다. 이는 남북 정상 간 정치적 합의가 정권 변화에 따라 얼마나 취약한지를 보여주는 사례였으며, 제도적 지속성과 초정파적 합의의 중요성을 다시금 일깨우는 계기가 되었다.

그럼에도 불구하고 10.4 선언은 남북이 제도적 평화체제 구축의 실질적 내용을 합의한 최초의 사례로서, 이후 평양공동선언이나 판문점 선언에도 영향을 주며, 남북 협력의 방향성을 제시한 중요한 이정표로 남아 있다.

5. 판문점 선언과 하노이 회담의 충격

2018년 문재인 대통령과 김정은 위원장은 판문점 선언과 평양 공동선언을 통해 전면적인 평화체제 구축과 비핵화 의지를 재확인했다. 판문점에서의 손 맞잡은 장면은 전 세계에 큰 울림을 주었고, 세 차례의 남북 정상회담과 북미 정상회담이라는 역사적 장면이 이어졌다. 그러나 2019년 하노이 회담의 결렬 이후 북측의 태도가 급격히 냉각되며, 평화의 흐름도 멈춰 섰다.

2018년은 남북관계사에서 또 하나의 전환점이었다. 4월 27일, 문재인 대통령과 김정은 국무위원장이 군사분계선상의 판문점에서 회담을 갖고 '한반도의 평화와 번영, 통일을 위한 판문점 선언'을 발표하였다. 이 선언은 과거 합의의 연장선 위에서 ▲전면적인 전쟁 상태의 종식 선언 추진 ▲남북 고위급 회담의 정례화 ▲철도·도로 연결 ▲비무장지대(DMZ)의 평화지대화 ▲이산가족 상봉 확대 ▲북한 비핵화 노력 명시 등 포괄적이고 상징적인 내용을 담고 있었다.

같은 해 9월 평양에서는 제3차 정상회담이 열렸고, '9월 평양공동선언'이 채택되었다. 양 정상은 군사적 긴장 해소, 군사 분야 합의서 체결, 개성공단 및 금강산 관광 재개 협의, 서해 공동어로구역 설치 등 다양한 분야에서 구체적인 실행 의지를 밝혔다. 이와 동시에 군사 분야 합의서가 별도로 채택되어, 지상·해상·공중 충돌 방지를 위한 실질적 조치들이 마련되었다.

남북 간 급진적인 해빙 무드는 북미관계 진전에 대한 기대와 맞물려 있었다. 2018년 6월 싱가포르 북미 정상회담에 이어, 김정은과 트럼프 대통령의 직접 대화는 한반도 긴장 해소와 북핵 문제 해결의 결정적 전환점으로 주목받았다. 그러나 이듬해 2월 하노이에서 열린 제2차 북미 정상회담은 핵심 쟁점에서 의견 차이를 좁히지 못한 채 결렬되었고, 이 충격은 남북관계에도 직접적인 타격을 주었다.

하노이 회담 결렬 이후, 북한은 남북 채널을 점차 닫아갔고, 대남 비난 수위를 높이며 개성 남북공동연락사무소를 폭파하는 등 강경 태도를 취했다. 반면 남측은 대화를 이어가려는 유화적 태도를 유지했지만, 북측의 일방적 조치로 대화 동력은 점점 약화되었다.

판문점 선언과 평양공동선언은 남북 정상이 신뢰를 바탕으로 비핵화와 평화체제 구축을 협의한 역사적 사건이었다. 하지만 이러한 전진은 북미 협상의 실패, 제재 해제 불발, 내부 정치 변수 등 복합적 요인 속에서 실질적 제도화로 이어지지 못했다. 결과적으로 남북관계는 다시 침묵의 시대로 되돌아갔고, 당시의 희망은 유보된 과제로 남게 되었다.

6. 접촉과 단절이 남긴 교훈

남북관계는 항상 진전을 거듭한 것이 아니라, 대화와 단절, 신뢰와 불신이 교차해 온 역사였다. 중요한 것은 선언 그 자체보다 그것을 뒷받침할 수 있는 제도화, 지속성, 상호 신뢰 구축이다. 선언과 회담의 순간마다 쌓인 교훈은, 단순한 반복이 아니라 미래를 위한 디딤돌이 되어야 한다. 우리가 과거의 합의들을 되새겨 보는 이유는, 다음의 선언이 과거보다 더 멀리 가야 하기 때문이다.

남북관계는 항상 진전과 후퇴, 접촉과 단절, 희망과 좌절이 반복되어 온 역사였다. 수많은 공동성명과 선언이 발표되었고, 여러 차례의 정상회담과 고위급 회담이 열렸지만, 그것이 실질적인 평화체제나 통일로 이어지지 못한 이유는 무엇이었을까? 이 질문은 과거의 교훈을 되짚고 미래를 준비하는 데 있어 매우 중요하다.

첫째, 합의의 제도화 부족이 남북관계의 불안정성을 심화시켰다. 대부분의 선언은 정치적 합의 수준에 그쳤고, 이를 지속적으로 이행할 법적·제도적 장치가 마련되지 못했다. 정권이 바뀔 때마다 남북관계의 방향성도 달라졌고, 합의의 이행은 정치적 의지에 전적으로 의존했다. 이는 신뢰의 축적을 어렵게 만들고, 북한에게는 남한의 일관성을 의심하게 하는 요인이 되었다.

둘째, 선언과 행동 사이의 간극이 반복되었다. 문서상의 합의는 대체로 이상적이고 진취적인 내용을 담고 있었지만, 실천 단계에서 상호 불신, 전략적 계산, 국제 정세 변화 등으로 인해 협력이 중단되거나 유보되는 경우가 많았다. 특히 군사적 충돌이나 핵 문제와 같은 민감한 사안에서는 정치적 이해관계가 우선되었고, 합의 이행은 뒷전으로 밀려났다.

셋째, 남북관계가 북미관계에 과도하게 연동되어 있다는 구조적 문제도 있었다. 북미 간 갈등이 심화될 때마다 남북관계는 경색되었고, 반대로 북미 간 긴장이 완화되면 남북도 함께 해빙기를 맞았다. 이는 남북이 독자적 신뢰를 구축하기보다는 외교적 상황에 종속되는 모습을 보여주었고, 평화 프로세스의 자주성과 지속 가능성을 위협했다.

하지만 이러한 반복 속에서도 남북은 분명히 변화하고 있다. 선언은 실패하더라도 그 과정에서 제도적 경험이 축적되고, 남북 주민

간의 인식 차이도 점차 좁혀지고 있다. 무엇보다도 '만날 수 있다'는 경험 자체가 미래의 협력을 위한 가능성을 증명해 왔다.

따라서 남북관계의 미래를 위해서는 선언을 넘는 실천, 정권 교체에 흔들리지 않는 제도화, 남북 주민 간의 상호 신뢰 구축이 병행되어야 한다. 과거의 접촉과 단절은 단지 실패의 기록이 아니라, 다음 단계를 위한 밑그림이며, 이 교훈들을 발판 삼아야만 새로운 남북관계의 비전을 설계할 수 있을 것이다.

5장.

이산가족,
만남과 이별의
기록

 분단은 수많은 가족을 갈라놓았다. 그들은 서로의 생사조차 알지 못한 채, 수십 년간 이별의 고통을 감내하며 살아야 했다. 이 장에서는 이산가족 문제의 형성과정과 제도화된 만남의 역사, 그리고 그 한계와 과제를 다양한 관점에서 살펴본다.

1. 분단이 낳은 비극: 가족의 단절

 1945년 광복과 함께 남북이 분할되고, 이어 1950년 6.25전쟁이 발발하면서 수백만 명의 이산가족이 생겨났다. 대부분의 이산은 피난, 납북, 군사 분단선의 봉쇄 등 물리적 요인으로 발생했으며, 이는 단순한 공간의 분리가 아닌, 가족 공동체의 단절이었다.
 광복 이후 한반도는 북위 38도선을 기준으로 남과 북으로 나뉘게 되었다. 이 인위적인 군사분계선은 외세에 의해 설정된 것으로, 남북 모두가 이를 일시적인 조치로 받아들였지만, 결과적으로는 민족 내부의 영구적 분단으로 이어지는 첫걸음이 되었다. 이어서 1950년 6.25전쟁이 발발하며 분단은 고착화되었고, 수많은 사람들이 전쟁의 혼란 속에서 서로 떨어져 고립되었다.

이산가족은 이러한 역사적 격변 속에서 발생한 가장 가슴 아픈 인도주의적 비극이다. 피난과 전투, 납북과 강제 이주, 그리고 전쟁 직후 군사분계선의 봉쇄로 인해 수백만 명의 가족들이 이산되었으며, 이들 중 다수는 서로의 생사조차 알지 못한 채 평생을 살아야 했다. 전쟁 전후의 급박한 상황 속에서 가족 간의 이별은 대부분 준비되지 않은 채 이루어졌으며, 이는 한 개인의 상실을 넘어 공동체 단위의 해체로 이어졌다.

이산가족 문제는 단순히 개인의 가족사를 넘는 문제다. 그것은 분단 체제가 남긴 사회적 상흔이자, 전쟁과 냉전이라는 국제 정치의 구조가 개인의 삶에 미친 영향의 축소판이다. 부모와 자식, 형제자매, 부부가 단절되었고, 그 과정에서 인간의 기본적 권리인 '가족과 함께할 권리'가 수십 년간 박탈당해 왔다.

이와 같은 단절은 단지 육체적 분리만이 아니라, 정서적·문화적 단절로 이어졌다. 서로의 삶에 대한 정보가 차단되었고, 기억은 희미해졌으며, 남북의 사회 체제 변화에 따라 서로에 대한 인식도 점차 멀어졌다. 오랜 시간 떨어져 살아온 가족 구성원은 서로의 삶의 궤적을 상상할 수밖에 없었고, 때로는 같은 언어를 사용하면서도 전혀 다른 세계에 살고 있는 듯한 단절감을 느끼게 되었다.

오늘날까지도 이산가족의 고통은 현재진행형이다. 6.25전쟁 당시 1,000만 명 이상으로 추산되었던 이산가족 가운데 상당수는 이미 사망했고, 살아 있는 이들 역시 고령화로 인해 시간이 얼마 남지 않았다. 분단의 상징으로서 이산가족 문제는 남북관계가 풀려야만 해결될 수 있는 사안이며, 그 해결은 민족의 정체성과 인도주의 실현의 시험대가 되고 있다.

2. 최초의 상봉과 제도화의 시작

1985년 남북 이산가족 고향 방문단 상호 교환이 실현되며, 처음으로 공식적 만남이 이루어졌다. 이후 2000년 6.15 공동선언을 계기로 이산가족 상봉이 정례화되었고, 금강산에서 수차례의 만남이 진행되었다. 남북 적십자 회담, 상봉센터 건립, 화상 상봉 등 다양한 방식의 접촉 시도가 이어졌다.

이산가족 문제는 오랜 시간 정치와 냉전의 장벽에 가로막혀 아무런 해법 없이 방치되어 왔다. 그러던 중 1985년, 남북한은 적십자 회담을 통해 역사적인 첫 공식 상봉을 성사시켰다. 이산가족 고향 방문단의 상호 교환과 예술공연단 교류가 함께 이루어진 이 시도는, 분단 40년 만에 단절된 가족이 다시 만나는 전례 없는 사건으로 큰 반향을 불러일으켰다.

1985년의 상봉은 비록 일회성에 그쳤지만, 이후 이산가족 문제를 정치적 의제뿐 아니라 인도주의적 차원에서 다뤄야 한다는 사회적 인식을 확산시키는 데 기여했다. 그로부터 15년 후, 2000년 6.15 공동선언은 이산가족 상봉을 정례화하는 계기를 제공했다.

남북 정상 간 합의를 바탕으로 이산가족 상봉이 본격적으로 제도화되기 시작한 것이다.

금강산 관광지구 내에 마련된 이산가족 상봉소는 상봉의 정례화와 공간적 기반을 가능하게 했으며, 2000년 8월 첫 정례 상봉이 이후 스물한 차례에 걸쳐 진행되었다. 이와 더불어 화상 상봉 시스템과 영상 편지 교환 방식도 도입되어, 물리적 이동이 어려운 고령자에게도 제한적인 만남 기회를 제공했다.

이 시기에는 생사 확인 사업, 가족관계 정리 등도 함께 추진되었으며, 이산가족 문제를 관리할 수 있는 남북 간 실무 채널도 마련되었다. 또한 금강산 지역에 상봉센터가 완공되면서 보다 안정적이고 상설적인 접촉 기반이 조성되었다.

비록 상봉의 기회는 제한적이었지만, 이 제도화 과정은 이산가족 문제가 한민족 공동의 과제로 재인식되는 데 중요한 역할을 했다. 아울러 정권과 정세의 영향을 상대적으로 덜 받는 지속 가능한 시스템 구축의 필요성을 더욱 절감하게 된 계기도 되었다.

3. 상봉의 현실: 만남은 곧 이별

상봉은 제한된 시간과 인원 속에서 진행되며, 가족들은 짧은 만남 후 다시 이별해야 했다. 더 큰 문제는 여전히 상봉을 기다리는 이들이 수십만 명에 이른다는 점이며, 고령화로 인해 해마다 그 수는 줄어들고 있다. 상봉의 제도화가 있더라도, 지속성과 확대가 뒤따르지 않으면 실질적인 해결은 어렵다.

이산가족 상봉은 인간적 감동을 자아내는 감격의 순간이지만, 그 감동은 곧 이별이라는 냉혹한 현실로 이어진다. 상봉은 짧게는 하루, 길어야 2~3일에 불과하며, 가족들은 오랜 시간 기다린 끝에 만난 자리에서 서로의 이름과 얼굴을 확인하자마자 작별을 준비해야 한다. 이 짧은 시간 동안 수십 년의 생을 요약하려는 시도는 오히려 감정을 압도하게 만들며, 눈물 속에서 다시는 오지 않을 시간을 경험하게 한다.

상봉 대상자는 철저한 추첨제로 선발되며, 실제로 신청자 수에 비해 상봉 기회를 얻는 사람은 극히 소수에 불과하다. 1988년 이후 이산가족 상봉 신청자는 13만 명을 넘었지만, 실제로 상봉한 인원은 2만여 명 남짓이다. 특히 고령자 비율이 매우 높아 상봉을 기다리다 사망하는 경우가 점점 늘고 있는 실정이다.

상봉이 이뤄진다 해도, 남북 간 연락 채널 부재로 인해 이후의 연락이나 재상봉은 거의 불가능하다. 이는 상봉이 일회적 만남에 그치게 만들며, 감정적으로는 오히려 상처를 더 깊게 남기는 경우도 있다. 많은 가족들은 마지막 순간에 할 수 있는 말, 주고받지 못한 사진 한 장, 못다 전한 마음을 안고 다시 이별의 상처를 감내해야 한다.

이처럼 상봉의 현실은 제도화라는 성과에도 불구하고 여전히 제한적이며, 진정한 가족 재결합의 의미를 담기에는 역부족이다. 단순히 상봉의 횟수를 늘리는 것만으로는 부족하며, 생사 확인의 상설화, 영상 및 서신 교류의 확대, 자율적 접촉 권리의 보장 등이 병행되어야 이산가족 문제의 실질적 해결이 가능하다.

4. 정치적 변수에 흔들리는 인도주의

이산가족 문제는 본질적으로 인도주의적 사안이지만, 현실에서는 남북 정치관계에 따라 상봉이 중단되거나 연기되는 경우가 많았다. 이로 인해 상봉 기회를 놓친 가족들의 상처는 더 깊어졌다. 인도주의적 사안이 정치적 교착의 희생물이 되어선 안 된다는 인식이 커지고 있다.

이산가족 문제는 인도주의적 시급성이 가장 높은 사안 중 하나임에도 불구하고, 남북관계의 정치적 흐름에 따라 상봉이 중단되거나 무기한 연기되는 일이 반복되어 왔다. 이는 이산가족 개개인의 생애와 존엄을 정치적 이해관계의 변수로 전락시키는 결과를 초래한다. 실제로 상봉 추진을 위한 합의가 이뤄지고도 북측의 정치적 결정이나 남측의 안보 상황 악화 등의 이유로 회담이 연기되거나 무산된 사례는 수차례에 달한다.

대표적인 예로는 2013년 박근혜 정부 당시 남북이 상봉 합의를 도출했음에도 불구하고 북한이 '적대행위 중단'을 요구하며 돌연 철회한 사건이 있다. 이처럼 상봉이 정치적 메시지의 수단으로 이용될 때, 인도주의의 본질은 희생되고 고령의 이산가족들은 평생 단 한 번의 기회조차 얻지 못한 채 생을 마감하게 된다.

이산가족 문제는 어느 한쪽의 양보나 시혜로 해결할 수 있는 문제가 아니다. 그것은 국제적 기준에서 볼 때 기본적 인권의 문제이며, 생명과 직결된 사안이기도 하다. 세계 여러 분쟁 지역에서 적대국 간에도 가족 재결합은 유엔이나 국제적십자사를 통해 인도주의적 원칙 아래 추진되어 왔다는 점을 고려하면, 남북한도 최소한의 인도주의적 합의는 정치와 분리된 채 존중되어야 한다.

이산가족 문제를 정치에 종속되지 않게 하기 위해서는 상봉 절차의 제도화, 생사 확인 시스템의 상설화, 서신 및 화상 상봉의 확대 등 정치적 불안정 상황 속에서도 지속 가능한 접촉 수단을 마련하는 것이 필요하다. 나아가 국제기구와의 협력을 통해 외부적 감시와 조정 메커니즘을 강화하는 방안도 고려되어야 한다. 그래야만 진정한 인도주의의 이름으로 이산가족 문제를 해결할 수 있다.

5. 기억과 기록: 이별을 넘는 연대

이산가족의 삶은 단지 개인의 고통이 아닌, 한국 현대사의 한 축이기도 하다. 이들의 증언, 편지, 영상 기록은 분단의 비극을 후세에 전하는 귀중한 자산이며, 통일 이후 사회통합과 상호 이해의 기반이 될 수 있다. 기억의 계승은 이산가족 문제 해결의 연속성 확보에도 필수적이다.

이산가족의 삶은 단지 개인의 고통에 머무르지 않는다. 그것은 분단이라는 시대적 비극이 개개인의 삶을 어떻게 변화시키고, 어떤 형태로 기억되는지를 보여주는 중요한 사회적 기록이기도 하다. 이산가족 개개인의 증언은 전쟁과 분단이 남긴 상처의 생생한 목소리이며, 그들의 편지와 사진, 상봉 당시의 영상 자료는 그 자체로 역사적 사료의 가치를 지닌다.

이러한 기억과 기록은 단지 과거의 회고가 아니라, 분단 이후 세대를 위한 교육적 자산이기도 하다. 실제로 많은 이산가족들은 자신들의 이야기를 인터뷰, 다큐멘터리, 회고록 등의 형식으로 남기고 있으며, 이는 후속 세대에게 전쟁과 분단의 실상을 전달하는 통로로 작용한다. 이러한 구술 기록은 교과서나 제도적 서술이 담아내지 못하는 감정의 깊이와 맥락을 전해준다.

기억의 계승은 또한 이산가족 문제 해결의 지속성을 담보하는 힘이 된다. 시간이 흐르며 이산가족 1세대가 점점 사라지고 있는 지금, 그들의 경험을 어떻게 보존하고 사회적으로 환기시킬 것인가는 매우 중요한 과제이다. 공공 기록물로서의 수집과 아카이빙 작업, 디지털 아카이브 구축, 기념관 운영 등은 기억의 사회화를 위한 구체적 방법이 될 수 있다.

더 나아가 이산가족의 기억은 분단을 넘어 연대의 가능성을 품고 있다. 상봉 이후의 편지 교환, 영상 편지 제작, 남북 간 공동 추모행사 등은 가족 간의 정서를 회복하는 동시에, 민족 공동체로서의 감각을 회복하게 하는 매개 역할을 한다. 이산의 고통을 공유하는 감정은 정치적 이해를 초월해 인간으로서의 유대를 형성하는 중요한 기제가 될 수 있다.

결국 이별의 기억은 슬픔의 기록인 동시에, 통일과 화해의 미래를 향한 연대의 자산이다. 이산가족 개개인의 삶 속에서 분단의 역사를 읽어내는 일은 더 이상 되풀이되어선 안 될 분단의 교훈을 새기고, 공동체가 어디서부터 다시 연결되어야 하는지를 성찰하게 한다. 기억의 계승은 이산가족 문제 해결의 연속성 확보에도 필수적이다.

6. 이산가족 문제의 미래: 제도화와 상설화

이산가족 문제의 해결을 위해서는 남북 당국 간의 제도적 합의와 국제사회의 인도주의적 지원, 그리고 남북 공동기록화 사업 등이 병행되어야 한다. 특히 정례화된 상봉, 생사 확인 시스템, 편지 교환 등의 상설 기구 운영은 중단 없는 인도주의를 실현하는 실질적 대안이 될 수 있다.

이산가족 문제는 시급한 인도주의적 사안이자, 남북관계의 본질적 과제를 반영하는 지표다. 그러나 이 문제는 매번 남북관계의 정치적 환경에 따라 좌우되어 왔으며, 정권 변화나 국제 정세에 따라 상봉이 중단되거나 유보되는 일이 반복되어 왔다. 따라서 이제는 이산가족 문제를 '특별한 경우'가 아닌, 항구적이고 일상적인 인도주의 문제로 전환시켜야 할 때다.

이를 위해서는 몇 가지 핵심 과제가 필요하다. 첫째, 이산가족 상봉을 비정기적 이벤트에서 탈피시켜 상설화된 구조로 전환해야 한다. 이를 위해 금강산 상봉소의 재가동과 남북 상설 상봉센터의 구축이 필요하며, 향후에는 개성이나 서울, 평양 등 다른 지역으로도 확대할 수 있는 체계적인 인프라 설계가 필요하다.

둘째, 생사 확인 시스템의 정례화와 디지털화가 병행되어야 한다. 현재는 생사 확인이 남북 당국 간 협의에 의존하고 있으며, 이로 인해 절차가 복잡하고 시간이 오래 걸린다. 남북이 공동으로 운영하는 이산가족 생사 확인 데이터베이스를 구축하고, 이를 통해 신속하고 투명한 정보 교환이 가능하도록 제도화할 필요가 있다.

셋째, 서신 교환, 영상 편지, 화상 상봉 등 다양한 비대면 교류 수단의 확대가 요구된다. 특히 고령의 이산가족들에게는 물리적 이동이 부담이 되기 때문에, ICT(정보통신기술)를 활용한 접근 방식이 현실적인 대안이 될 수 있다. 이를 위해 남북 간 인터넷 기반 정보망 구축, 통신 장비 제공, 민간 IT 기업의 참여 등을 제도화된 형태로 추진할 수 있다.

넷째, 이산가족 문제 해결을 위한 국제 협력의 강화도 필요하다. 유엔, 국제적십자사, 유네스코 등 국제기구와 연계하여 이산가족의 인권 문제를 국제 이슈로 부각시키고, 국제적 기준에 따른 인도주의적 행동 강령을 남북 모두가 수용하도록 유도해야 한다. 국제사회의 감시와 지원은 남북 간 신뢰 구축에도 기여할 수 있다.

마지막으로, 이러한 모든 제도적 과제가 성공하기 위해서는 남북 모두의 정치적 의지와 상호 존중이 바탕이 되어야 한다. 이산가족 문제는 단순한 가족 재결합을 넘어, 분단의 고통을 치유하고 통일로 가는 길을 여는 상징적 이정표다. 정례화와 상설화는 그 길의 실질적인 첫걸음이며, 이제는 그 약속을 실현할 시간이다.

6장.

대북지원과
그 논란들

남북관계의 핵심 쟁점 중 하나는 바로 대북지원 문제다. 인도적 차원의 지원인지, 체제 유지에 대한 간접적 후원인지, 정치적 거래의 일환인지에 따라 견해가 극명히 갈린다. 이 장에서는 대북지원의 흐름과 주요 사례, 그에 대한 논쟁의 쟁점을 정리하고, 향후 방향성을 모색해 본다.

1. 대북지원의 시작과 배경

1990년대 중반 북한은 '고난의 행군'이라 불리는 대규모 경제난에 직면했다. 이때부터 남한은 인도적 차원의 식량 및 의료 지원을 시작했고, 국제사회와 함께 북한 주민의 생존을 위한 긴급구호에 동참했다. 이는 동포애와 인도주의적 책임이라는 명분 아래 추진되었으며, 대북지원의 제도적 출발점이 되었다.

대북지원이 본격적으로 시작된 계기는 1990년대 중반 북한이 겪은 극심한 경제난, 이른바 '고난의 행군'이었다. 이 시기는 소련 및 동유럽 사회주의권의 붕괴로 인한 외교적·경제적 고립, 자연재해와 식량난, 에너지 공급 부족 등이 중첩되며 북한 사회 전체가 심각한 위기에 직면한 시기였다. 수십만 명이 아사할 정도로 상황은 심각했고, 국제사회는 물론 남한 정부도 이를 외면할 수 없었다.

1995년을 기점으로 남한 정부와 민간단체들은 북한 주민의 생명을 구하기 위한 식량과 의약품, 비료 등의 인도적 지원을 시작했다. 당시의 지원은 정치적 고려보다는 동포애와 인도주의적 책무에 기반한 접근이었다. 이 과정에서 남북 간 직접적 접촉이 다시 활발해졌고, 대북지원은 단순한 구호 차원을 넘어 남북 대화의 물꼬를 트는 계기가 되었다.

남북기본합의서(1991)와 6.15 공동선언(2000)을 거치며 대북지원은 점차 제도화되었다. 남북협력기금의 창설과 함께 지원 절차가 체계화되었고, 적십자사를 비롯한 인도주의 NGO들의 활동도 정부와 연계하여 본격화되었다. 이후 개성공단, 금강산 관광과 같은 경제협력 사업은 인도적 지원과 함께 남북 신뢰 회복의 핵심 도구로 인식되었다.

이러한 지원은 남북관계의 유동성에도 불구하고 일정 수준 유지되어 왔으며, 남한 내에서는 대북지원의 도덕적, 정치적 정당성에 대한 사회적 논의가 점차 활발해지기 시작했다. 대북지원은 이처럼 위기 대응이라는 초기 배경에서 출발했지만, 이후에는 남북 화해·협력의 전략적 수단이자, 한반도 평화 정착을 위한 장기적 기반으로 자리 잡아갔다.

2. 대북지원의 유형과 방식

대북지원은 크게 인도적 지원(**식량, 의약품, 비료 등**), 개발협력(**농업, 보건, 수자원, 교육 등**), 경제협력(**개성공단, 금강산 관광**)으로 나뉜다. 또한 민간단체를 통한 지원, 남북협력기금 등 정부 재정에 의한 직접 지원 등 다양한 방식으로 이뤄져 왔다. 정권에 따라 방식과 규모는 달라졌지만, 지원 자체는 꾸준히 유지되어 왔다.

대북지원은 그 성격에 따라 크게 세 가지 유형으로 구분된다. 첫째는 인도적 지원으로, 이는 긴급 생존을 위한 식량, 의약품, 비료, 의류 등의 물자 지원을 중심으로 한다. 주로 자연재해, 식량난, 전염병 확산 등 인도적 위기 상황에서 추진되며, 남한 정부와 대한적십자사, 국제기구 및 민간단체가 함께 참여하는 경우가 많다.

둘째는 개발협력 차원의 지원이다. 이 유형은 북한의 농업 생산성 향상, 보건의료 개선, 교육 및 에너지 인프라 확충 등을 목적으로 하며, 중장기적인 북한 주민의 삶의 질 개선을 지향한다. 예를 들어, 식수 정화 시설 설치, 병원 기자재 지원, 농업 기술 전수 프로그램 등이 이에 해당한다. 이러한 사업은 단순 지원을 넘어 남북 간의 지속 가능한 협력 기반을 마련하는 데 초점이 맞춰진다.

셋째는 경제협력 사업이다. 대표적으로 개성공단, 금강산 관광 사업과 같은 공동 경제사업이 포함되며, 이는 북한 경제 활성화와 남한의 기업 진출이라는 실질적 이해관계 속에서 추진되었다. 이 사업들은 대북지원의 성격을 넘어 남북 경제공동체 형성의 가능성을 실험하는 장이기도 했다.

지원 방식 역시 다변화되어 왔다. 정부 차원의 직접 지원은 남북협력기금, 통일부 산하 기구, 또는 남북 합의에 따라 설치된 공동 기구를 통해 이루어졌다. 민간단체의 경우, 정부의 승인을 받아 개별적으로 대북사업을 추진하며, 때로는 해외 NGO 및 국제기구와 연계하여 공동사업을 벌이기도 했다. 민간의 자율성과 정부의 공공성이 조화를 이루는 형태가 이상적 모델로 간주되었다.

지원의 물자 전달 방식 또한 진화했다. 초기에는 육로나 해상을 통한 물자 직송이 일반적이었으나, 이후 개성공단과 금강산 지역의 물류 인프라를 활용하거나, 북측과의 협약을 통해 분배 및 모니터링 체계를 강화하는 방식으로 발전했다. 화물차 직송, 보세 구역 설정, 수령확인서 교환 등은 지원의 투명성과 효율성을 높이기 위한 시도였다.

정권에 따라 지원의 규모와 우선순위는 달라졌지만, 대북지원 자체는 꾸준히 이어져 왔다. 어떤 정권은 인도적 접근을 강조했고, 또 다른 정권은 정치적 상호주의를 전제로 지원을 제한하기도 했다. 그러나 전체적으로 볼 때, 대북지원은 남북관계의 기류를 반영하면서도 일정 수준의 일관성을 유지해 온 정책 영역이라 할 수 있다.

3. 지원과 핵 개발 논란

대북지원에 대한 가장 큰 비판은 '퍼주기 논란'이다. 일각에서는 남한의 지원이 북한의 핵 개발 및 군사력 강화에 간접적으로 기여했을 가능성을 지적한다. 특히 지원의 투명성 부족과 모니터링 부재는 이러한 비판을 강화시키는 요인이었다. 반면 찬성론자는 지원이 평화 유지와 대화의 마중물 역할을 했다고 평가한다.

대북지원은 처음에는 인도적 필요에 기반하여 시작되었지만, 시간이 흐르면서 남북관계의 주요 쟁점 중 하나이자 정치적 논란의 대상이 되었다. 특히 가장 큰 쟁점은 남한의 대북지원이 과연 북한의 핵 개발이나 군사력 강화에 간접적으로 기여했는가 하는 문제다. 이른바 퍼주기 논란은 남북관계가 악화되거나 북측의 도발이 발생할 때마다 재점화되곤 했다.

비판론자들은 인도적 명분으로 전달된 식량, 비료, 경공업 물자 등이 북한의 일반 주민에게 제대로 전달되지 않고, 일부가 군부나 당 간부에게 집중되었을 가능성을 지적한다. 특히 정권 간 대북지원 내역이 불투명하거나, 모니터링 시스템이 제대로 작동하지 않았던 시기에는 지원이 군수물자 전환이나 외화 획득 수단으로 악용되었을 가능성이 제기되었다.

또한 경제협력의 일환으로 진행된 개성공단, 금강산 관광사업 등에서 발생한 대북 자금이 북한 정권의 재정 자산으로 편입되어, 간접적으로 핵·미사일 프로그램에 투입되었을 것이라는 주장도 존재한다. 특히 2000년대 중반 이후 북한의 핵실험이 잇따라 발생하면서, 남한 사회 내부에서는 대북지원과 북한의 군사도발 사이의 연관성을 문제 삼는 여론이 거세졌다.

반면 찬성론자들은 대북지원이 북한 주민의 생존을 돕는 순수한 인도적 행위일 뿐만 아니라, 남북 간 대화와 협상의 통로를 열어주는 마중물 역할을 한다고 주장한다. 특히 적대적 상황 속에서도 인도주의적 지원을 지속함으로써 대북 압박이 아닌 포용과 설득을 통한 평화적 접근의 가능성을 열 수 있다는 것이다. 개성공단의 운영과 금강산 관광의 재개가 실제로 군사적 긴장을 완화시키고 민간 교류를 증진시키는 효과를 가져왔다는 점도 이러한 주장을 뒷받침한다.

결국 대북지원과 북한의 군사력 증강 간의 인과관계는 명확히 규명되기 어려운 영역이다. 하지만 이 논란은 대북지원의 설계와 집행 과정에서 투명성과 책임성을 강화해야 할 필요성을 분명히 보여준다. 향후 대북지원은 단순한 물자 전달을 넘어, 그 활용과 효과까지 면밀히 관리하고 평가할 수 있는 제도적 장치와 국제적 기준을 바탕으로 추진되어야 한다. 그래야만 대북지원이 '퍼주기'라는 오명을 벗고, 남북관계 개선의 지속 가능한 수단으로 자리매김할 수 있다.

4. 국제사회의 역할과 연계

대북지원은 남한만의 문제가 아니라, 유엔 세계식량계획(WFP), 국제적십자사(ICRC), 유니세프 등 국제기구와 연계된 글로벌 인도주의 의제다. 국제사회는 북한 주민의 생존권을 보장하는 동시에, 인도주의가 정치적 수단으로 전락하지 않도록 균형을 모색하고 있다. 남한 역시 이러한 국제 기준에 맞춘 정책 조율이 요구된다.

대북지원은 단순히 남한의 대북정책 차원을 넘어 국제사회 전체가 함께 해결해야 할 인도주의적 과제다. 특히 유엔 산하의 세계식량계획(WFP), 국제적십자사(ICRC), 유니세프(UNICEF), 세계보건기구(WHO) 등은 오랜 기간 북한 내부에 인도적 지원을 제공하며, 일정 수준의 신뢰 관계를 유지해 왔다. 이들 기구는 대북지원의 정치적 중립성을 보장하고, 인도주의의 보편적 원칙에 따라 투명성과 객관성을 확보하는 데 중요한 역할을 해왔다.

국제기구를 통한 대북지원은 남북 간 직접 지원보다 분배의 공정성과 검증 가능성 측면에서 우위를 가진다. 예를 들어, WFP는 북한 내 분배 현장을 직접 모니터링할 수 있는 권한을 일부 확보하고 있으며, 이에 따라 지원 물자의 실제 수혜자 도달 여부를 일정 부분 확인할 수 있다. 이러한 국제기구와의 협력을 통해 지원의 신뢰성을 제고할 수 있고, 국내외 비판 여론을 완화하는 데도 기여할 수 있다.

또한 남한은 국제사회와의 정책 공조를 통해 대북지원의 외교적 정당성을 확보할 수 있다. 예컨대 미국, EU, 일본 등 주요 우방국들과의 조율을 통해 지원의 시기와 방식, 범위를 협의하고, 국제사회의 대북 제재 틀과도 충돌하지 않도록 조정하는 것이 필요하다. 이는 지원을 둘러싼 외교적 오해를 줄이고, 북한에 대한 설득력 있는 메시지를 전달하는 데도 효과적이다.

더불어 국제기구와의 연계를 통해 남한은 단독 지원을 넘어 공동기금 조성, 다자 간 협력 프로젝트 등 보다 지속 가능하고 안정적인 지원 구조를 설계할 수 있다. 예를 들어, 영유아 영양 지원, 여성 보건, 감염병 대응 등의 분야에서 유엔 기구와의 공동사업은 인도주의의 실질적 성과를 만들어 내는 동시에, 남북관계 안정화에도 긍정적인 영향을 미칠 수 있다.

결국 국제사회와의 연계는 대북지원의 투명성과 효과성, 지속 가능성을 보장하는 핵심 전략이다. 남한은 대북지원의 주체이자 중재자로서, 국제적 기준과 협력을 기반으로 보다 책임감 있는 인도주의 정책을 실현해야 하며, 그것이야말로 한반도 평화와 통일 기반을 다지는 첫걸음이 될 수 있다.

5. 투명성과 제도화의 과제

대북지원의 정당성을 확보하기 위해서는 투명성과 공공성, 국민적 합의가 필요하다. 지원 물자의 유용성과 배분 경로에 대한 검증, 국제 기준에 부합하는 모니터링 체계 구축, 국회 및 시민사회의 감시 기능 강화 등이 필수적이다. 정치적 정당성 확보 없이 추진된 대북지원은 내부적으로도 지속 가능성을 잃기 쉽다.

대북지원의 정당성과 효용성에 대한 논쟁이 지속되는 가운데, 투명성과 제도화는 그 신뢰를 담보하기 위한 핵심 과제로 부각되고 있다. 남북관계가 정치적 환경에 따라 급변하는 만큼, 대북지원이 일관성과 지속성을 가지려면 법적·행정적 기반을 보다 정교하게 갖출 필요가 있다.

무엇보다 중요한 것은 지원의 유용성과 배분 경로에 대한 철저한 검증 체계 구축이다. 지금까지는 일부 사업에서 지원 물자의 용처나 분배 결과를 확인하는 데 한계가 있었고, 이는 퍼주기 논란을 야기하는 근거로 작용해 왔다. 향후에는 국제 기준에 맞춘 사후 모니터링, 제3자 확인 절차, 수혜자 명단 확인 등 다양한 방안을 통해 실질적 감시 체계를 강화해야 한다.

둘째로는 국민적 합의와 감시를 바탕으로 한 거버넌스 체계 구축이 필요하다. 대북지원은 국민 세금으로 운영되는 공공사업인 만큼,

정책의 수립과 집행 과정에서 국민적 설명과 참여가 요구된다. 국회와 시민사회, 언론의 감시 기능을 강화하고, 예산 배정과 사용 내역을 투명하게 공개하는 것이 정책의 신뢰도를 높이는 지름길이다.

셋째, 지원 기준과 우선순위에 대한 명확한 원칙 수립도 필수적이다. 인도주의, 비정치성, 중립성의 원칙에 입각해, 어떤 상황에서도 우선적으로 접근할 수 있는 대북지원 원칙이 법제화되어야 하며, 정권 변화나 외부 변수에 따른 임의적 결정에서 벗어나야 한다. 이를 위해 '대북인도지원기본법'과 같은 입법이 필요하다는 목소리도 커지고 있다.

마지막으로, 대북지원의 지속 가능성과 제도적 안정성을 위한 전담 기구와 상설 협의체 설치도 검토할 수 있다. 현재 통일부 중심으로 운영되는 지원 체계를 보다 분산화하고, 남북 공동 기구나 민·관 협력 플랫폼을 제도화함으로써 위기 상황 속에서도 정책 연속성이 확보되도록 하는 것이다.

이러한 투명성과 제도화의 과제를 충실히 이행하는 것은 단지 행정적 효율을 높이기 위한 차원이 아니라, 대북지원의 정치적 중립성과 인도주의적 본질을 회복하기 위한 전제 조건이다. 책임 있는 지원은 비판을 피하기 위한 방어가 아니라, 지속 가능한 남북 협력의 토대를 구축하는 적극적 전략이 되어야 한다.

6. 대북지원의 미래: 평화로 가는 징검다리

향후 대북지원은 단기적 생존 지원을 넘어서, 지속 가능한 개발과 평화공존의 기반 마련을 목표로 삼아야 한다. 농업 기술 교류, 보건의료 시스템 협력, 기후위기 대응 등 중장기 협력 의제를 발굴하고, 남북 주민 모두에게 실질적인 효용을 주는 방식으로 방향 전환이 요구된다. 대북지원은 단지 '주는 것'이 아니라, '공존을 위한 투자'가 되어야 한다.

향후 대북지원은 단기적인 생존 지원을 넘어 한반도 공동체의 지속 가능성을 고민하는 장기적 전략으로 진화해야 한다. 단순히 '도와주는 것'에 그치는 것이 아니라, 남북이 함께 '살아가는 길'을 설계하는 과정이 되어야 한다. 이를 위해서는 지원의 내용, 방식, 철학 모두에 있어 근본적인 변화가 요구된다.

첫째, 지원의 전략적 전환이 필요하다. 과거처럼 식량이나 비료 위주의 물자 제공에 국한되지 않고, 농업 기술 이전, 의료 체계 개선, 감염병 공동 대응, 재해 복구 협력, 기후위기 공동 대응 등 지속 가능한 발전과 직결된 분야로 지원 범위를 넓혀야 한다. 이를 통해 북한 주민의 삶의 질을 실질적으로 개선하면서도, 남북이 함께 미래를 설계하는 동반자로서의 관계를 형성할 수 있다.

둘째, 협력의 상호성 확보가 핵심이다. 일방적 지원이 아닌, 상호 기여와 교환이 가능한 구조로 전환함으로써 남북 모두의 참여감을 제고하고, 지원의 정치적 오해도 줄일 수 있다. 예컨대 북한의 전통 기술이나 인적 자원을 활용한 협력 사업, 공동 문화유산 복원, 교육 콘텐츠 교류 등은 상호 존중과 호혜의 정신을 실현할 수 있는 영역이다.

셋째, 지속 가능한 민관 협력 구조 마련이 중요하다. 정부 주도의 일회성 사업에서 벗어나, 지방정부, 민간단체, 기업, 국제기구 등이 참여하는 다층적 협력 플랫폼을 구축해야 한다. 이를 통해 사업의 다양성과 창의성을 확보하고, 남북 협력 생태계를 탄탄히 다져갈 수 있다.

넷째, 미래 세대를 위한 투자로서의 접근이 필요하다. 청년 세대가 함께하는 남북 청소년 교류, 교육 프로그램, 공동연구, 창업 협력 등은 단지 경제적 효용을 넘어 남북의 정체성을 연결하고, 통일 시대의 공동체 기반을 조성하는 중요한 자산이 될 수 있다.

결론적으로, 대북지원은 더 이상 일방적인 시혜나 단기적 긴급 대응이 아니라, 남북 간 공동의 미래를 위한 장기적 전략이자 평화로 가는 징검다리여야 한다. 인도주의를 넘어 공존의 철학으로, 생존 지원을 넘어 공동 번영의 기획으로, 지금이야말로 대북지원의 근본적 재정립이 필요한 시점이다.

WHY SHOULD THE SOUTH
AND THE NORTH MEET BY 2030

3부.

북한을 이해한다는 것

7장. 북한 사람들은 어떻게 사는가?
8장. 북한의 경제와 시장: 붕괴인가 진화인가
9장. 북한의 지도자와 권력 구조

7장.

북한 사람들은 어떻게 사는가?

북한 주민들의 삶은 폐쇄된 체제와 외부 정보 차단, 국가 주도의 계획경제 속에서 독특하게 형성되어 왔다. 그러나 최근 수십 년 동안 내부 시장의 성장과 외부 문화의 유입, 제재와 경제난의 반복 속에서 북한 사회도 점진적인 변화를 겪고 있다. 이 장에서는 북한 주민들의 일상생활을 중심으로, 그 속에 깃든 국가와 개인의 관계, 생존 전략, 사회 변화의 흐름을 들여다본다.

1. 생존을 위한 일상: 장마당과 자력갱생

1990년대 '고난의 행군' 시기 이후, 북한 주민들은 국가 배급 시스템이 붕괴되자 생존을 위해 비공식 시장인 '장마당'을 만들어 냈다. 장마당은 식량, 생필품, 의류, 약품, 심지어 외국 화폐까지 유통되는 사실상 자유시장이며, 북한 주민들의 실질적 생계 기반이 되었다. 국가도 이를 암묵적으로 허용하면서, 북한 경제는 공식 계획경제와 비공식 시장경제가 공존하는 이중 구조로 변화하였다. 장마당은 단순한 물품 거래를 넘어서, 정보 교류, 지역 경제 활성화, 여성 경제활동 증가 등 다양한 사회 변화를 이끌고 있다.

1990년대 중반 '고난의 행군' 시기, 북한의 계획경제는 사실상 붕괴 상태에 이르렀다. 국가의 배급 체계가 마비되고 생필품과 식량이 부족해지자, 주민들은 자발적으로 장마당이라 불리는 비공식 시장을 형성하기 시작했다. 장마당은 초기에는 밀거래 수준의 소규모 거래였으나, 시간이 지나면서 전국적으로 확산되었고, 현재는 북한 주민의 생존을 책임지는 실질적인 경제 기반이 되었다.[10]

이 장마당에서는 식량, 생필품, 의약품, 의류, 공산품, 심지어 중국산 전자기기와 한국 드라마가 담긴 USB까지 거래된다. 화폐는 북한 원화뿐 아니라 중국 위안화, 미국 달러 등 외화도 사용되며, 사실상 국가 통제를 벗어난 자율 시장이 기능하고 있다. 이로 인해 북한 경제는 국가가 운영하는 계획경제와 주민 주도의 시장경제가 동시에 작동하는 이중경제 구조로 변화하게 되었다.

장마당은 경제적 의미를 넘어 사회·문화적 변화의 기폭제 역할도 하고 있다. 우선, 여성의 경제적 역할이 급부상했다. 전통적으로 공장이나 협동농장에서 일하던 여성들이 장마당에서 주체적인 상인으로 변모하면서, 가정의 생계를 책임지는 존재로 자리매김하게

---

10) 이용희(2018). 〈장마당이 북한 계급제도와 체제에 미치는 영향〉, 《통일전략 제18권 4호》, 105-150, p.106.

된 것이다. 이는 가부장적인 가족 내 권력 구조에도 영향을 미쳤으며, 여성 중심의 생존 네트워크가 활성화되었다.

또한 장마당을 통해 외부 정보가 유입되면서, 북한 주민들의 세계관에도 변화가 생기고 있다. 중국 제품과 더불어 외부 문화 콘텐츠, 스마트폰, 해외 뉴스 등의 정보가 비공식적으로 흘러들어 오며, 젊은 세대를 중심으로 새로운 감각과 욕망이 형성되고 있다. 일부 주민들은 남한의 생활 수준과 문화를 장마당을 통해 간접적으로 체험하며 체제에 대한 인식을 변화시키기도 한다.

이와 같은 시장화는 북한 당국에게 위협이자 기회이기도 하다. 국가는 한편으로 장마당을 탄압하기보다는 일정 부분 허용하고, 세금을 걷거나 관리소를 설치하는 방식으로 수용하려 하고 있다. 또 다른 한편으로는, 시장화가 체제 이완으로 이어질 가능성에 대한 경계를 늦추지 않고 있다.

결국 장마당과 자력갱생은 북한 주민들이 국가의 배급 시스템 없이도 생존을 이어가기 위한 전략이자, 변화하는 북한 사회의 상징이다. 이들의 자율성과 창의성은 체제의 틀 속에서 비공식적인 방식으로 사회의 역동성을 유지하는 원동력이 되고 있으며, 북한 변화의 실질적 에너지원이자 통일 이후 사회통합의 가능성을 엿볼 수 있는 창구로 주목된다.

2. 가족과 사회: 조직 속 개인의 삶

북한 사회는 철저히 조직화되어 있으며, 개인은 노동단체, 인민반, 청년동맹, 여성동맹 등 다양한 조직에 소속되어 살아간다. 주민들은 생활총화나 자아비판 회의를 정기적으로 해야 하며, 정치사상 학습과 충성맹세는 일상화되어 있다. 가정에서도 국가의 영향력이 강하게 작용하며, 출생, 교육, 취업, 결혼, 이사 등 인생의 모든 과정은 국가의 통제 아래 이루어진다. 그러나 동시에 가족 간 유대, 지역사회 내 인간관계, 비공식적 상부상조 문화 등은 체제 밖에서 작동하는 또 다른 사회적 안전망으로 기능한다.

북한 사회는 고도로 조직화된 체계를 기반으로 개인의 삶을 구성한다. 북한 주민들은 누구나 노동당을 중심으로 한 정치조직 및 사회단체에 소속되어 있으며, 이 조직들은 단순한 소속을 넘어서 개인의 생활 전반을 감시하고 지도하는 역할을 한다. 가장 기본적인 단위는 인민반으로, 주민등록, 거주 상황, 출퇴근 여부, 생활 태도 등을 상시 점검하고 상부에 보고하는 기능을 수행한다.[11]

직장에 속한 노동자는 직장 총화, 가정에서는 인민반 총화, 학생은 청년동맹 총화 등의 회의에 정기적으로 참여해야 하며, 이 자리에서 자아비판과 상호비판을 실시한다. 이른바 생활총화 회의는 단지 개인의 반성과 개선을 유도하는 것이 아니라, 체제에 대한 충성도를 점검하고 개인의 행동을 집단 속에서 통제하는 도구로 활용된다.

개인의 정치적 신뢰도는 '성분'이라는 사회 계층 체계에 따라 평가되며, 이 성분은 출신 배경, 가족사, 직업, 정치활동 이력 등에 기반하여 결정된다. 좋은 성분을 가진 사람은 사회적으로 우대받고

---

[11] 배영애(2018). 〈북한의 체제유지를 위한 '인민반'의 역할과 변화〉, 《통일과 평화 제10권 2호》 193-240, 서울대 통일평화연구원, pp.199-205.

승진이나 교육 기회에서 유리하지만, '불순 성분'으로 간주될 경우 각종 차별과 배제를 경험하게 된다. 이러한 성분 제도는 가족 단위로 계승되기도 하여, 개인의 노력으로 극복하기 어려운 구조적 한계를 형성한다.

가정에서도 국가는 매우 밀접하게 개입한다. 결혼은 당과 기관의 허가를 받아야 하며, 배우자의 신분이나 성분 역시 중요한 고려 대상이다. 자녀의 교육과 장래 진로 역시 국가의 배정과 결정에 따르는 경우가 많으며, 이 과정에서 정치적 충성도는 중요한 평가 기준이 된다. 또한 이사나 직장 이동, 여행 역시 반드시 당국의 허가를 받아야 하며, 거주 이전의 자유는 극히 제한되어 있다.

이처럼 북한 주민의 삶은 공적·사적 영역을 막론하고 철저히 조직과 국가의 통제 아래 존재한다. 그러나 이러한 체제 속에서도 주민들은 다양한 방식으로 공동체적 유대를 형성하고 있다. 예컨대 생계를 위한 물자 교환, 비공식 장마당 거래, 이웃 간의 상호부조 등은 국가의 공식 시스템 외부에서 작동하는 사회적 연대의 예이다. 특히 지역 공동체 안에서는 가족적 친밀성과 정서적 지지를 바탕으로 한 비공식 네트워크가 존재하며, 이는 주민들이 체제의 압박 속에서도 생활을 지속할 수 있는 기반이 된다.

결국 북한 사회에서의 가족과 조직, 개인의 삶은 억압과 적응, 통제와 연대가 뒤섞인 복합적인 구조 위에 놓여 있다. 국가가 일상과 삶의 거의 모든 부분을 통제하고 있지만, 주민들은 그 안에서 생존과 인간관계를 유지하기 위한 나름의 전략을 구사하고 있으며, 이는 북한 사회의 내구성과 변화 가능성을 동시에 보여주는 중요한 단서다.

3. 교육과 청소년: 사상교육과 미래의 형성

　북한의 교육은 이념 중심으로 구성되어 있으며, 김일성·김정일·김정은의 혁명역사와 주체사상이 교과과정의 중심을 이룬다. 유치원부터 고등중학교까지 체제에 대한 충성을 강조하는 내용이 반복되며, 군사훈련과 충성서약도 교육의 일환이다. 그러나 동시에 과학기술 교육, 영어·중국어 등 외국어 교육에도 힘을 쏟고 있으며, 일부 엘리트 계층 자녀들은 특성화 학교나 대학을 통해 체제 내 엘리트로 육성된다. 교육을 통한 계층 상승이 가능하다는 인식은 여전히 강하게 작용하고 있다.

　북한의 교육은 단순한 지식 전달을 넘어 체제 유지의 핵심 수단으로 기능한다. 유아기부터 청년기까지 이어지는 교육과정은 김일성, 김정일, 김정은 3대 수령의 혁명 업적을 중심으로 구성되어 있으며, 학생들에게 조국에 대한 충성심과 주체사상에 대한 확신을 심어주는 데 중점을 둔다. 유치원부터 혁명전통학습이 포함되고, 초중등 교육과정에서는 매일 사상 학습과 충성맹세가 반복된다. 이는 교육이 개인의 자율성과 창의력보다 정치적 충성도 형성을 목표로 함을 보여준다.

　북한의 초중등 교육은 12년제[12] 의무교육 체계로, 학교 전 교육 1년, 소학교(**초등학교**) 5년, 초급중학교(**중학교**) 3년, 고급중학교(**고등학교**) 3년으로 편성되어 있다. 학업 내용은 국어, 수학, 과학, 역사,

---

[12]　한만길·이관형(2014), 〈북한의 12년 학제 개편을 통한 김정은 정권의 교육정책 분석〉, 《북한연구학회보 제18권 2호》, 233-254, pp.235-239.

외국어, 음악 등 일반 교과 외에도 주체사상, 혁명사, 김일성·김정일 생애 학습이 중요하게 다뤄진다. 체육이나 미술 교육조차도 집단주의와 충성심을 함양하는 방식으로 활용된다.

중등교육을 마친 후 학생들은 능력과 성분(출신 계급 배경), 정치적 충성도에 따라 대학이나 군, 직장 등으로 진로가 결정된다. 성분이 좋은 학생은 김일성종합대학, 김책공업종합대학, 평양외국어대학 등 엘리트 교육 기관에 진학해 당 간부나 연구직, 외교관 등으로 성장할 기회를 얻는다. 반면 일반 가정 출신의 학생들은 직업학교나 기술학교로 배정되며, 국가가 요구하는 분야로 배치된다. 이러한 분류는 단지 능력이 아닌 정치적 신뢰도를 기준으로 하기 때문에 교육이 계층 고착화의 통로로 작용하는 측면도 있다.

청소년 조직인 소년단(초등학생 대상)과 김일성사회주의청년동맹(중고생 대상)은 교육과 일상의 연장선에서 체제 충성도를 더욱 강화시키는 통로다. 이들 조직은 각종 집회와 열병식, 충성맹세 행사 등을 통해 집단정신과 지도자 숭배 문화를 체화시키며, 국가가 요구하는 '이상적인 인민'을 길러내는 역할을 수행한다.

그러나 이러한 경직된 체제 속에서도 변화의 조짐은 나타나고 있다. 일부 청소년은 장마당을 통해 접한 외부 정보나 문화 콘텐츠로 인해 기존 교육 내용에 대한 회의감을 갖기도 하며, 스마트폰과 USB 등 비공식 경로를 통해 외부 세계를 접하면서 사고방식의 다양성이 싹트고 있다. 이러한 변화는 현재는 미미하더라도 장기적으로 북한 청년층의 가치관과 정체성에 중요한 영향을 미칠 수 있다.

결국 북한의 교육은 체제 유지와 충성심 형성이라는 기능을 수행하면서도, 동시에 시장화와 외부 정보 유입이라는 새로운 변수에 노출되고 있다. 청소년들은 국가가 설계한 인민이자, 동시에 변화의 잠재적 주체라는 이중적 위치에 있으며, 이들의 인식 변화는 북한 사회의 미래를 가늠할 중요한 척도가 될 수 있다.

4. 여성의 역할과 변화하는 성별 문화

전통적으로 북한 여성은 가정과 일터 모두에서 노동을 수행해야 했으며, 국가로부터 '사회주의 여성상'을 강요받아 왔다. 하지만 장마당의 확산과 함께 여성들이 자율적 경제활동의 주체로 떠오르면서, 여성의 사회적 위상에도 변화가 일어나고 있다. 여성들이 소규모 무역, 상점 운영, 식당, 재봉 등 다양한 방식으로 생계를 꾸리며 가족을 부양하고 있으며, 일부 지역에서는 여성의 소득이 남성을 능가하는 경우도 발생하고 있다. 이러한 변화는 가부장적 가족문화에 균열을 일으키고 있으며, 북한 사회 내부의 성평등 인식에도 점진적인 영향을 미치고 있다.

북한 여성은 전통적으로 국가가 설정한 '사회주의적 여성상'[13]을 충실히 수행해야 했다. 이는 가정에서는 자녀를 양육하고, 직장에서는 생산노동에 참여하는 '이중 노동'의 역할을 의미했다. 북한 헌법과 여성권리보장법은 여성의 권리를 명시하고 있으나, 실제로는 가부장적 문화와 국가 주도의 역할 규정이 여성의 자율성과 권리를

---

[13] 신형덕·박주연·유남원(2021), 〈북한이 지향하는 여성상 비교: 정부간행 잡지기사를 중심으로〉, 《유라시아연구 제18권 1호》, 25-45, pp.31-38.

제한해 왔다.

하지만 1990년대 중반 이후 장마당의 등장은 여성의 사회적 역할에 커다란 전환점을 제공했다. 특히 남성들이 국영기업의 정규직장에 묶여 있는 동안, 여성들은 비교적 자유롭게 장마당에서 장사를 시작할 수 있었고, 이는 곧 여성들의 자율적 경제활동을 확대시키는 계기가 되었다. 장마당 상인의 다수가 여성이며, 이들 중 일부는 큰 수익을 거두며 '돈주' 계층으로 성장하기도 했다.

경제적 역할의 증가는 가정 내 권력 구조에도 영향을 미쳤다. 가계 수입의 대부분을 여성들이 책임지게 되면서, 전통적인 남성 중심의 의사결정 구조에 균열이 생기기 시작했다. 일부 가정에서는 여성의 경제력이 남성을 능가하며, 이는 자연스럽게 가족 내 위계에도 변화를 일으켰다. 또한 여성들이 자녀 교육, 가정의 미래를 주도적으로 설계하면서 사회적 자율성도 점차 확대되고 있다.

더불어 여성의 정보 접근성도 늘어나고 있다. 외부 콘텐츠 유입 경로로 작동하는 장마당과 휴대용 저장매체를 통해, 여성들은 남한의 드라마나 문화 콘텐츠를 접하면서 새로운 성 역할에 대한 인식을 갖기 시작했다. 이러한 경험은 북한 내 전통적 성 역할에 대한 비판적 인식을 촉진하고, 여성 스스로의 삶에 대한 재구성을 가능케 하는 계기가 되고 있다.

그러나 여전히 제도적으로 여성은 불리한 위치에 놓여 있다. 고위직 진출은 거의 불가능하며, 사회 전반에서 성차별적 관행이 뿌리 깊다. 성폭력이나 가정폭력에 대한 사회적 인식과 대응도 매우 미흡한 수준이며, 여성의 노동이 남성보다 낮게 평가되거나, 비공식적 노동으로 분류되는 경우도 많다.

결과적으로 북한 여성은 국가의 이상적 여성상과 현실적 생존 전략 사이에서 끊임없이 균형을 조정하고 있다. 장마당을 통해 자율성과 경제력을 키운 여성들은 더 이상 단순한 체제의 수동적 존재가 아니라, 북한 사회 변화의 주체로 자리매김하고 있으며, 이들의 움직임은 향후 북한의 성별 문화 구조에도 중요한 전환점을 제공할 수 있다.

5. 정보와 문화: 차단 속의 확산

북한은 외부 정보를 철저히 차단하고 있지만, 중국 등 국경 지역을 중심으로 외부 콘텐츠 유입은 계속되고 있다. 밀수나 USB[14], DVD[15], 핸드폰 등을 통해 한국 드라마, 음악, 영화, 뉴스 등이 은밀하게 유통되며, 특히 젊은 세대를 중심으로 남한 문화에 대한 호기심과 동경이 확산되고 있다. 이는 북한 주민들의 인식 지형에도 변화를 일으키고 있으며, 일부는 체제 비판이나 탈북 동기로까지 이어진다. 국가는 이를 엄격히 단속하고 처벌하지만, 정보의 흐름을 완전히 차단하기에는 점점 어려워지고 있다.

북한은 외부 세계로부터의 정보 유입을 원천적으로 차단하려는 국가적 노력을 지속해 왔다. 라디오와 텔레비전은 국가에 의해 통제

---

[14] 서유석(2019). 〈북한 당국, USB 단속에 골머리〉, 《북한연구소 북한 2019년 7월호》, pp.110-113.
[15] 최현옥(2012). 〈북한주민의 남한드라마 시청에 관한 연구: 1990년대 말 이후를 중심으로〉, 경남대 북한대학원 석사논문, pp.52-54.

되며, 방송은 모두 조선노동당의 정책을 선전하는 내용으로 구성된다. 인터넷은 일반 주민에게 개방되어 있지 않고, 내부 전용망인 '광명망'을 통해 제한된 웹사이트에만 접근할 수 있다. 국경 지역에서는 감청과 검열이 일상적으로 이루어지며, 외부 정보 수신은 법적으로 금지되어 있다.

그러나 기술의 발달과 비공식 유통 경로의 확산으로 인해 이러한 통제는 점점 허물어지고 있다. USB, SD 카드, DVD 등 저장매체를 통해 한국 드라마, 음악, 예능 프로그램, 심지어 뉴스까지도 몰래 유입되고 있으며, 휴대용 전자기기의 확산은 콘텐츠 소비의 형태를 더욱 은밀하고 다양하게 만들고 있다. 특히 중국과 접한 북부 지역에서는 밀수와 브로커를 통한 콘텐츠 유입이 활발하며, 국경 경비를 피해 정보가 빠르게 확산된다.

젊은 세대를 중심으로 외부 콘텐츠에 대한 수요는 지속적으로 증가하고 있다. 이들은 남한의 드라마를 통해 다른 삶의 방식을 접하고, 한국어 억양이나 유행어를 모방하기도 하며, 외부 세계에 대한 동경심을 키워간다. 이러한 문화 접촉은 체제에 대한 회의감을 불러일으키기도 하며, 탈북 동기나 사회 변화에 대한 열망으로 연결되기도 한다. 실제로 탈북민 중 다수는 외부 콘텐츠를 통해 남한에 대한 인식을 갖게 되었고, 이는 체제 탈출의 계기가 되기도 했다.

북한 당국은 이러한 유입을 '정신적 오염'이라 규정하고 철저히 단속하고 있다. 정보 유포자에 대한 처벌은 매우 엄격하며, 남한 콘텐츠를 시청하거나 유통하다 적발될 경우에는 정치범 수용소에 수감되거나 사형에 처해지는 사례도 있다. 그럼에도 불구하고 정보 유입을 완전히 차단하는 것은 현실적으로 불가능한 상태이며, 주민들 사이에서는 감시를 피해 콘텐츠를 공유하는 나름의 방식이 발전하고 있다.

이러한 정보 유입은 단순한 오락의 소비를 넘어, 북한 주민들의 세계 인식과 가치관에 점진적인 변화를 불러오고 있다. 외부 세계에 대한 간접 체험은 비교와 평가의 기준을 제공하며, 북한 내부에서 제시하는 세계관에 의문을 품게 만드는 역할을 한다. 특히 젊은 세대를 중심으로 체제에 대한 충성보다 개인의 행복과 자유, 선택의 권리를 중시하는 태도가 확산되는 징후가 나타나고 있다.

결국 북한의 정보 통제는 점점 시대의 흐름과 충돌하고 있으며, 이는 장기적으로 체제 유지 방식에 중대한 도전을 제기할 수 있다. 반면 외부 정보의 확산은 북한 주민과 외부 세계 간의 간극을 좁히는 통로가 될 수 있으며, 향후 남북 간 교류와 통일 담론에 있어 중요한 자산으로 작용할 가능성이 크다. 차단과 통제 속에서도 확산되는 정보는 북한 사회 내부에서 가장 조용하면서도 가장 근본적인 변화를 이끄는 힘이다.

6. 변화의 징후와 사회적 양극화

시장화의 확대는 생계 수단의 다양성을 낳았지만, 동시에 지역, 계층, 직업에 따라 생활 수준의 차이도 심화시켰다. 특권층과 일반 주민 간 격차는 날로 커지고 있으며, 돈주라 불리는 신흥 부유층은 별도의 교육, 의료, 소비문화를 형성하고 있다. 반면 국가 배급에 의존하는 계층이나 변방 지역 주민들은 여전히 생계에 어려움을 겪고 있다. 이 같은 사회적 양극화는 북한 내부에서도 불만과 긴장의 요소로 작용하며, 체제 유지의 장기적 변수로 주목받고 있다.

북한 사회는 외부의 강력한 제재와 내부의 통제 체제 속에서도 다양한 변화를 경험하고 있다. 특히 1990년대 중반 이후 시장화가 급속도로 확산되면서, 주민 개개인의 경제활동 능력에 따라 삶의 질이 뚜렷하게 달라지기 시작했다. 이러한 변화는 북한 사회 전반에 새로운 양극화 구조를 형성하며, 체제 내부의 불균형과 긴장을 증폭시키고 있다.

가장 눈에 띄는 변화는 돈주라 불리는 신흥 경제계층의 등장이다. 이들은 장마당을 중심으로 자본을 축적한 상인, 브로커, 고위 간부의 가족 등으로 구성되며, 일반 주민들이 접근하기 힘든 고급 소비재, 의료 서비스, 사교육 등을 이용할 수 있는 생활 수준을 누리고 있다. 돈주들은 전용 차량, 외제 제품, 사설 유치원 및 과외 교사 고용 등 과거 북한에서는 상상하기 어려운 방식으로 생활하고 있다. 일부는 평양의 고급 아파트를 소유하거나 지방 당국과 결탁해 독자적인 사업권을 확보하기도 한다.

반면, 이러한 시장 기회에 접근할 수 없는 계층은 생계 자체가 위협받는 상황에 놓여 있다. 국가 배급만으로는 생활이 불가능하지만, 장마당에 참여할 자본이나 네트워크가 없는 주민들은 자구책이 부족하다. 특히 농촌, 국경 외곽, 산간 지역 주민들은 장마당의 혜택에서조차 배제된 채 극심한 생활고를 겪고 있으며, 식량 불안정과 영양 부족 문제가 여전히 심각하다.

또한 양극화는 지역별 격차로도 나타난다. 평양과 일부 도시 지역은 상대적으로 인프라가 잘 갖춰져 있고, 외부 물자와 정보의 접근성도 높지만, 지방은 전기, 통신, 의료 등 기본 인프라조차 열악한 상황이다. 이로 인해 내부 이주 욕구가 커지고 있으며, 일부 주민은 평양에 거주하기 위한 성분 세탁이나 위장 결혼 등의 방식까지 시도한다는 증언도 존재한다.

교육과 의료에서도 계층화는 심화되고 있다. 공교육이 무상으로 제공된다는 원칙은 유지되고 있지만, 사실상 질 높은 교육은 돈주 계층의 자녀에게 집중되어 있다. 이들은 과외 교습, 영어·중국어 사교육, 예체능 전문교육 등을 통해 차별화된 교육을 받고 있으며, 이는 엘리트 대학 진학이나 당 간부 경로 진입에 유리하게 작용한다. 반면 일반 주민은 기본적인 교육 외에 별다른 선택지가 없는 상황이다.

이러한 양극화는 단지 경제적 차원에서 그치지 않는다. 생활 방식, 사고방식, 세계관에까지 영향을 미치며, 같은 북한 사회 안에서도 서로 다른 '세계'를 살아가는 사람들을 만들어 내고 있다. 일부 주민은 외부 문화와 자본에 익숙한 반면, 다른 주민은 여전히 국가 선전과 의존 구조에 갇혀 있는 양상이 나타나는 것이다.

결과적으로 북한의 사회적 양극화는 단순한 빈부 격차를 넘어, 체제의 정당성과 지속 가능성에 대한 도전으로 작용하고 있다. 내부 불만은 눈에 보이지 않게 축적되고 있으며, 향후 위기 상황에서 사회적 분열이나 불안정으로 이어질 가능성도 배제할 수 없다. 이 변화는 북한이 처한 현실을 보다 입체적으로 이해하는 데 중요한 지표이며, 향후 남북통일이나 교류에 있어 반드시 고려해야 할 변수다.

8장.

북한의 경제와 시장: 붕괴인가 진화인가

 북한 경제는 오랜 기간 동안 중앙집권적 계획경제 체제를 유지해 왔으나, 1990년대 중반 이후 장마당의 확산과 함께 시장의 자생적 요소가 점차 확대되며 복합적인 구조로 전환되고 있다. 이 장에서는 북한 경제의 변화 양상과 구조적 특징을 분석하고, 그것이 단순한 붕괴의 징후인지, 아니면 진화의 가능성을 보여주는지를 살펴본다.

1. 계획경제의 한계와 구조적 위기

 북한은 건국 초기부터 중공업 중심의 계획경제를 운영해 왔으며, 모든 생산수단은 국가 소유, 모든 생산과 소비는 계획 수립에 따라 통제되었다. 그러나 1990년대 사회주의권 붕괴, 자연재해, 에너지 부족 등으로 인해 이 체제는 심각한 위기를 맞았고, '고난의 행

군' 시기를 거치며 배급 시스템이 사실상 붕괴되었다.[16]

북한은 건국 초기부터 소련식 중앙집권 계획경제 모델을 도입하여, 생산수단의 전면적인 국유화와 함께 국가의 지시와 계획에 따른 경제 운영 방식을 고수해 왔다. 1950~70년대까지는 중국과 소련의 지원, 내부 동원의 효과로 인해 일정 수준의 경제 성장을 경험하기도 했으나, 이미 이 시기부터 산업의 비효율성과 자율성 결여, 공급 편중 현상이 누적되기 시작했다.

특히 중공업 우선 정책은 경공업과 농업, 소비재 산업의 발전을 희생시킨 구조적 불균형을 초래했고, 인센티브 없는 동기 부여 체계는 노동 생산성 저하로 이어졌다. 국가의 일방적인 배급제도와 비현실적인 생산 목표는 실효성 없는 경제 운영을 고착화시켰고, 점차 주민들의 생계 자체를 위협하는 수준에 이르게 되었다.

1980년대 말 이후 동구권 몰락과 함께 북한은 주요 경제협력국들을 잃었고, 무역 및 기술 협력의 단절로 산업 기반이 흔들렸다. 설상가상으로 1990년대 들어서면서 연이은 홍수, 가뭄과 같은 자연재해가 발생하였고, 이는 이미 취약했던 식량 생산과 배급 시스템에 결정적인 타격을 입혔다. 결국 1990년대 중반 '고난의 행군'으로 알려진 대규모 경제난이 닥쳤고, 수십만 명의 아사자가 발생하는 국가적 재난으로 이어졌다.

이 시기를 기점으로 국가의 배급 시스템은 사실상 붕괴되었으며, 공식 경제가 더 이상 주민의 기본 생계를 보장하지 못하는 상황이

---

[16] 조명철(1997), 〈북한 계획경제의 운용시스템에 관한 연구〉, 《현대경제연구원 통일경제 29호》, pp.30-48.

벌어졌다. 국가는 여전히 계획경제의 외형을 유지하려 했으나, 현장에서는 자율적 생존 활동이 급증하였고, 이는 곧 장마당 등 비공식 경제활동의 기폭제가 되었다. 계획경제 체제의 실패는 단순한 경제적 후퇴가 아니라, 체제 전체의 재조정 필요성을 상기시킨 구조적 전환점이 된 셈이다.

2. 장마당 경제의 등장과 확산

계획경제의 붕괴 이후 주민들은 생존을 위해 자발적으로 시장을 형성하였고, 이것이 오늘날 장마당[17]이라 불리는 자생적 시장경제의 핵심 공간으로 발전했다. 장마당은 이제 단순한 물품 교환의 장소를 넘어 사회 전체의 경제 흐름을 이끄는 비공식 경제의 중심축이 되었다.

계획경제가 붕괴하자 북한 주민들은 스스로 물자를 교환하고 거래하는 공간을 만들기 시작했고, 이것이 바로 장마당의 출발점이었다. 초기에는 공식적인 경제 체계 밖에서 은밀하게 이루어지는 밀거래 수준에 불과했지만, 생존의 필수 수단으로 기능하면서 점차 전국으로 확산되었다. 오늘날 장마당은 북한 전역에 사백 개 이상이 존재하는 것으로 추산되며, 단순한 생필품 거래를 넘어서 경제활동 전반을 포괄하는 거대한 비공식 시장으로 자리 잡았다.

---

[17] 김봉수(2017). 〈장마당이 북한 주민생활에 미친 시대별 영향 분석〉, 고려대 행정대학원 석사논문, pp.29-44.

장마당은 식량, 의약품, 의류, 전자제품은 물론, DVD나 USB를 통해 외부 콘텐츠까지 유통하는 다기능 유통 공간이다. 화폐는 북한 원화 외에도 중국 위안화, 미국 달러가 혼용되고 있으며, 주민들 사이에서는 외화에 대한 신뢰가 더 높게 나타나는 경향도 있다. 이러한 변화는 단지 거래 방식의 변화에 그치지 않고, 북한 사회의 화폐 질서와 소비문화, 심지어 가치관에까지 영향을 미치고 있다.

특히 장마당은 여성들이 경제활동의 중심 주체로 부상하는 공간이기도 하다. 많은 여성들이 생계를 위해 장사를 시작하며 가족의 주 소득원이 되었고, 이는 가정 내 권력 구조와 성 역할의 재편으로도 이어졌다. 장마당은 동시에 정보와 문화의 접점이기도 하여, 외부 세계에 대한 간접적 경험을 제공하고, 젊은 세대를 중심으로 새로운 세계관 형성에도 기여하고 있다.

북한 정부는 장마당에 대해 일정 수준의 규제를 유지하면서도 그 존재를 묵인하고 있으며, 최근에는 '종합시장'이라는 이름 아래 부분적으로 제도화하는 시도도 진행하고 있다. 세금을 부과하거나 상점 운영권을 매매하는 방식으로 수익을 얻는 동시에, 통제 가능한 형태로 시장 활동을 포섭하려는 전략이다.

결국 장마당의 등장은 북한 경제에 있어 단순한 대체 수단이 아니라, 체제 내부에서 발생한 구조적 진화의 상징이라 할 수 있다. 국가가 통제할 수 없는 영역이 확대되고 있다는 점에서 정치적으로는 위협이지만, 주민의 생존성과 자율성 확대라는 측면에서는 긍정적인 사회 변화의 단초가 되기도 한다.

3. 국가의 대응: 통제와 수용의 이중 전략

북한 당국은 초기에는 장마당을 탄압했지만, 이후 생존을 위한 불가피성 속에 부분적 허용으로 방향을 전환하였다. 최근에는 시장을 통해 세금을 징수하거나 공식 상점과 연계하는 방식으로 장마당을 제도권에 흡수하려는 시도도 이뤄지고 있다. 동시에 시장을 통해 확산되는 자율성과 외부 정보에 대해 경계심을 늦추지 않고 있다.

북한 당국은 1990년대 중반 이후 장마당 경제가 폭발적으로 확산되자, 초기에는 이를 체제 위협으로 간주하고 강경 탄압에 나섰다. 무허가 장사 행위에 대한 단속, 물품 압수, 구금 등 물리적 제재가 자주 시행되었으며, 일부 지역에서는 장마당을 폐쇄하거나 거래 시간을 제한하는 등의 조치도 병행되었다. 이는 시장 활동이 체제에 대한 충성심을 약화시키고, 외부 정보의 유입 통로로 작용할 수 있다는 우려에서 비롯된 것이었다.

그러나 시장이 사실상 주민 생존의 기반으로 기능하게 되면서, 국가도 현실을 외면할 수 없게 되었다. 2000년대 중반 이후 북한은 장마당을 일정 부분 합법화하며 종합시장[18]이라는 명칭으로 제도화하기 시작했다. 국가는 상점 이용세, 판매세 등 각종 세금을 부과하며 시장을 통해 수익을 창출하고 있으며, 시장 관리자와 통제 조직을 두어 거래 행위의 질서를 일정 수준 유지하고 있다.

더 나아가 국가 주도의 상점(**국영상점**)과 장마당의 연계를 시도하

---

[18] 차수진(2016). 〈김정은 시대 내각의 경제적 역할 연구〉, 경남대 북한대학원 석사논문, pp.65-69.

거나, 일부 품목은 공공 가격으로 거래하도록 유도하는 등 시장 통제의 기제를 다양화하고 있다. 동시에 장마당에서 유통되는 외화, 외국산 물자, 한국 콘텐츠에 대해서는 여전히 철저한 감시와 단속이 이루어진다. 이는 시장을 수용하되, 체제 유지를 위협할 수 있는 요소는 엄격히 차단하려는 국가의 전략적 계산을 보여준다.

이러한 '부분 수용, 선택적 통제' 전략은 북한 체제의 유연성과 방어성을 동시에 드러낸다. 국가가 완전히 시장을 허용하지는 않지만, 일정한 선에서 관리 가능한 범위 내로 끌어들이려는 이중적 접근은 체제 내 불안정을 최소화하면서도 통제력을 유지하려는 절충책이다. 하지만 이러한 전략이 장기적으로 지속 가능한지, 그리고 주민들의 자율성과 경제적 기대를 어디까지 포용할 수 있을지는 여전히 불확실하다.

4. 기업소와 위탁 경영제의 변화

국가가 운영하는 기업소 역시 과거와 같은 계획 배급 체계 대신 부분적으로 위탁 경영제를 도입하여 생산성과 수익성을 확보하려 하고 있다. 사실상 국영 유통망이라고 할 수 있는 수매상점을 개인에 위탁해 경영하거나, 개인소유 상품의 위탁판매를 허용해 국영 유통망을 시장 유통망화하는 것이다.[19] 일부 기업소는 시장에 재화를

---

[19] 권영경(2009), 〈경제관리개선조치 이후 북한의 경제관리운용 실태에 관한 연구〉, 《북한연구학회보 제13권 2호》, 25-55, pp.41-45.

공급하며 자율적 경영을 시도하고 있으며, 이는 북한의 경제 체제가 국가의 통제를 받는 '계획경제'와 민간의 '시장경제'가 공존하는 이중 경제 구조로 운영되도록 한다.

국가 소유 기업소에 대한 위탁 경영제의 도입은 북한 경제에서 중요한 변화이다. 이는 기존의 경직된 계획경제 체제 속에서 생산성과 자율성을 높이기 위한 시도로, 국가가 기업소의 소유권은 유지하되 일정한 경영권과 수익권을 관리자에게 위임하는 방식이다. 위탁 경영제를 통해 기업소는 일정량의 생산 목표와 납부금만 국가에 충족시키면 나머지 이익은 자율적으로 재투자하거나 노동자들에게 분배할 수 있는 권한을 가지게 된다.

이 제도는 2010년대 중반 김정은 정권 들어 본격화되었으며, '우리식 경제관리 방법'[20]이라는 이름으로 소개되었다. 일부 기업소는 이 제도를 활용해 생산성을 끌어올리고, 장마당에 직접 제품을 유통하거나 원자재를 자체적으로 조달하면서 자율적 운영을 시도하고 있다. 이는 국가 경제의 외형은 유지하되, 내부에서는 점진적인 유연화를 꾀하는 일종의 이중 전략으로 볼 수 있다.

그러나 위탁 경영제가 모든 기업소에 균등하게 적용되는 것은 아니다. 일부 대형 기업소나 특권 기관 중심으로 시범 운영되며, 실질적인 자율성은 지방 중소 기업소나 일반 부문에서는 제한적이다. 또한 기업소의 자율성 확대가 체제의 통제력을 약화시킬 수 있다는 우려로 인해 당국은 여전히 강력한 정치적 감시와 지침을 병행하고 있다.

---

[20] 박희진(2021), 〈북한 '우리식 경제관리방법'의 모순과 사회의 혼종〉, 《북한학연구 제17권 1호》, 73-104, pp.86-90.

그럼에도 불구하고 이러한 경영 방식의 변화는 북한 내부에서 시장경제적 요소가 점진적으로 제도화되고 있음을 보여주는 중요한 사례다. 생산성과 효율성을 중시하는 실용적 접근은 향후 북한 경제 정책의 방향을 가늠할 수 있는 중요한 단서이며, 외부와의 경제 협력 가능성을 타진하는 데 있어서도 유연성의 근거가 될 수 있다.

5. 외화 사용과 달러경제화

북한 내에서는 미국 달러, 중국 위안화 등 외화 사용이 일상화되어 있으며, 일부 장마당에서는 북한 화폐보다 외화가 더 신뢰받는다. 이는 통화 주권 약화와 동시에 국가 경제에 대한 신뢰 저하를 보여주는 동시에, 비공식적이지만 사실상의 '달러경제화' 현상이 심화되고 있음을 나타낸다.

북한의 외화 사용은 단순한 생존경제의 수단을 넘어, 체제 내 통화 체계와 경제질서 전반을 뒤흔들고 있는 중요한 변화 양상이다. 특히 미국 달러화와 중국 위안화는 장마당은 물론 일부 국영상점, 숙박업소, 의료기관 등에서도 일상적으로 사용되고 있으며, 고가 제품이나 외국산 물자의 거래는 대부분 외화로 이루어진다. 북한 화폐인 원화는 지속적인 평가절하와 인플레이션, 그리고 불안정한 환율 정책으로 인해 실물 경제에서 신뢰를 잃고 있다.

외화 사용은 주민들 사이에서도 생존 전략의 일부로 기능하고 있다. 많은 상인들은 거래의 안정성을 위해 외화를 보유하며, 일부 주민들은 외화를 저축 수단으로 활용하거나 자녀 교육, 병원 진료,

뇌물 제공 등 다양한 목적으로 사용한다. 외화는 단지 구매 수단이 아니라, 일종의 사회적 지위와 연결된 상징 자본으로 작용하고 있는 셈이다.

이러한 현상은 북한 내 비공식적인 달러경제화를 촉진시키고 있으며, 국가의 통화 주권과 금융 시스템에 중대한 도전이 되고 있다. 당국은 여러 차례 화폐개혁과 외화 사용 금지 조치를 시도했으나, 오히려 주민들의 반발과 경제 혼란만을 야기하며 실패로 돌아간 바 있다. 대표적인 사례로는 2009년 단행된 화폐개혁이 있으며, 당시 대규모 물가 폭등과 민심 이반이 발생하여 정권의 신뢰도에 큰 타격을 입었다.

북한 당국은 최근에는 외화를 완전히 금지하기보다는, 외화를 특정 장소(예: 외화 전용 상점)에서만 사용 가능하도록 제한하거나, 외화 거래를 통해 세금을 부과하는 방식으로 부분 수용하고 있다. 이는 외화를 통제 가능한 범위 내로 흡수하여 재정적 이익을 확보하는 동시에, 외화 유통의 확산 속도를 조절하려는 전략으로 해석된다.

외화의 확산은 북한 경제의 이중 구조를 심화시키는 한편, 시장 경제화의 실질적 지표로 기능하고 있다. 공공경제와 비공식 경제, 원화와 외화, 계획과 자율 사이의 경계가 흐려지고 있으며, 이는 향후 북한 경제의 구조적 전환 또는 재설계를 요구하는 중대한 과제가 될 수 있다. 통화의 역할이 단순한 거래 수단을 넘어, 체제 신뢰도와 주민 인식까지 좌우하는 지표가 된 지금, 북한의 달러경제화는 경제의 진화를 말해주는 핵심 징후 중 하나다.

6. 제재와 자력갱생의 역설

국제사회의 제재는 북한 경제의 공식 외부 거래를 어렵게 만들었지만, 오히려 내부 시장화와 밀수, 비공식 거래의 확산을 촉진시켰다. 북한은 이를 '자력갱생'[21]으로 포장하며 내수 중심 경제를 강조하고 있으나, 실질적으로는 외화 수입과 비공식적 대중 거래에 크게 의존하는 모순적인 구조를 보이고 있다.

국제사회의 강도 높은 대북 제재는 북한의 외화 수입, 수출입 활동, 금융 거래, 원유·석유제품 확보 등에 전방위적으로 압박을 가해왔다. 특히 유엔 안보리 결의와 미국·유럽연합의 독자 제재는 무역, 금융, 운송, 해운 분야에 이르기까지 북한 경제의 외부 통로를 사실상 차단했다. 그 결과 북한은 기존의 외화 획득 루트와 자원 수급망에 심각한 타격을 입었고, 일부 산업은 사실상 마비 상태에 놓였다.

이러한 제재 상황 속에서 북한 당국은 내부 자원을 활용한 '자력갱생' 전략을 강조하고 있다. 자력갱생은 김일성 시기부터 이어져 온 북한식 자주경제 노선의 연장선으로, 외부 의존을 차단하고 내부 역량으로 자립하겠다는 구호다. 김정은 정권 역시 이를 정치 선전의 중심에 두고 농업, 공업, 과학기술, 방역 등 전 분야에서 '내부 역량 강화'를 내세우고 있다.

그러나 현실에서는 이 자력갱생 담론이 제재의 부작용을 감추는

---

[21] 유판덕(2021), 〈김정은의 '고난의 행군'과 '자력갱생' 노선 선택 의도 및 미칠 영향〉, 《접경지역통일연구 제5권 1호》, 39-65, pp.43-56.

수사로 작용하고 있을 뿐, 실질적인 자립경제로 이어지지 못하고 있다. 오히려 북한 경제는 제재에 대한 대응 과정에서 더욱 비공식적이고 음성적인 경제활동에 의존하게 되었다. 예컨대 중국과의 국경 밀무역, 조선족을 통한 간접 무역, 외국인 노동자의 해외 송출, 사이버 해킹 등을 통해 외화를 확보하는 방식이 확대되고 있으며, 이는 '자력'이라기보다는 국제질서 외부의 비공식 네트워크에 대한 의존을 의미한다.

또한 '자력갱생'이 강조되면서 국가 주도의 동원 체제는 더욱 강화되고 있다. 주민들은 자력갱생이라는 명분 아래 각종 의무 생산, 헌납운동, 과도한 노동 동원에 참여해야 하며, 이에 대한 불만도 누적되고 있다. 당국은 주민들에게 고난을 감내하는 정신적 충성을 요구하고 있지만, 실질적인 보상이나 생활 향상이 동반되지 않는 이상, 자력갱생은 피로감과 반발심만을 증대시킬 수 있다.

결과적으로 북한의 자력갱생은 국제제재하에서 체제 유지의 논리이자 통치 수단으로 활용되고 있지만, 그 실효성은 제한적이며 역설적으로 더 큰 외부 의존과 내부 불균형을 초래하고 있다. 이는 북한 경제의 취약성과 구조적 모순을 드러내는 동시에, 향후 변화의 필요성을 더욱 절실하게 만드는 요인이라 할 수 있다.

7. 경제 양극화와 신흥 자본가 계층

시장화의 확산은 경제 양극화를 심화시키고 있다. 돈주[22]로 불리는 신흥 부유층은 자본과 권력의 결합을 통해 특권을 강화하고 있으며, 반면 시장 진입이 어려운 농촌이나 저소득층은 생존조차 어려운 상황에 처해 있다. 이는 북한 사회 내 경제적 격차를 구조화시키는 요인으로 작용하고 있다.

북한에서 장마당의 확산과 비공식 경제활동이 일반화되면서, 경제적 불평등이 점차 구조화되고 있다. 특히 시장에서 성공적으로 자본을 축적한 돈주 계층은 과거에는 상상할 수 없었던 소비 패턴과 생활 방식을 보여주고 있다. 이들은 주택, 자동차, 외국산 가전제품, 고급 식자재는 물론 사교육과 사병 고용에 이르기까지 실질적인 부를 과시하며, 일부는 국가 권력기관과 결탁하여 보호와 특권을 확보하고 있다.

돈주 계층은 단순히 부유한 개인을 넘어 하나의 사회적 계층으로 자리 잡고 있다. 이들은 국영상점과의 거래, 국영기업과의 위탁생산 협약, 해외 연계 비공식 무역 등을 통해 막대한 이익을 취하며, 지역 관리들과의 유착 관계를 통해 불법적 요소까지도 제도권 내로 흡수시키는 경향을 보인다. 경제력이 곧 정치적 영향력과 사회적 위상을 의미하는 새로운 권력 지형이 형성되고 있는 것이다.

반면 시장에 접근할 수 없는 계층, 특히 농촌 주민이나 장애인,

---

[22] 정영철(2019). 〈북한 경제의 변화-시장, '돈주', 그리고 국가의 재등장〉, 《역사비평 봄호》, 134-159, pp.137-148.

고령자, 군 제대자, 정치적 성분이 낮은 사람들은 이른바 '그림자 계층'으로 불리며, 최소한의 생계조차 유지하기 어려운 처지에 놓여 있다. 이들 중 상당수는 공식 배급에서조차 제외되며, 생계형 범죄, 노숙, 방랑 등의 극단적인 생존 방식에 의존하기도 한다.

이러한 경제 양극화는 교육, 의료, 주거, 문화소비, 심지어 결혼 시장에까지 영향을 미치며, 동일한 북한 사회 내부에서도 전혀 다른 '삶의 질'과 '사회 현실'을 만들어 내고 있다. 돈주 가정의 자녀는 사교육과 특권을 통해 엘리트로 성장하고, 일반 가정의 자녀는 조기 노동과 군 복무를 통해 노동력으로 흡수되는 구조는 신분 고착화로 이어질 가능성이 높다.

북한 당국은 이 같은 양극화에 대해 공식적으로 언급하지 않지만, 내부적으로는 통제 불가능한 계층 간 긴장과 불만이 누적되고 있다. 경제적 불평등은 사회통합을 저해하는 주요 요인이자, 체제에 대한 신뢰와 충성심을 약화시키는 구조적 위험 요인이기도 하다. 향후 북한이 이 양극화를 어떤 방식으로 관리하거나 완화하려는 시도를 보일지는 체제의 유연성과 생존 전략을 가늠하는 지표가 될 것이다. 이는 북한 사회 내 경제적 격차를 구조화시키는 요인으로 작용하고 있다.

8. 북한 경제의 미래: 통제인가 진화인가?

북한 경제는 여전히 국가 주도의 계획경제 틀을 유지하고 있지만, 하부 구조에서는 이미 시장 중심의 자율적 거래가 체제 전반에 깊이 스며들어 있다. 이는 계획경제의 붕괴가 아니라, 억압적 체제 안에서의 제한적 진화로 해석할 수 있으며, 향후 북한이 어느 방향으로 나아갈지는 체제의 유연성, 외부 환경 변화, 내부 주민 의식의 전환 등에 달려 있다.

북한 당국은 아직 국가 주도의 계획경제 틀을 공식적으로 고수하고 있으나, 실질적으로는 시장화와 자율화의 흐름을 피하지 못하고 있다. 이는 전통적인 중앙집권적 통제 체제가 현실의 수요를 따라가지 못하고 있으며, 주민들이 자발적으로 만들어 낸 '생존의 경제'가 점차 체제 내부로 침투하고 있다는 점을 의미한다.

앞으로 북한 경제가 어떤 방향으로 나아갈 것인가는 단순히 체제의 선택에 달린 문제가 아니라, 외부 제재와 내부 변화 압력 사이에서 어떤 전략적 선택을 하느냐에 달려 있다. 첫 번째 시나리오는 현재의 상태를 유지하면서도 시장의 자율성을 제한적으로 제도화하는 방식이다. 이 경우 북한은 기존의 정치 권위를 유지하면서도 제한된 경제 효율을 도모할 수 있지만, 구조적 불균형과 양극화는 점차 심화될 것이다.

두 번째 시나리오는 점진적 개방과 유연한 경제 정책을 도입하는 것이다. 위탁 경영제, 장마당 제도화, 일부 외자 유치 등의 실험을 통해 북한 내부에서도 제한적 시장경제 요소가 제도화되고 있으며, 이는 향후 경제 개방의 기초가 될 수 있다. 다만 정치 체제와의 충돌, 체제 이완에 대한 공포는 여전히 개방을 제약하는 요소로 남아 있다.

세 번째 시나리오는 국제사회와의 협력 회복을 통한 체제 생존 전략이다. 북미관계 개선, 제재 완화, 국제기구의 지원 복원 등이 병행된다면 북한은 제한적 개혁·개방 모델(예: 베트남식 접근)을 모색할 가능성이 있다. 그러나 이를 위해서는 핵 문제 해결, 인권 개선 등 국제사회가 요구하는 조건을 어느 정도 수용해야 하며, 이는 내부 정치 체제와의 절충을 요구한다.

결국 북한 경제는 단순한 통제 유지나 급진적 붕괴의 양단 구도가 아니라, 제한된 환경 속에서의 점진적 진화라는 다층적 가능성 위에 놓여 있다. 시장화의 흐름은 이미 되돌릴 수 없는 수준에 도달했으며, 주민들의 인식 변화, 경제 효율성의 요구, 외부의 압력 등은 북한 경제를 계속해서 변화시키는 동력이 되고 있다.

통제냐 진화냐의 질문은 이제 북한 정권 스스로가 가장 명확하게 대답해야 할 과제다. 경제의 생존력은 체제의 유연성과 맞물려 있으며, 이를 어떻게 관리하고 조정하느냐에 따라 향후 북한의 경제적 미래뿐 아니라 정치적 생존 전략의 성패도 함께 결정될 것이다.

9. 북한 경제의 미래 모델: 중국, 베트남, 제3국

북한이 개방과 경제 발전을 모색하면서 종종 비교 대상으로 떠오르는 나라들이 있다. 바로 중국과 베트남, 그리고 러시아, 쿠바 등의 제3국 모델이다.

1) 중국 모델: 국가 주도의 개혁·개방

북한 경제가 변화의 갈림길에 선 지금, 가장 자주 비교되는 대상은 단연 중국[23]이다. 중국식 개혁·개방이 북한의 경제 회생과 체제 유지라는 두 마리 토끼를 잡을 수 있는 해법처럼 보이기 때문이다. 하지만 실제 북한이 중국을 경제 모델로 삼고 있는지, 또는 삼을 수 있는지는 보다 정밀한 분석이 필요하다.

중국은 1978년 덩샤오핑 주도로 개혁·개방 정책을 시작했다. 사회주의 체제를 유지하면서 시장 원리를 일부 수용했고, 특별경제구역 설치를 통해 외국 자본을 유치하며 급속한 경제 성장을 이뤘다. 중국 모델의 핵심은 정치 체제는 유지하되, 경제는 유연하게 운용한다는 것이다.

북한도 이와 유사한 시도를 한 바 있다. 라선경제특구나 개성공단, 신의주 특별행정구 등이 그 예다. 그러나 체제 보장을 중시하는 북한의 입장에서는 중국식 개혁이 체제 불안을 야기할 수 있다는 우려도 크다. 실제로 북한은 중국보다 더욱 폐쇄적이며, 시장화에 대한 통제가 강한 편이다.

① 중국 모델의 핵심: 개혁은 하되, 체제는 건드리지 않는다

중국은 1978년 덩샤오핑의 주도로 '사회주의 시장경제'를 도입하며 경제 개혁에 나섰다. 센젠(深圳: Shenzhen) 등에 특별경제구역을 설치하고 농업의 생산 책임제 도입으로 자율성을 확대했다. 외국 자본을 유치하고 수출 중심 산업을 육성하면서도 당과 국가의 정치적 통제는 유지했다. 이는 정치 체제의 안정 속에서 경제 유연성을 확

---

[23] 남궁영·양일국(2015), 〈중국·베트남의 개혁·개방과 북한〉, 《한국동북아논총 제76호》, 111-134, pp.117-122.

보한 사례로 평가받는다. 이러한 중국 모델은 체제 보장에 민감한 북한에게 매력적인 선택지로 여겨졌다.

② 북한의 관심과 모방 시도: 라선, 신의주, 개성

북한도 1990년대 이후 부분적으로 중국 모델을 참고한 바 있다. 1991년 라선 경제무역지대는 중국 셴젠에 영감을 받아 시도한 첫 번째 실험이었으나, 투자 유치에 실패하고 행정 혼란을 겪으며 뚜렷한 성과를 내지 못했다. 2002년 신의주 특별행정구는 홍콩 방식의 행정자율 실험이었으나, 리더로 임명된 양빈이 체포되고 내부 갈등까지 빚으면서 무산되고 말았다. 2004년 출범한 개성공단은 남북 합작형 경제특구로서 남한 기업의 자본과 북한 노동력의 결합으로 주목받았고 상당한 성과를 냈으나 2016년 남북 정치 갈등으로 가동이 중단되었다. 이러한 시도들은 부분적으로 중국식 개발 모델을 차용했으나, 불안정한 대외관계, 중앙정부의 과도한 통제, 제도적 기반 부재, 정책 연속성 부족 등으로 제도화·지속화에는 실패했다.

③ 김정은 체제와 중국 모델: 신중한 수용과 경계

김정은 집권 이후 북한은 내부 경제 개혁에 신호를 보내고, 시장 메커니즘을 일정 부분 허용했다. 이에 따라 '우리식 경제관리 방법' 이라는 이름 아래 시장의 자율성을 일부 허용해 자본가 계층(**돈주**) 이 부상하고 비공식 시장이 확대되었다. 북한은 중국의 산업단지나 기술단지 등을 견학하면서 중국식 모델에 대해 흥미를 드러내면서 북한식 조정 모델을 찾으려는 시도를 지속했다. 그러나 김정은 체제 는 중국보다 훨씬 폐쇄적인 북한에서 중국식 개방이 체제 이완의 위험을 내포하고 있고, 중국식 모델의 도입이 북한의 주체사상과 수령 체계에 대한 도전으로 해석될 것을 우려해 중국 모델의 전면적 수용을 경계하는 태도를 보여왔다.

④ 한계와 가능성: 무엇이 중국 모델의 수용을 가로막는가?

북한은 중국과 달리 1인 지배체제라는 권력 구조의 집중성, 외국 자본과 자유로운 무역이 가능한 중국과는 다르게 북한에 가해지는 국제사회의 강력한 제재 조치, 중국보다 훨씬 정보 통제에 민감한 북한 사회 특유의 폐쇄성, 농업 개혁을 기반으로 산업화를 전개한 중국에 비해 열악한 북한의 경제 구조의 낙후성 등으로 인해 중국 모델을 성공적으로 이식받지 못했다. 하지만 향후 정치적 체제 보장에 대한 국제적 확신, 단계적이고 통제된 개방 모델, 남북 및 북중 협력의 제도화, 시장화와 통제의 혼합 전략 등의 조건이 갖춰질 경우 중국 모델의 부분적 수용은 현실적 대안이 될 수 있다.

⑤ 결론: 북한은 중국을 '참조'하지만 '모방'하지 않는다

북한은 중국 모델을 이상적인 경제 발전의 사례로 주시하고 있지만, 그것을 완전히 수용하거나 모방하지는 않을 것이다. 대신 북한식 경제관리, 즉 '우리식 사회주의 시장경제'라는 독자 노선을 고수하려 할 가능성이 높다. 중국은 하나의 참고서일 뿐, 북한은 그 속에서 자신만의 공식과 해답을 찾으려 한다. 이러한 현실은 북한 경제 정책이 정치적 계산과 체제 유지의 논리 속에서 얼마나 복잡하게 설계되고 있는지를 보여준다. 진정한 변화는, 내부 의지와 외부 환경이 맞물릴 때 가능할 것이다.

2) 베트남 모델: '도이머이'와 국제 협력의 조화

북한이 고립과 제재 속에서 경제 활로를 모색하며 주목하는 국가 중 하나는 베트남이다. 베트남은 사회주의 체제를 유지하면서도 개혁·개방을 통해 경제 발전을 이룬 대표적 사례다. 특히 2019년 하노이 북미 정상회담을 계기로, 북한이 베트남식 모델을 참조할 것이라는 기대가 고조되었다. 하지만 현실은 그렇게 단순하지 않다.

베트남은 1986년 도이머이(Doi Moi) 정책을 통해 계획경제에서 시장경제로 방향을 틀었다. 정치적 권위주의 체제는 유지하면서도 국제사회와의 적극적인 협력, 외국인 투자 유치, 무역 확대를 통해 눈부신 성장을 이뤘다. WTO 가입, 미국과의 수교, 아세안 통합 등도 주목할 만한 성과다.

북한 입장에서 베트남은 상당히 매력적인 모델이다. 체제 유지를 전제로 하면서도 외부와의 협력 가능성을 보여주기 때문이다. 실제로 김정은 위원장은 2019년 베트남 하노이에서 열린 북미 정상회담을 계기로 베트남식 모델을 깊이 탐색한 것으로 알려져 있다.

① 베트남 모델의 핵심: 도이머이(Doi Moi)의 유연한 실용주의

베트남은 1986년 제6차 공산당 대회를 통해 '도이머이(Doi Moi, 쇄신)' 정책을 채택하며 개혁의 길로 들어섰다. 계획경제에서 시장경제로의 전환을 통해 농업 생산의 자율성을 확대하고 민간 기업의 활동을 허용했다. 개방형 경제 구조로 전환해 외국인 직접 투자(FDI)를 유치하고, WTO(세계무역기구) 가입, 미국과의 수교, 아세안 통합 참여 등 무역 자유화와 국제통합에 적극 나서면서 성공적인 경제 개혁을 이룬 것으로 평가된다. 북한의 관점에서 중요한 점은, 당의 일당 체제는 유지하면서도 정책 유연성을 강화해 경제 성장을 가능케 했다는 점이다.

② 북한이 베트남에 주목한 이유

북한은 베트남이 사회주의 체제를 유지한 채 외국 자본 유치에 성공하고, 미국과 전쟁을 치른 뒤 북한과 유사한 전후 재건 과정을 겪었으며, 이후 미국과 외교 정상화에 성공한 전례를 만들었다는 점 등에서 베트남 모델을 긍정적으로 바라보고 있다. 특히 김정은 위원장은 2019년 베트남을 직접 방문해 정치·경제 현장을 둘러보고, 응우옌 푸 쫑 서기장과 정상회담을 갖기도 했다. 이 방문은 '베트남식 발전 모델'에 대한 북한 지도부의 탐색적 의지를 보여준 상징적 사건이었다.

③ 베트남 모델 수용 가능성: 김정은 체제의 의도와 계산

김정은 체제는 집권 초기부터 내부 경제관리 방식의 유연화를 시도했다. 이를 '우리식 경제관리 방법'이라는 표현으로 포장했지만, 사실상 부분적 시장화, 지방 분권화, 경제특구 운영 등 베트남 모델의 요소들이 암묵적으로 반영되어 있다. 다만, 김정은의 입장은 전면적 모방이 아닌 선별적 수용이다. 북한으로서는 정권 안정과 사상 통제 유지가 최우선이며, 외국 자본 유입은 환영하되, 내부 체제 변화는 최소화를 추구한다. 미국과의 협상에서는 체제 보장과 경제 지원을 동시에 확보하려는 전략을 추구한다.

④ 제도적 현실: 북한과 베트남의 차이

표면적으로 비슷해 보이지만, 제도적 기반에서 북한과 베트남은 큰 차이를 보인다. 베트남은 개방 이전에 국제사회의 신뢰를 구축하고 개혁을 위한 제도 정비를 단행했다. 북한은 아직 이런 단계에 도달하지 못한 것으로 평가된다.

항목	베트남	북한
정치 체제	공산당 일당제	수령 중심 일인 권력체제
경제 운영 구조	계획경제→시장 혼합경제	폐쇄 계획경제 +시장 요소 일부
외교정책	미국 및 국제사회와 정상관계	미국과 적대관계, 대북 제재하에 있음
제도 개혁	법·제도 정비 후 외자 유치	제도 미비, 행정 불확실성 존재
국제통합	WTO, FTA, 아세안 적극 참여	국제기구 참여 거의 없음

⑤ 한계와 도전: 왜 북한은 베트남처럼 되기 어려운가?

북한은 수령 유일체제로 집단지도체제인 베트남에 비해 체제가 경직되어 있고 유연성이 부족하다. 베트남은 개방 초기부터 국제사회의 협력과 지원을 이끌어 냈으나, 북한은 유엔과 미국의 강력한 제재하에서 외자 유치가 제한된다. 베트남은 농업과 저임금 제조업 기반을 바탕으로 오늘날의 경제 구조를 발전시킬 수 있었으나, 북한은 산업구조와 생산 기반이 베트남에 비해서도 심각하게 낙후돼 있다. 베트남은 비교적 정책 일관성을 유지하고 있지만, 북한은 잦은 정책 변경이나 외자 몰수 등의 전례가 있어 국제사회의 신뢰도가 낮은 편이다.

⑥ 결론: 북한은 베트남을 꿈꾸지만, '제2의 베트남'이 되긴 어렵다

북한은 베트남을 '성공한 사회주의 개방국가'의 모델로 참조하고 있다. 그러나 베트남식 개혁의 핵심은 단순히 경제 개방이 아니라, 국제신뢰 구축, 제도 정비, 외교 유연성에 있었다. 북한이 진정으로 베트남의 길을 따르고자 한다면, 먼저 체제 보장을 넘어선 개혁의 실질적 의지와 국제사회와의 신뢰 회복이라는 중대한 과제부터 해결해야 한다.

결국 북한은 베트남을 성공 사례로 주시하되, 자신만의 길('우리식 개방')을 찾으려는 이중 전략을 취할 가능성이 크다. 그 길이 성공할지는, 외부 세계와의 관계 개선, 내부 정치 유연성, 그리고 김정은 체제의 장기적 전략 및 역량에 달려 있다.

3) 제3국 모델: 러시아, 쿠바, 혹은 독자 모델

중국과 베트남은 흔히 북한의 경제 모델 후보로 언급되지만, 이 외에도 종종 거론되는 제3국 모델이 있다. 대표적으로 러시아, 쿠바,

북한 고유의 독자 모델이다. 이들은 북한이 처한 정치·경제 환경과 부분적으로 유사한 점이 있어 참고 사례로 떠오르곤 한다. 그러나 이러한 모델들이 북한의 현실에 실제로 부합하는지, 나아가 북한이 자국식 경제 노선을 구축할 수 있는지는 면밀히 살펴보아야 한다.

북한에게 제3국의 모델이라면 중국, 베트남 이외에 러시아, 쿠바, 이란, 혹은 완전히 독자적인 북한식 모델이 제시되기도 한다. 러시아는 탈냉전 후 급격한 시장 개방으로 경제가 혼란에 빠졌고, 쿠바는 제한된 개방과 복지 모델을 병행하며 고유의 길을 걷고 있다. 그러나 북한은 고립과 제재 속에서 독자적인 모델은 한계가 분명하다. 인프라 부족, 외화 고갈, 산업 낙후 등의 문제를 해결하기 위해 외부와의 연계가 필수적이다. 북한은 이들 사례를 참조하면서도, '우리식 사회주의'를 내세우고 있다.

① 러시아 모델: 급진적 시장화의 그림자

소련 붕괴 이후 러시아는 시장경제로의 급속한 이행, 즉 '충격요법'을 단행했다. 그 결과는 양면적이다. 장점은 민영화, 가격 자유화, 세계 경제 체제와의 통합 등이며, 단점은 자산 약탈, 경제 불안정, 빈부격차 심화, 과두재벌(oligarch) 등장 등이다.[24]

북한이 이 모델을 선호하지 않는 이유는 명확하다. 급격한 체제 전환은 정치적 붕괴 가능성을 동반한다. 러시아식 충격요법은 사회적 혼란을 초래했고, 이는 북한이 극도로 꺼리는 시나리오다. 북한

---

[24] 바실리 미헤예브·비탈리 쉬비드코(2015), 〈러시아 경제체제 전환 과정의 주요 특징과 문제점: 북한에 대한 정치적 시사점과 교훈〉, 《중장기통상전략연구 제15권 7호》, pp.16-29.

정권의 통치 기반인 국가 통제경제 시스템이 붕괴될 것을 우려하는 것이다. 러시아 모델은 북한에 '반면교사'의 역할을 할 뿐이다.

② 쿠바 모델: 제한적 개방과 사회주의 복지국가의 혼합

쿠바[25]는 미국의 경제 제재 속에서도 사회주의 체제를 유지하며 제한적 개혁을 시도했다. 2011년 이후에는 자영업 확대 및 소규모 민간경제 허용, 일부 외국 투자 유치, 관광산업 중심의 외화 확보 등의 변화를 이뤄냈다. 그러나 여전히 국가의 주요 생산수단은 국유화되어 있으며, 정치권력은 일당 체제에 집중되어 있다. 북한과는 강력한 외부 제재하 운영되는 사회주의 국가, 당의 통제하에 제한적 시장 기능 운영, 주체적 노선 강조 등의 공통점을 공유한다.

하지만 북한과 결정적 차이도 보인다. 쿠바는 의료·교육 중심의 복지국가 성격이 강한 반면, 북한은 군사 우선 경제(선군경제)가 중심이다. 쿠바는 버락 오바마 미 행정부 당시 미국과의 해빙기를 경험하며 외교적 유연성을 확보했지만, 북한은 미국과의 적대 구도가 여전히 심각한 편이다. 쿠바 모델은 북한에 현실적 적응의 힌트를 줄 수는 있지만, 경제 성장의 원동력으로 삼기에는 제한적이다.

③ 독자 모델: '우리식 사회주의'라는 이념과 현실의 간극

북한이 가장 강조하는 것은 중국도, 베트남도, 쿠바도 아닌 '우리식 사회주의 경제'라는 독자 노선이다. 이는 중앙계획경제를 기본

---

[25] 신석호(2008). 〈북한과 쿠바의 경제위기와 개혁〉, 경남대 북한대학원 박사학위논문. pp.203-222.

으로 하되, 비공식 시장(장마당)과 자본가 계층(돈주)의 활동을 일정 수준 허용한다. 외국 자본 유치는 라선특구 등에서 선택적이고 제한적으로 시도하며 자립경제(주체경제)를 핵심 이념으로 유지한다. 이 모델은 체제 유지를 최우선으로 하며, 유연한 경제 운영을 통해 생존을 도모하려는 전략이다.

그러나 독자 모델의 근본적 한계도 존재한다. 국제사회와의 경제적 연계 부족으로 인해 성장은 제한적이다. 외화와 자원 확보의 경로가 협소하고 구조적 낙후성과 기술격차 해소는 난망이다. 제도적 기반 없이 지도부 의중에 따라 수시로 뒤바뀌는 정책은 일관성이 낮아 신뢰도가 낮다. 그럼에도 불구하고 북한은 내부적으로 '우리식 방식이야말로 가장 안정적인 생존 방식'이라는 신념을 유지하고 있다.

종합 비교: 제3국 모델의 유용성과 한계

항목	러시아	쿠바	북한식 독자 모델
체제 변화	급격한 자유화	점진적 개혁 유지	체제 유지 전제의 유연화 시도
시장 개방	전면 개방	제한 개방	선택적·통제적 개방
외교 관계	서방과 관계 회복	미국과 일시 해빙	미국과 적대, 중국·러시아 중심 외교
경제 성과	성장과 불균형	저성장 지속	낮은 성과, 생존 중심 운영
시사점	반면교사	선택적 유사성	북한 고유 전략으로 선호됨

④ 결론: 선택의 여지가 없는 북한의 길 '혼합형+우리식 모델'

북한은 러시아의 충격요법을 두려워하고, 쿠바의 개방 전략은 한계가 있다는 점을 인식하고 있다. 동시에 중국이나 베트남을 완전히 모방하는 것도 정치적으로 부담스러운 선택이다. 결과적으로 북한은 제3국 모델에서 일부 실용적 요소를 참고하되, '우리식 모델'이라는 독자 노선을 유지하려는 강한 의지를 보여주고 있다.

일단 현실적으로 북한이 어느 한 나라의 모델을 그대로 모방하기는 어려워 보인다. 체제 안정, 외부 협력, 경제 회생이라는 상충하는 목표를 동시에 추구해야 하기 때문이다. 북한이 선택할 수 있는 현실적인 경로는 중국과 베트남 모델의 요소를 절충한 혼합형 모델에 '우리식 모델'을 결부시킨 '북한식 개방'일 수 있다.

북한만의 독자 모델은 폐쇄성과 자립만으로는 지속 가능한 성장 동력을 확보하기 어려운 구조다. 따라서 북한이 진정한 경제 발전을 원한다면 독자성 고수와 국제 연계 사이의 균형점을 모색해야 하며, 이는 결국 정치적 결단과 외교적 유연성이 뒷받침되어야 함을 의미한다.

북한 경제의 미래는 결국 체제 보장과 경제 발전 사이의 균형을 어떻게 조율하느냐에 달려 있다. 이상적 모델이 무엇이든, 그 성공 여부는 북한 내부의 정치적 의지, 국제적 환경, 남북 및 북미관계의 전개에 따라 달라질 것이다.

9장. 북한의 지도자와 권력 구조

북한의 정치 체제는 독특한 '유일지도체제'와 권력 세습 구조를 바탕으로 작동한다. 김일성, 김정일, 김정은 3대에 걸친 통치 체제는 단순한 권력 계승을 넘어, 국가 운영 전반이 지도자의 정통성과 카리스마를 중심으로 재구성되어 왔다. 이 장에서는 북한의 최고지도자가 어떻게 절대 권력을 유지해 왔는지, 그리고 이를 뒷받침하는 권력 구조와 사회적 통제 장치를 살펴본다.

1. 유일지도체제의 형성과 발전

김일성은 건국 초기부터 당, 군, 정을 통합한 최고 권력자로 군림하며, 개인숭배 체제를 공고히 했다. 이는 주체사상과 항일무장투쟁 신화를 중심으로 정당화되었고, 이후 김정일 체제로의 자연스러운 권력 이양을 가능케 한 이념적 기반이 되었다. 김정일은 '선군정치'를 통해 군부를 우선시하는 정치 노선을 확립했고, 김정은은 핵무력 병진노선을 통해 체제의 안정과 국제적 주목을 동시에 확보하려 했다.

북한의 유일지도체제[26]는 단순한 권력 집중이 아니라, 국가 전체가 지도자 개인의 의지와 사상을 중심으로 조직되는 독특한 통치 방식이다. 김일성은 1948년 조선민주주의인민공화국 수립 이후 당·정·군을 완전히 장악하며 절대 권력의 기반을 닦았고, '항일 빨치산 투쟁'과 '민족의 아버지'라는 상징성을 통해 신격화에 가까운 지도자 이미지를 구축했다. 그의 권위는 헌법과 법률보다 우위에 있었고, 정책 결정은 그의 직접 지시를 통해 이루어졌다.

1950~60년대에는 항일동지 출신 중심의 권력 기반을 다지는 동시에, 김일성 유일사상(후일 주체사상)의 체계화를 추진하였다. 이는 지도자의 유일성을 강조하는 이념적 기반이 되었고, 이후 정치적 숙청을 정당화하는 이데올로기로 활용되었다. 1972년 개정된 헌법에서는 김일성을 '공화국 주석'으로 명문화하였고, 정치적 권위는 헌법적 규정 이상으로 작동하였다.

김정일은 1980년대부터 후계자로 부상하여 권력 이양 과정을 준비했고, 1994년 김일성 사망 이후 권력을 승계했다. 김정일은 '수령의 유일사상과 유일지도체계 계승'을 강조하며, 선군정치를 통해 군부를 정권의 중심축으로 끌어들였다. 특히 군 고위 간부들과의

---

[26] 김선호(2019). 〈조선인민군의 창설과 유일지도체제의 기원〉, 《현대북한연구 제22권 3호》, 48-87, pp.72-80.

유대 강화를 통해 군사권을 장악했으며, 대내적으로는 체제 결속을 강화하고 대외적으로는 핵무기를 통해 외교 협상력을 확보하는 전략을 구사했다.

김정은은 2011년 집권 후 빠른 속도로 유일지도체제를 공고히 했다. 조기 권력 장악을 위해 군부 숙청, 핵심 엘리트와의 친위 체계 구축, 대중 이미지 강화 전략 등을 병행했으며, 특히 아버지 김정일의 유산인 선군정치와는 다른 '정상국가화' 이미지 구축에 주력했다. 그는 주체사상을 현대화한 '김정은식 통치 이념'을 구축하고자 했으며, 동시에 병진노선을 통해 핵 개발과 경제 성장을 병행하겠다는 이중 노선을 제시했다.

세 지도자 모두 권력의 정통성을 역사와 이념, 상징과 감성의 정치로 재구성하였으며, 유일지도체제는 단순한 통치 기법이 아닌, 체제 정체성 그 자체로 기능하고 있다. 이러한 권력 구조는 지도자의 정당성과 절대성을 강화하는 동시에, 체제 내부의 모든 권력 구조를 수직적으로 구성하는 원리로 작용해 왔다.

2. 세습 권력의 정당화 전략

북한의 권력 세습은 단순한 가족 승계가 아니라 '혈통의 정통성'이라는 내러티브를 통해 이뤄진다. 김정은은 김일성과 김정일의 외모, 말투, 행보를 모방하며 대중의 인지와 감정적 동조를 유도했고, 정치행사나 군부 시찰을 통해 자신의 통치 능력을 과시해 왔다. 동시에 조선노동당, 조선인민군, 보위부 등 권력기관의 충성을 기반으로 빠르게 권력 기반을 강화했다.

북한의 권력 세습은 단순한 혈연에 기반한 통치권의 이전이 아니라, 이념과 역사, 상징을 동원한 정치적 정당화 과정이다. 김정일이 김일성의 권력을 물려받을 수 있었던 것도 단지 아들이라는 이유가 아니라, 김일성시대부터 준비된 '수령의 유일성' 담론과 항일 투쟁 혈통의 계승이라는 담론 구조 덕분이었다. 김정일은 생전부터 김일성의 유일한 후계자로 각인되었고, 공식 문서와 교양 자료, 언론을 통해 '수령의 적통'으로서의 정체성을 강화해 나갔다.

이러한 세습 정당화 전략은 김정은 시기에 더욱 정교해졌다. 김정은은 집권 초기부터 김일성과 김정일의 언어 스타일, 복장, 제스처, 행동 양식 등을 적극적으로 모방함으로써 '김씨 일가의 연속성'을 시각적, 감성적으로 각인시켰다. 특히 김일성의 젊은 시절 모습을 연상시키는 외모와 태도는 '백두혈통의 순수성'을 상징적으로 드러내는 수단이 되었고, 이를 통해 대중의 정서적 동조와 체제에 대한 심리적 안정감을 유도했다.

또한 김정은은 국가 공식 행사에서 가족 서사와 혈통 중심의 선전 콘텐츠를 반복적으로 활용했다. '백두산 혈통', '위대한 계승자', '수령의 아들' 등의 표현은 선전영화, 다큐멘터리, 교과서, 연설문 등 다양한 매체에서 지속적으로 반복되며 세습의 정당성을 주입시켰다. 김정은이 어린 나이에 집권했음에도 불구하고 체제 내 반발이 크지 않았던 이유 중 하나도 이처럼 철저한 상징 조작과 세습 정당화 기제가 작동했기 때문이다.

정치적 측면에서는 권력 장악 초기부터 조선노동당, 인민군, 보위기관의 핵심 인사들을 빠르게 교체하며 자신의 통치 기반을 다졌다. 리영호 숙청, 장성택 처형 등은 단순한 권력 정리 작업이 아니라, 세습 권력에 대한 도전 가능성을 제거하고, 지도자의 절대성을 선명하게 각인시키는 일종의 상징 정치였다. 이후 김정은은 자신의 스타일에 맞춘 '친위 체계'를 구축하며, 세습을 넘어 독자적 권력 기반을 형성하는 데 주력해 왔다.

결과적으로 북한의 세습 체제는 단순한 가족 통치를 넘어, 체제 전반이 하나의 '혈통 신화'를 중심으로 작동하는 구조다. 이 구조는 정치적 정당성과 국민적 정서를 동시에 결합하는 방식으로 기능하며, 세습의 정당화는 이념, 역사, 감성, 공포의 다층적 메커니즘 위에서 유지되고 있다.

3. 당-군-정 권력의 삼각 구조

북한 권력은 크게 당, 군, 행정으로 나뉘며, 이 세 축이 유기적으로 결합되어 최고지도자에게 절대 충성을 바치는 방식으로 구성되어 있다. 조선노동당은 정책 수립과 이념 통제를, 군은 국가 안보와 정권 보호를, 내각은 행정과 경제 실무를 담당한다. 이들 기관은 상호 견제보다는 협력적 통제를 통해 운영되며, 그 위에는 지도자의 지시와 의지가 절대 기준으로 작용한다.

북한의 권력 구조는 조선노동당, 조선인민군, 내각을 핵심 축으로 하는 '당-군-정' 삼각 시스템으로 구성되어 있으며, 이 세 축은 지도자의 절대 권위를 중심으로 긴밀히 연결되어 있다. 이 구조는 상호 견제보다는 유기적 협조와 상명하복 체계를 바탕으로 작동하며, 실제 권력의 분산보다는 지도자에 대한 일원적 충성 체계를 구현하는 데 초점이 맞춰져 있다.

조선노동당은 체제의 최고 이념 기관으로서 정책 방향 수립, 사상교육, 간부 선발, 언론과 교육 기관 통제를 담당한다. 당의 조직지도부는 모든 부문에 대한 인사권을 가지고 있으며, 정치국과 중앙군사위원회, 비서국 등을 통해 국가 전반의 정책을 총괄한다. 사실상 모든 권력 작동의 출발점이 당에 있다고 해도 과언이 아니다.

군은 김정일시대 이후 더욱 부각된 권력 축이다. 선군정치하에서 군은 국가의 기둥으로 제시되었으며, 단순한 국방력 유지 이상의 정치적 영향력을 확보했다. 김정은시대에 들어 군의 위상은 다소 조정되었지만, 군 고위 간부들은 여전히 체제 안정의 핵심 파트너로 간주된다. 군은 또한 지도자의 권위 강화와 대내외 무력시위의 수단으로도 활용된다.

내각은 행정과 경제 정책을 실무적으로 집행하는 조직이지만, 당의 통제하에 있으며 실질적인 자율성은 제한적이다. 내각은 산업, 농업, 무역, 보건 등 경제 전반을 관리하고 있지만, 모든 주요 결정은 당의 지침과 일치해야 하며, 당의 간부들이 내각의 결정권을 좌우하기도 한다. 이는 북한의 행정 체계가 독립적 운영보다 정치권력하에 종속되어 있음을 보여준다.

이 세 축은 모두 지도자의 의중을 충실히 이행하는 구조로 맞춰져 있으며, 정권 안정과 체제 유지에 있어 각자의 역할을 수행하면서도 궁극적으로는 수직적 권위 체계 내에서 움직인다. 이러한 권력 삼각 구조는 형식상 분업적 체계처럼 보이나, 실질적으로는 지도자 1인을 정점으로 하는 일원화된 통치 시스템이다. 따라서 북한의 권력 체제는 권력분립보다 권력 집중과 충성 구조를 핵심 원리로 삼는 독특한 정치 메커니즘이라 할 수 있다.

4. 핵심 엘리트와 후견 체계

북한의 권력 엘리트는 혈연, 지연, 충성도에 따라 선별되며, 각 분야별로 핵심 인물들이 지도자의 권위를 보조한다. 리병철, 조용원, 김덕훈, 박정천 등은 군사, 경제, 외교 분야에서 김정은의 '후견인' 역할을 수행하고 있으며, 이들 간의 역학 관계는 정권의 안정성과 정책 방향에 결정적 영향을 미친다. 엘리트 내부는 경쟁과 숙청, 승진과 좌천이 반복되는 고위험 구조로, 절대 권력자에 대한 충성이 생존의 핵심이다.

북한의 권력은 최고지도자를 중심으로 한 엘리트 정치 구조를 통해 유지되며, 이들 핵심 엘리트는 권력 운영과 정책 집행의 중추적 역할을 담당한다. 엘리트 구성은 혈연, 지연, 학연, 충성도 등 다양한 요인에 따라 결정되며, 정권에 대한 충성도가 가장 중요한 기준으로 작동한다. 특히 김정은 정권 들어서는 이른바 '백두혈통'에 대한 충성과 체제 유지에 필요한 기술·실무 능력을 겸비한 인사들이 중용되는 경향이 두드러진다.

정권의 안정과 지속 가능성을 위해 북한은 일종의 '후견 체계'(patron-client system)를 유지하고 있다. 이는 지도자를 정점으로 한 피라미드식 권력 구조로, 각 부문별 충성도 높은 간부들이 핵심 참모 역할을 수행한다. 이들은 정책 집행, 대내외 협상, 군사 전략, 경제 기획 등 정권 운영의 실질적 기능을 떠맡으며, 최고지도자의 통치를 가능케 하는 지지 기반으로 기능한다.

대표적 인물로는 군사 부문의 리병철, 정치조직의 조용원, 내각 총리 김덕훈, 군 총참모장 박정천 등이 있다. 이들은 각각 자신이 담당하는 분야에서 김정은의 의중을 실현하는 역할을 하며, 정권 내 '핵심 브레인'으로서의 위상을 지니고 있다. 김정은은 이들과의 개인적 신뢰와 충성 관계를 기반으로 정책을 조율하고 있으며, 때로는 공개 시찰이나 회의에서 이들의 존재감을 강조하며 통치 정당성을 보강하기도 한다.

그러나 이 체계는 안정성과 함께 불안정성도 내포하고 있다. 권력 내부에서는 끊임없는 경쟁과 숙청, 좌천과 부상이 반복되며, 지도자와의 거리, 실적, 충성도에 따라 엘리트의 생존이 결정된다. 김정은 집권 이후 이영길, 황병서, 김원홍, 장성택 등 주요 인물들이 전격적으로 해임되거나 처형된 사례는 엘리트 체계의 유동성과 위기 가능성을 단적으로 보여준다.

엘리트 내부에서는 철저한 권력 의존 구조가 형성되어 있으며, 이는 지도자에 대한 무조건적인 충성을 강제하는 동시에, 권력 분산을 억제하는 기제로 작용한다. 지도자와 핵심 엘리트 간의 관계는 단지 업무 협력 수준을 넘어서 정치 생존을 위한 밀착된 후견-피후견 관계이며, 이로 인해 북한은 외형상 집단지도체제를 일부 유지하는 것처럼 보이지만, 실제로는 철저한 1인 중심의 권력 통제 구조가 지속되고 있다.

결국 북한의 후견 체계는 최고지도자의 리더십을 떠받치는 정치적 기둥이자, 권력 안정성을 유지하기 위한 상호 의존적 생존 장치다. 이 체계는 일시적 효과를 제공하지만, 구조적 위기 상황에서는 권력 균형 붕괴나 내부 반발의 촉매가 될 수도 있는 양날의 검이라 할 수 있다.

5. 사회통제와 공포 정치

지도자 권위 유지를 위해 북한은 보위부, 사회안전성, 반탐국 등 다양한 감시 기관을 운영하고 있으며, 주민 상호 간 감시 체계도 철저히 구축되어 있다. 공개처형, 정치범 수용소, 계층 성분 관리 등은 체제 이탈을 방지하는 수단으로 활용되고 있으며, 교육과 언론은 지도자에 대한 무조건적 충성과 반미·반남 이데올로기를 주입하는 도구로 동원된다.

북한의 정치 체제는 지도자의 절대 권위를 유지하고 체제를 안정적으로 유지하기 위해 강력한 사회통제와 공포 정치[27]를 핵심 수단으로 활용하고 있다. 이러한 통제 시스템은 공식 기관뿐 아니라 주민 개개인을 감시자로 만드는 방식으로 구성되어 있으며, 국가의 모든 기능이 통제와 감시를 정당화하고 강화하는 방향으로 작동하고 있다.

중앙정보기관인 국가보위성은 정치범의 색출, 숙청, 수용소 운영, 해외 공작 등을 담당하는 최정예 감시 조직이며, 사회안전성은 일반 치안, 주민 동향 파악, 일반 범죄 통제 등을 맡고 있다. 이외에

---

27) 한병진(2016), 〈공포정치와 북한 엘리트: 최근의 탈북을 계기로〉, 《JPI 리서치 시리즈》, 187-191.

도 반탐국, 인민반, 청년동맹, 여성동맹, 직장 조직 등 일상생활 속 조직망을 통해 모든 주민이 감시 대상이자 감시자로 편입되어 있는 구조다.

정치범 수용소는 공포 정치의 핵심 장치로, 국가에 대한 충성 위반이나 비판, 사상 이탈 등이 의심되는 인물들을 법적 절차 없이 장기간 구금하고 강제노동에 투입하는 수용 시설이다. 이곳에서는 가족 단위로 수용되는 경우도 많고, 외부 세계와의 완전한 단절 속에서 고문, 학대, 굶주림 등의 인권 침해가 만연한 것으로 알려져 있다. 이는 주민들에게 강력한 경고 신호로 작용하며, 체제 이탈의 대가가 극단적으로 크다는 점을 각인시킨다.

또한 북한은 '계층 성분제'를 통해 주민을 출신 성분에 따라 분류하고, 취업, 거주, 교육, 병역, 결혼 등 삶의 전반에 걸쳐 차별적으로 접근한다. 이 제도는 주민 간 상호 불신을 조장하고 집단 내부의 감시를 가능케 하며, 권력층과 일반 주민 간의 구분선을 제도적으로 고착화하는 장치로 작동한다.

교육과 언론도 사회통제의 핵심 기제다. 학교 교육은 주체사상, 수령 숭배, 반제 반미 이념을 중심으로 편성되어 있으며, 매일 반복되는 생활총화와 자아비판, 충성맹세 등은 청소년기부터 체제 순응적 인간을 길러내는 데 목적이 있다. 언론은 모두 국가에 의해 운영되며, 지도자의 활동과 위업을 미화하고 외부 세계에 대한 적대적 인식을 심는 데 집중된다.

결국 북한의 공포 정치와 사회통제는 단지 권력을 유지하기 위한 억압 수단이 아니라, 체제 그 자체의 핵심 운영 원리로 자리 잡고 있다. 체제의 안정성은 강력한 통제력에 기반하고 있지만, 이와 동시에 내부의 자율성과 다양성, 비판 가능성은 철저히 차단되어 있어 장기적으로는 사회적 경직성과 불만 누적이라는 리스크도 함께 내포하고 있다.

6. 권력의 미래: 안정인가 불안인가

김정은 체제는 단기적으로는 안정성을 유지하고 있는 듯 보이나, 장기적으로는 후계 체제 부재, 엘리트 간 불균형, 국제 고립 등 구조적 취약성을 안고 있다. 특히 핵 개발과 외교 고립이 장기화될 경우, 내부 불만과 외부 압박이 동시에 고조되며 권력 기반이 흔들릴 가능성도 배제할 수 없다. 권력의 개인화가 심화될수록, 변화의 리스크도 커질 수밖에 없는 구조다.

김정은 체제는 현재까지 외형상 안정적으로 유지되고 있지만, 그 기반은 구조적 모순과 잠재적 위기를 동시에 안고 있다. 김정은은 핵무력 완성과 경제 발전이라는 병진노선을 통해 체제 정당성을 확보하려 했으나, 국제사회의 강도 높은 제재와 외교적 고립, 그리고 코로나19로 인한 국경 봉쇄 등은 이 목표를 크게 제약했다.

가장 큰 불안 요인은 후계 체제의 불확실성이다. 김정은 이후 권력을 이을 인물이 공식적으로 드러나지 않았고, 이는 북한 내부에서의 권력 승계 구도에 불확실성을 더하고 있다. 과거 김정일 체제의 경우 김정은이라는 후계자가 비교적 조기에 준비되었지만, 현재까지 김정은의 자녀나 측근 중에서 차기 지도자 가능성이 공개적으로 부각된 인물은 어린 딸 김주애(2013년생) 외엔 없다. 이는 지도자의 유고

시 권력 공백 혹은 권력 다툼으로 이어질 수 있는 잠재적 리스크다.

엘리트 간 불균형도 또 다른 위험 요소다. 김정은은 집권 이후 정기적인 간부 교체와 숙청을 통해 권력 기반을 다졌지만, 이는 엘리트층 내부의 신뢰를 약화시키고 권력 구조를 유동적으로 만들었다. 정권 내부의 경쟁 구도와 충성경쟁은 단기적으로 지도자에게 유리할 수 있으나, 장기적으로는 정치적 긴장과 엘리트 이탈 가능성을 내포한다.

외부 변수 또한 무시할 수 없다. 핵 개발로 인한 고립이 장기화될수록 경제 회복의 기회는 줄어들고, 이는 주민들의 삶의 질 악화로 이어진다. 비공식 경제 확대, 정보 유입, 남한 문화 접촉 등은 주민의 가치관에 점진적인 균열을 일으키고 있으며, 이는 장기적으로 체제의 사상적 정당성에 도전하는 요인이 될 수 있다. 특히 젊은 세대일수록 지도자에 대한 맹목적 충성보다 개인의 삶과 선택을 중시하는 태도가 확산되고 있는 점도 주목해야 한다.

한편, 김정은은 외부 위협을 체제 내부 결속의 도구로 활용하며 여전히 지도자의 카리스마와 상징성에 의존하는 통치를 유지하고 있다. 그러나 권력의 개인화가 심화될수록, 지도자 개인의 건강, 판단, 리더십에 체제의 운명이 지나치게 종속되는 구조적 불안정성도 함께 증대된다.

결론적으로, 김정은 체제의 권력 안정성은 현재로선 유지되고 있으나, 내부 엘리트 구조, 주민 의식의 변화, 외부 환경의 압박, 후계 문제 등 복합적 요인이 중장기적 위기를 예고하고 있다. 북한 권력 구조의 미래는 단순한 권력 지속의 문제가 아니라, 체제 전체의 변화 가능성과 직결되는 핵심 변수로 작용할 것이다.

WHY SHOULD THE SOUTH
AND THE NORTH MEET BY 2030

4부.
남북관계의 쟁점과 해법

10장. 쟁점과 해법 정리
11장. 핵 문제, 어떻게 풀 수 있을까
12장. 주한미군과 평화체제: 동맹인가 자주인가
13장. 통일 담론과 남북의 통일방안

10장.

쟁점과
해법 정리

1. 남북 간 신뢰 구축, 어떻게 가능한가?

1) 쟁점: 반복되는 약속과 파기의 악순환

남북관계의 핵심 문제는 지속적인 신뢰 부족이다. 수십 년에 걸쳐 수차례의 정상회담과 고위급 회담이 열렸지만, 그 결과물은 대부분 이행되지 못하거나 무산되었다.

1992년 남북기본합의서는 군사적 신뢰 조성 및 교류 활성화를 담았으나 실효적 이행이 미비했다. 2000년 6.15 공동선언, 2007년 10.4 선언, 2018년 판문점·평양 선언 등은 대부분 정권 교체나 북측의 행동 변화로 인해 지속되지 못했다. 남북회담 재개 → 도발 또는 회피 → 제재와 경색 → 재회담이라는 패턴의 반복이었다. 이러한 현실은 남북 간 협력이 구조적으로 불신의 늪에 갇혀 있다는 것을 보여준다.

이는 북미관계 등 국제 정치 환경 변화에 따라 협력의 지속 여부가 좌우되고, 국내 정치권의 이념 대립으로 남측의 대북정책이 일관되지 못하며, 북한 내부의 체제 불안정과 통제 우선주의로 인해 협력의 제도화가 어렵기 때문이다. 결국 남북관계의 모든 의제는 '신뢰 구축'이라는 근본 문제를 해결하지 못하면 출발조차 할 수 없는 상황에 놓인다.

2) 해법: '신뢰'를 제도화하고 일상화하라

남북 간 신뢰는 단순히 선언이나 정상 간 우의로는 형성되지 않는다. 구체적이고 지속 가능한 '신뢰의 구조'와 '이행 시스템'이 구축되어야 한다. 이를 위해 첫째, 단계적 신뢰 형성 로드맵 구축을 구축해야 한다. 포괄 합의 후 이행보다는 작은 실천부터 쌓아가는 접근이 필요하다. 연락사무소 운영 재개, 군 통신선 복원, 민간 교류 제도화 등이 예가 될 수 있다. 각 단계의 이행을 투명하게 공개하고 성과를 축적할 수 있는 체계를 마련할 때 신뢰를 더 높일 수 있다.

둘째, 검증 가능하고 책임성 있는 합의 이행 시스템이 마련돼야 한다. 기존의 선언문 수준 합의에서 벗어나 이행 기한과 단계, 평가 방식 등을 명시한 실무형 협정을 체결해야 한다. 합의 이행 평가위원회를 설치한다거나 국제기구 등 제3자 참관을 명시하는 방법 등이 좋은 예가 될 수 있다.

셋째, 정권 교체와 무관한 지속 가능성을 확보해야 한다. 남북관계기본법을 제정하거나 국회 초당적 합의로 대북정책의 기조를 유지하는 틀이 갖춰지면 도움이 될 것이다. 대통령 임기와 무관하게 국가 차원의 일관된 대북 협력 원칙을 수립하는 방안도 고민해 봐야 한다.

넷째, 민간과 지방 차원의 일상적 교류를 늘려야 한다. 신뢰는 국가 간 외교일 뿐 아니라 일상의 접촉 속에서 축적된다. 지방자치단체의 교류, 청소년 캠프, 의료 및 환경 공동사업 등이 물꼬를 트면 민간 차원의 접촉면이 확대돼 위기 시 완충 역할도 할 수 있다.

다섯째, 위기관리와 상시 대화 시스템을 구축해야 한다. 긴장 상황에서도 즉시 대화가 오갈 수 있도록 군사·정치 등 분야별 직통 채널을 확보하고, 남북연락사무소 재개, 분야별 협력 부서 간 소통 체계 구축 등은 갈등 해소 및 긴장 완화에 큰 도움이 될 것이다.

3) 결론

남북 간 신뢰는 단순히 좋은 말, 좋은 분위기만으로 생기지 않는다. 제도와 관행, 일상의 소통과 검증 가능한 시스템을 통해 쌓아야 한다. 지금 필요한 것은 대담한 선언이 아니라, 작은 약속을 지키는 실천의 지속이다. 남북은 '합의의 정치를 넘어서, 이행의 정치로 나아가는 용기'를 보여야 한다. 그 첫걸음은 신뢰를 '구조화'하고 '제도화'하는 데서 시작된다.

2. 비핵화 vs 체제 보장: 타협 가능한 지점은?

1) 쟁점: 두 요구는 서로의 전제다

남북 및 북미관계에서 가장 첨예한 핵심 의제는 단연 '북한 비핵화'와 '북한 체제 보장' 간의 딜레마다. 문제는 이 두 가지가 서로를 전제로 한다는 점이다. 한국과 미국 등 국제사회는 북한의 '완전하고 검증 가능한 비핵화(CVID)'를 요구하며, 비핵화 없이는 제재 완화나 경제협력이 불가능하다고 본다. 북한은 비핵화가 곧 정권 붕괴로 이어질 수 있다는 위기감을 갖고 있으며, 무엇보다 먼저 '체제 안전 보장'과 '적대 정책 철회'를 요구한다. 이 딜레마는 2018~2019년 북미 정상회담의 흐름 속에서도 극명하게 드러났다. 하노이 회담은 '선 비핵화 vs 선 제재 해제'라는 평행선으로 결렬되었다.

핵심 쟁점은 북한은 핵을 '협상의 지렛대'로 간주하고 외교적 양보의 조건으로 사용하려 한다는 것이다. 그러나 미국은 선 비핵화 후 보상 원칙을 견지하고 있고, 북한은 선 보상 후 비핵화를 하겠다는 입장이다. 아울러 북미 간에 비핵화의 개념 자체에 대한 정의가 불일치하고 있다. 이로 인해 비핵화의 검증 체계와 단계, 방법론에 대해 양측이 모두 불신을 갖게 되고 실질적 진전 없는 무의미한 대화가 반복되고 있다. 이를 틈타 제재와 도발의 악순환이 벌어지고 남북관계의 불안정성이 장기화되고 있다.

2) 해법: 동시 행동과 단계 접근의 타협 지대 구축

'비핵화 vs 체제 보장'이라는 딜레마를 넘어서기 위해서는 상호주의 원칙과 점진적 접근법이 필요하다. '한 번에 해결하려 하지 말고, 단계별로 서로의 신뢰를 축적하는 방식'이 현실적 대안이 된다. 첫째 '행동 대 행동'의 원칙이 재확립되어야 한다. 북한이 핵실험 중단이나 IAEA(국제원자력기구) 복귀 등에 나서면 상응 조치를 제공하고, 초기 단계에서는 완전한 비핵화보다 영변 핵시설 폐기 등 동결 수준에서 시작하는 것이 바람직하다. 북한이 협상 초기에 동결에 들어가면 제재 일부를 해제하고 대북 인도적 지원을 확대하는 등의 원칙을 확립시켜 점차 상호 신뢰를 높여야 한다.

둘째 비핵화 개념과 로드맵에 대한 합의를 도출해야 한다. 비핵화의 정의를 명확히 하고 그 범위와 단계를 공동 설정 해야 한다. 단계별 이행 로드맵은 핵 동결→신고→검증→해체 순으로 흘러가도록 하고 각 단계별 검증 체계와 보상 기제가 동반되어야 한다.

셋째, 체제 보장의 현실적 수단이 마련되어야 한다. 북한이 요구하는 '체제 보장'은 남북이나 북미 간 공동 서명 또는 다자 체제 내 선언 방식의 한반도 불가침 선언, 주한미군 조정 논의 검토, 정전협정의 평화협정 전환 논의, 경제협력과 투자 보장을 위한 체제 안정화 논의 등으로 구체화할 수 있다.

넷째, 남북의 역할을 강화하고 중재 외교를 복원해야 한다. 남한은 북미 사이에서 촉진자이자 보증자로서 기능해야 한다. 한미 간 비핵화 전략 조율을 강화해 대북정책의 일관성을 확보하고 남북 협력을 통해 북한의 신뢰를 높이고 경제적 완충지대를 확보하는 방안이 바람직하다.

다섯째, 비핵화와 경제개발을 연계하는 '투 트랙 접근'이 필요하다. 북한의 경제 회생과 비핵화를 연계한 일종의 '행동 연동 모델'이다. 북한이 비핵화 1단계를 완료하면 경제특구를 확대하고 국제금융기구 참여를 허용하는 등 경제개발이 체제 보장의 실질적 수단으로 작동하도록 하는 것이다.

3) 결론

비핵화와 체제 보장은 단순한 교환 대상이 아니라, 상호 조건이자 병행 과제이다. 이 두 가지를 대립항이 아니라 통합적 과제로 재설계할 필요가 있다. '동시적 행동', '단계적 접근', '제도적 보장'이라는 삼각 구도가 정착되어야만, 협상은 정치적 이벤트가 아닌 실질적 변화를 위한 구조가 될 수 있다. 북한의 비핵화는 '압박'으로는 어렵고, 신뢰를 조건으로 한 제도화된 보장을 통해서만 가능하다. 그 시작은 협상의 틀을 게임이 아니라 과정으로 재정의하는 데서 출발한다.

3. 군사적 긴장과 신뢰의 병존: 안보 딜레마 해소 전략

1) 쟁점: '평화를 위한 무력 증강'의 역설

남북은 종전 상태가 아닌 정전 상태로 존재하고 있다. 이로 인해 군사적 긴장 완화와 신뢰 구축이 동시 추진되어야 함에도 불구하고, 실제로는 군비 증강과 상호 불신이 악순환을 형성하고 있다. 주요 군사적 긴장 요소는 북한의 핵과 미사일 개발 지속으로 군사 위협이 고조되고, 한미 연합 대응 강화가 유도되는 것이다. 한미 연합 군사훈련이 반복되고 확대되면 북한은 이를 침략 시나리오로 간주한다. 또한 서해 및 비무장지대(DMZ) 내 충돌 위험으로 군사적 우발 상황이 상존한다. 첨단 무기 도입 경쟁에 대해 남북한 모두 '자위적 조치'라 주장하지만 상호 불신이 증폭된다. 이러한 군사적 긴장은 신뢰 구축의 기반을 지속적으로 훼손하며, 결과적으로 평화를 위한 외교적 노력마저도 무력화시키는 악순환을 야기한다. 전형적인 '안보 딜레마'(security dilemma)에 해당하는 사례다.

2) 해법: '투명성, 단계성, 제도화'의 군사 신뢰 구축 전략

군사적 긴장을 완화하고 신뢰를 구축하려면, 상호 억제의 논리를 넘어서 군사 활동의 예측 가능성과 투명성을 제고하는 구조적 접근이 필요하다. 첫째, 남북 군사합의의 제도화 및 확대다. 2018년 9월 19일 남북군사합의서는 좋은 출발이었으나, 이행의 지속성과 제도적 뒷받침 면에서 부족함을 보였다. 당시 합의서상으로는 DMZ 내 상호 감시초소 철수 확대, 유해 공동 발굴, 비행금지 구역 확대, 훈련 자제 조항 명문화 등의 성과로 이어졌다. 이를 남북 상시 군사협의기구인 군사공동위원회 등을 구성해 상시 소통 구조를 확보하는 방안이 필요하다.

둘째, 비무장지대(DMZ: Demilitarized Zone)를 평화지대(PZ: Peace Zone)로 단계적 전환해야 한다. DMZ 내 국제 공동 활용 구상을 통해 생태·환경 보호 활동을 벌이고, 국제공원이나 공동관광지를 조성하면서 유엔이나 국제 NGO의 참여를 유도할 수 있다. 공동경비구역(JSA)은 정치·군사적 협력의 상징 공간으로 활용할 수 있다.

셋째, 연합훈련의 성격 조정 및 긴장 완화 협의체를 구성한다. 북한이 지속적으로 문제 삼는 한미 연합훈련을 특정 시기에 집중적으로 실시하는 것을 피하고 연간 상시 훈련 체제로 전환해 자극을 최소화한다. 상급 부대는 시뮬레이션 중심 훈련을 통해 유사시 대비 시나리오를 보완하고 각급 부대는 실전 중심의 훈련을 충분히 실시한다. 군사훈련 일정과 성격에 대해 사전 통보 체계를 구축하고 남북 간 군사적 긴장 완화 실무협의체를 정례화한다.

넷째, 남측의 '선제타격론'과 북측의 '핵무력 고도화' 간 대결의 탈구조화가 필요하다. 북측은 핵 선제사용 원칙, 남측은 킬체인(kill chain)과 3축 체계 등으로 상호 위협을 정당화하고 있다. 군사 위협의 수사적 수준을 낮추고, 상호 억제 기조 유지 방안을 마련해야 한다. 중장기적으로는 핵 및 재래식 무력의 통제 메커니즘을 마련해야 한다.

3) 결론

한반도의 평화는 무장의 균형이 아니라, 신뢰의 구조화에서 출발해야 한다. 군사적 긴장을 줄이기 위한 노력은 단순한 무기 감축이 아닌, 의사소통·관행·정책의 조율을 통한 제도화를 통해 가능하다. 신뢰는 '무장 해제'가 아니라 '상호 투명성' 속에서 자라나는 것이다.

4. 인도적 교류와 이산가족 문제: 정치 밖의 인간적 접근

1) 쟁점: 분단의 상처는 시간이 기다려 주지 않는다

남북한 분단으로 인해 발생한 이산가족 문제는 단순한 민족적 과제가 아니라, 삶과 죽음의 경계에 놓인 인간적 문제다. 그러나 현실에서는 이산가족의 고령화 심화, 남북관계에 좌우되는 교류의 단절성, 제도적 기반과 상시 체계의 부재, 제재 환경에서 위축되는 인도적 지원 등의 한계에 가로막혀 있다. 2025년 현재 생존한 등록 이산가족 약 3만 명 중 대부분이 80세 이상이고 이산가족 행사가 장기간 열리지 않으면서 생전에 상봉 기회를 얻지 못하는 이들의 수는 매년 수천 명씩 적체되고 있다. 상봉 방식은 일회성 행사 위주이며 영상 상봉이나 서신 교환, 생사 확인 등은 극히 제한적으로 이루어진다. 국제제재로 인해 식량·의약품·보건 지원 등도 축소되는 등 주민 삶의 질 향상을 위한 교류조차 '정치적 판단'의 대상이 되고 있다. 이러한 구조 속에서 인도적 교류는 정치 상황의 종속 변수로 전락해 실질적인 해결이 지연되고 있다.

2) 해법: 정치로부터 분리된 제도와 지속 가능성 확보

인도적 교류와 이산가족 문제는 정치·군사 문제와 분리하여 다루는 '비정치화' 접근이 필요하다. 이 문제는 정권이나 체제의 문제가 아니라, 인간의 권리와 존엄성의 문제이기 때문이다.

첫째, 이산가족 문제의 비정치화 선언 및 '상시화 기구'를 설립해야 한다. 남북이 공동으로 이산가족 문제를 정권 변화와 무관하게 다룬다는 선언과 함께 남북 적십자사가 상시 협력하는 '이산가족 상봉 사무국'을 설치하는 방안을 검토할 수 있다. 또한 정기적 생사 확인, 가계 정보 교환 시스템을 도입한다.

둘째, 영상 상봉과 서신 교환, 유전자 정보 활용을 제도화해야 한다. 물리적 상봉이 어려운 경우를 대비해 영상 상봉 시설 확대 및 정기화가 필요하다. 디지털 인프라 기반으로 비대면 교류를 정례화하고 메시지나 사진, 영상 편지를 주고받을 수 있도록 한다. 가계 유전자 데이터베이스를 구축해 혈연 확인 방법을 과학화해야 한다.

셋째, 민간과 국제기구의 역할을 확대해야 한다. UN(국제연합), ICRC(국제적십자위원회), WHO(세계보건기구) 등 국제기구의 역할을 공식화해야 한다. 이를 통해 중립적 생사 확인과 의료 교류를 지원한다. 민간단체의 '평화가족 연대 네트워크'를 조직해 이산가족 상봉을 사회운동 수준으로 확대해야 한다.

넷째, '인도적 지원=제재 예외' 원칙을 협의해야 한다. 식량, 보건, 아동, 장애인 지원 등은 제재 예외로 공식 규정하고 미국·UN·한국 정부 등이 '인도지원 협의 채널'을 별도로 운영하는 방안이 바람직하다. 이를 통해 비정치적 인도주의 물자 이동 통로를 확보할 수 있다.

다섯째, 분단 80년을 맞이한 '인간 중심 남북 대화' 캠페인을 추진한다. 통일·정치 담론에 앞서 '만나게 하자'는 시민 캠페인을 전개하는 것이다. 국내외 한인사회, 이산가족 후손 세대의 기억 보존 프로젝트를 추진하고 '이산의 역사'를 디지털 아카이빙하여 후세에 전승한다.

3) 결론

이산가족 상봉과 인도적 교류는 더 이상 늦출 수 없는 시간의 문제이자, 인간의 존엄을 지키는 문제다. 정치적 이해관계나 외교적 셈법 이전에, 한 사람의 생이 끝나기 전에 누군가를 다시 만날 수 있도록 돕는 것이야말로 가장 근본적인 통일의 실천이다.

5. 경제협력의 조건과 방향: 제재와 협력 사이

1) 쟁점: 제재 속에서 협력은 가능한가?

남북 경제협력은 한반도 평화와 통일을 위한 가장 실질적이고 현실적인 경로로 인식돼 왔다. 그러나 2016년 개성공단 중단 이후, 남북 경제협력은 사실상 전면 중단 상태에 놓여 있다. 그 배경에는 유엔과 미국의 대북 제재 체계의 한계, 북한 내부 제도 미비, 남한 사회 내 정치적 분열, 안보 상황에 민감하게 종속된 남북 경협 등의 복합적 제약이 존재한다.

2) 해법: '작은 시작, 명확한 규칙, 지속적 확대'로 구조 전환

현 상황에서는 과거처럼 대규모 경협을 단번에 재개하기는 어렵다. 하지만 제재의 틀 내에서 가능한 협력 활성화, 정치 리스크를 줄이는 구조 개편, 국제사회와의 연계를 통한 단계적이고 지속 가능한 협력 생태계 복원 방안 등이 도움이 될 수 있다. 첫째, '제재 예외 조항'을 활용한 소규모 경협부터 재개해야 한다. 인도주의 목적, 환경 협력, 보건·의료 분야 등의 제재 예외 영역을 활용해 '작은 협력 프로젝트'(small-scale projects)를 통해 우선 신뢰를 회복하는 것이다. 접경지역 병해충 방제나 산림 복원, 전염병 대응 의료협력 등이 예가 될 수 있다.

둘째, 개성공단과 같은 '특수지대 모델'의 제도적 재설계도 유용하다. 과거 개성공단의 교훈을 바탕으로 법·제도·행정 신뢰성을 보완하는 것이다. '남북경제특구법'을 제정해 법적 안정성을 확보하고 국제기구나 중립국가가 참여하는 합작감독기구를 도입할 수도 있다.

셋째, 남북과 제3국 또는 국제기구가 참여하는 '3자 협력 모델'도 해법이 될 수 있다. UNDP(유엔개발계획), WFP(유엔세계식량계획) 등 유엔 기구나 국제 NGO와의 공동사업 모델을 추진하는 것이다. 남북 기업과 미국, 유럽, 중국, 베트남 등 제3국 기업이 참여하는 3각 파트너십을 구성해 정치 리스크를 완화하고 국제적 신뢰성을 확보하는 방안도 있다.

넷째, 사회기반 인프라 협력으로 공동 기반을 마련해야 한다. 남북 연결성과 상호 의존성을 높이는 도로, 철도, 항만 인프라 사업을 추진하는 것이다. 경의선이나 동해선 철도 연결, 남북 통신망 구축, 전력망 연계 등의 방안을 추진할 수 있다. 이를 통해 남북 물류 공동체를 활성화하고, 이를 경제공동체로 전환할 수 있다.

다섯째, 남북협력기금의 역할을 확대하고 국민 참여형 구조를 구축한다. 기존 남북협력기금을 정책금융 방식으로 전환하고 중소기업과 지방정부의 참여를 유도한다. 통일펀드나 공공-민간 협력 플랫폼을 통한 국민 참여를 확대할 수도 있다. 경협을 기존의 정치 주도 구도에서 시민 기반 협력으로 확장하는 것이다.

3) 결론

남북 경제협력은 단지 이익을 위한 수단이 아니라, 신뢰와 공동체 회복을 위한 정치적·심리적 과정이다. 제재와 갈등 속에서도 할 수 있는 협력이 존재하며, 그것을 '작은 시작, 명확한 규칙, 지속적 확대'라는 전략으로 풀어야 한다. 지금 필요한 것은 협력의 의지와 상상력, 그리고 위기를 기회로 바꾸는 실용적 접근이다.

11장.
핵 문제, 어떻게 풀 수 있을까

북한 핵 문제는 단순한 군사 안보 이슈를 넘어서, 정권 안정, 국제 외교, 남북관계, 경제 제재 등 복합적 요소가 얽힌 난제다. 북한은 핵무장을 통해 체제 보장을 꾀하고 있지만, 국제사회는 이를 핵 비확산 체제(NPT) 위반으로 간주하고 강력히 제재하고 있다. 이 장에서는 북한의 핵 개발 동기와 국제사회의 대응, 실패와 진전이 반복된 협상 과정, 그리고 앞으로의 해법 가능성을 다양한 시각에서 조망해 본다.

1. 북한의 핵 개발 동기: 억제력인가, 협상 카드인가

북한은 핵무기를 '전쟁 억지력'으로 규정하며, 미국의 침략 위협에 대한 자위적 수단이라고 주장한다. 그러나 내부적으로는 정권의 생존과 정통성 강화를 위한 전략적 수단으로 기능하며, 대외적으로는 협상 지렛대로 활용되고 있다. 핵무장이 체제 유지의 최종 보루로 자리 잡은 현재, 북한에 비핵화는 곧 체제 위협으로 인식되고 있다.

북한의 핵 개발은 단순한 군사적 억지력 확보를 넘어서, 다층적인 전략적 목적을 내포하고 있다. 표면적으로 북한은 핵무기를 '전쟁 억지력'으로 정의하며, 한미 연합훈련과 미군의 전략 자산 전개 등을 미국의 침략 위협으로 간주하고 있다. 이에 따라 핵무장은 자위권 차원의 필수적 선택이라는 논리를 펴고 있다. 하지만 이러한 주장은 국내 정치적 안정과 대외 협상력 강화를 위한 수단이라는 해석이 더 설득력을 얻고 있다.

먼저 내부적으로는 정권의 생존과 체제 정통성 확보가 핵 개발의 핵심 동기이다. 김정은 정권은 핵무기를 '최고 존엄의 상징'으로 포지셔닝함으로써, 권력의 정통성과 국가의 자주적 위상을 강화하는 데 활용하고 있다. 핵 개발을 통해 외부 세계에 맞설 수 있다는 메시지를 내세움으로써 주민들에게 정권의 안보 능력을 과시하고, 내부 불만을 통제하는 심리적 도구로 삼고 있는 것이다.

대외적으로는 핵무장이 협상력의 극대화 도구로 활용되고 있다. 북한은 과거 1994년 제네바 합의, 2005년 9.19 공동성명, 2018년 싱가포르 북미 정상회담 등에서 핵 개발 능력을 카드로 내세워 미국과의 직접 협상에 나섰고, 이를 통해 경제적 지원, 체제 안전 보장, 국제적 위상 제고 등을 도모해 왔다. 특히 핵무기를 완전한 포기 대상이 아닌 '관리 가능한 협상 수단'으로 설정함으로써, 국제 사회의 양보를 유도하는 전략을 일관되게 구사하고 있다.

핵무장은 또한 '비대칭 전력'으로서의 가치를 가진다. 재래식 군사력에서 열세인 북한은 핵과 미사일 전력을 통해 한미동맹에 군사적 균형을 맞추려 하며, 이는 군사 전략 차원에서도 핵무장이 포기하기 어려운 유산이 되었음을 의미한다. 북한 입장에서 핵은 단순한 무기가 아니라, 국가의 안전 보장, 체제 생존, 외교적 협상의 지렛대라는 세 가지 기능을 동시에 수행하는 '전략적 만능열쇠'에 가깝다.

결과적으로 핵무기는 북한에게 단지 억제 수단도, 협상 카드만도 아니다. 그것은 체제의 생존, 정권의 정통성, 대외적 협상력이라는 복합적 목적을 지닌 핵심 전략 자산이다. 이러한 다층적 동기를 고려하지 않고는 북한의 핵 정책을 이해하거나 효과적인 대응 전략을 수립하기 어렵다.

2. 국제사회의 제재와 압박 전략

유엔 안보리와 미국, EU 등은 대북 핵실험과 미사일 발사에 대해 반복적으로 제재를 강화해 왔다. 제재는 외화 수입 제한, 금융 거래 차단, 원유 공급 축소, 선박 봉쇄 등 포괄적 분야에 걸쳐 있으며, 이는 북한의 경제활동에 상당한 제약을 가하고 있다. 그러나 북한은 이를 외부 적대세력의 탄압으로 규정하며, 내부 결속 강화와 자력갱생 노선을 통해 대응하고 있다.

국제사회는 북한의 핵 개발과 탄도미사일 시험을 중대한 안보 위협으로 간주하며, 다층적이고 강도 높은 제재와 압박 전략을 구사해 왔다. 유엔 안전보장이사회는 2006년 북한의 1차 핵실험 이후

총 10여 차례에 걸쳐 대북 제재 결의안을 채택했으며, 미국, 유럽연합, 일본 등도 개별적으로 금융 제재, 여행 금지, 수출입 금지 등의 독자 제재를 강화해 왔다.

이러한 제재는 ▲북한의 주요 외화 수입원인 석탄, 철광석, 섬유 수출 차단 ▲해외 노동자 송출 금지 ▲금융기관 및 개인 대상 자산 동결 ▲선박 압류 및 수출입 제한 ▲정유 및 원유 공급 상한 설정 등의 내용을 포함하고 있다. 이로 인해 북한의 공식 무역은 급격히 위축되었고, 외화 확보가 어려워졌으며, 에너지·식량·의약품 등 민생 부문에도 심각한 영향을 미치고 있다.

제재의 목적은 단순한 경제적 압박을 넘어, 북한을 협상 테이블로 유도하고 핵 프로그램 중단 및 검증 가능하고 되돌릴 수 없는 비핵화를 유도하는 데 있다. 그러나 북한은 이를 '적대시 정책'으로 규정하고, 제재를 내부 결속 강화의 계기로 활용하는 이중 전략을 펼치고 있다. 특히 김정은 정권은 자력갱생을 강조하며 제재 장기화에 대비한 국내 생산력 확대와 민간 동원 체제를 강화하고 있다.

또한 제재의 효과는 제재 이행의 불균형성과 회피 전략으로 인해 일정 부분 제약을 받고 있다. 중국과 러시아의 제재 이행 태도는 일관되지 않으며, 북한은 불법 해상 환적, 암호화폐 해킹, 위장 기업 운영 등을 통해 제재 회피 수단을 개발해 왔다. 이로 인해 제재 자체의 실효성과 지속 가능성에 대한 회의도 커지고 있으며, 일부 국제기구는 인도적 지원의 어려움과 제재의 부작용에 대한 우려를 제기하기도 한다.

결과적으로 국제사회의 제재는 북한에 일정 수준의 경제적 압박과 고립을 가하는 데 성공했으나, 핵 포기를 유도하는 데는 한계가 있었다. 향후 제재 전략은 경제개발이 체제 보장의 실질적 수단으로 작동할 수 있는 구조를 만들어 북한이 제재를 단순히 '버티는 대상'이 아니라 '협상의 계기'로 인식하도록 유도하는 정교한 접근이 요구된다.

3. 남북 및 북미 협상의 역사

1994년 제네바 합의, 2000년대 6자회담, 2018년 북미 정상회담 등은 일정한 진전을 보였으나, 비핵화 방식과 체제 보장 방식에 대한 이견으로 반복적으로 좌초되었다. 특히 2019년 하노이 회담 결렬 이후 협상은 사실상 중단된 상태이며, 신뢰 회복과 동시적 조치에 대한 해법이 필요하다는 인식이 확산되고 있다.

북한의 핵 개발 문제는 1990년대 이후 국제사회와의 협상 테이블을 오가며 수차례 진전과 후퇴를 반복해 왔다. 가장 첫 번째 중대한 합의는 1994년 '제네바 기본합의'(Agreed Framework)였다. 당시 클린턴 행정부와 북한은 북한이 플루토늄 생산을 중단하는 대가로 경수로 지원과 중유 제공, 관계 정상화를 약속받았으나, 양측의 이행 불이행과 신뢰 부족, 정권 교체 등으로 인해 2002년 사실상 합의가 붕괴되었다.

이후 2003년부터 시작된 6자회담(북한, 한국, 미국, 중국, 일본, 러시아)은 비핵화와 북미관계 개선, 한반도 평화체제 구축 등을 포괄적으로 논의하는 협상 틀이었으나, 2005년 9.19 공동성명 발표 이후에도 검증 방식과 상호 이행 속도, 대북 금융 제재 문제 등으로 인해 협상은 교착 상태에 빠졌다. 북한은 2009년 6자회담을 사실상 탈퇴하며, 이후 독자 노선을 강화했다.

2018년에는 북미 간 직접 정상회담이라는 역사적 전환점이 마련되었다. 싱가포르에서 열린 1차 북미 정상회담에서는 '완전한 비핵화'와 '체제 안전 보장', '관계 정상화' 등이 합의되었지만 구체적 이행 방안은 명시되지 않았다. 2019년 하노이에서 열린 2차 회담은 북한의 영변 핵시설 폐기와 대북 제재 해제라는 '빅딜'을 놓고 이견을 좁히지 못한 채 결렬되었고, 이후 스톡홀름 실무협상도 별다른 진전을 보이지 못한 채 중단되었다.

남북관계 또한 유사한 흐름을 보였다. 2000년과 2007년의 남북 정상회담, 2018년 판문점·평양 선언 등으로 화해 분위기가 조성되었으나, 북미 대화의 정체와 군사적 긴장 재고로 인해 실질적 진전은 제한적이었다. 2020년 개성 남북연락사무소 폭파 등 북한의 일방적 조치는 대화의 불확실성과 긴장 요인을 더욱 부각시켰다.

결과적으로 남북 및 북미 협상은 반복되는 신뢰 붕괴, 제재 완화와 비핵화 이행 간의 시차, 정치 일정에 따른 정책 변화 등 복합적 변수로 인해 지속적 성과를 도출하지 못하고 있다. 향후 협상이 성과를 내기 위해서는 단계적 접근, 상호 동시 이행, 검증 가능한 조치라는 원칙이 마련되어야 하며, 특히 신뢰 회복이 협상 재개의 가장 중요한 조건으로 지적되고 있다.

4. 북한의 비핵화 가능성: 허상인가 현실인가

북한이 핵을 완전히 포기할 가능성은 낮다는 전망이 우세하지만, 일정 조건 하에서 핵 동결 혹은 관리 가능한 수준의 군축은 가능하다는 현실론도 존재한다. 비핵화의 진정성과 의지를 끌어내기 위해서는 군사적 압박과 외교적 유인이 병행되어야 하며, 단계적 접근, 상호 동시 조치, 검증 체계 등이 필수 요소로 제시된다.

북한의 완전한 비핵화 가능성에 대해 국제사회는 오랜 기간 회의적 시각을 견지해 왔다. 이는 북한이 이미 헌법과 법률 수준에서 핵보유국 지위를 명문화했고, 핵무기를 체제 생존의 핵심 보루로 규정하고 있다는 점에서 비롯된다. 실제로 김정은은 여러 공식 연설과 당 대회를 통해 핵무력 완성을 선언했으며, 이를 역사의 유산으로 계승할 것임을 천명했다.

그러나 일부 전문가들과 외교 실무자들은 북한이 조건부 혹은 단계적 비핵화에 응할 가능성은 여전히 존재한다고 본다. 그 조건이란 군사적 위협의 실질적 해소, 경제 제재의 단계적 완화, 체제 안전 보장을 담보하는 정치적 합의, 그리고 미국과의 외교 정상화 등이 복합적으로 충족되는 상황이다. 특히 김정은 체제 초기에는 핵과 경제 병진노선을 표방하면서도 실용주의적 접근 가능성을 내비친 바 있다.

현실적으로 북한이 당장 핵무기를 전면 폐기하기는 어려우며, 그보다는 핵 개발 중단(모라토리엄), 핵물질 생산 동결, 군축 협상 참여 등의 '비핵화 프로세스의 진입'이 보다 실현 가능한 시나리오로 제시된다. 이를 위해서는 상호적 조치—예컨대 제재 일부 완화와 핵사

찰 허용이 동시적으로 이루어지는—가 필수적이며, 이를 뒷받침할 수 있는 국제적 검증 체계가 구축되어야 한다.

문제는 북한의 전략적 신중함과 미국을 비롯한 국제사회의 정치적 계산이 쉽게 일치하지 않는다는 점이다. 북한은 비핵화가 아닌 '비핵화 대화'를 전략적으로 활용하고 있으며, 미국은 검증 없는 약속을 경계한다. 이로 인해 진정한 비핵화로의 전환은 신뢰 구축이 전제되지 않으면 불가능하다는 인식이 확산되고 있다.

결과적으로 북한의 비핵화는 단번에 달성할 수 있는 목표가 아니라, 긴 호흡의 과정으로 접근해야 할 과제다. 이를 허상으로 단정하기보다는, 현실적 조건을 충족시키며 점진적으로 북한의 태도 변화를 유도하는 장기 전략이 요구된다.

5. 한국의 역할과 전략적 선택

한국은 당사국으로서 가장 큰 이해관계를 가진 동시에, 중재자와 협상 촉진자의 역할도 수행해야 한다. 대화 국면에서는 외교적 유연성, 대치 국면에서는 방위력 강화가 병행되어야 하며, 미국과의 공조, 중국과의 협력, 국제사회와의 조율이 긴요하다. 동시에 북한 내부의 변화 조짐을 면밀히 분석하고, 대북 메시지의 일관성과 전략성을 유지해야 한다.

한반도 문제의 당사자인 한국은 북한 핵 문제 해결에 있어 가장 민감하고 복합적인 입장에 놓여 있다. 한국은 북한의 도발에 직접적인 군사적 위협을 받는 안보 당사국이자, 평화체제 구축과 민족통일을 염두에 두는 정치적 당사국이며, 동시에 미국, 중국, 일본, 러시아 등 주변 강대국 사이에서 균형을 유지해야 하는 외교적 중재자 역할을 수행해야 한다.

우선 한국은 외교적 중재자이자 촉진자로서의 역할을 강화해야 한다. 북미 간 직접 협상이 교착 상태에 빠진 상황에서 한국은 신뢰 조성을 위한 초기 대화의 물꼬를 트는 역할을 할 수 있으며, 남북 간 신뢰 회복이 북미 대화를 견인할 수 있는 환경을 조성하는 핵심 요소가 될 수 있다. 이 과정에서 과도한 기대나 일방적 양보보다는, '조건부 대화' 원칙과 국제공조에 기반한 현실주의적 접근이 필요하다.

또한 한국은 한미동맹을 축으로 한 안보 공조를 견고히 하면서도, 중국과의 전략적 소통을 병행해야 한다. 북한이 핵을 체제 보장 수단으로 활용하고 있는 한, 중국의 역할은 압박과 설득 양면에서 매우 중요하며, 한국이 미국과 중국 사이에서 신중하고 유연한 외교 전략을 구사하는 것이 핵심이다. 이 과정에서 '한반도 문제의 한국 주도 원칙'을 분명히 하되, 국제사회의 연대와 협력을 확보하는 외교력이 요구된다.

국내적으로는 국민적 합의와 정파를 초월한 대북정책 일관성이 중요하다. 대북정책이 정권에 따라 급변하는 경우 북한과의 협상 신뢰도가 하락할 뿐 아니라, 국제사회에서 한국의 입지도 약화된다. 따라서 초당적 합의 기반의 일관된 전략 수립이 중요하며, 이를 위한 제도화된 협의체 운영도 병행되어야 한다.

무엇보다 한국은 북한 사회의 점진적 변화 가능성에 주목해야 한다. 북한 내 시장화, 정보 유입, 젊은 세대의 인식 변화는 장기적으로 핵 문제 해결의 기반이 될 수 있다. 따라서 대북정책은 단기적 안보 대응과 더불어, 장기적 변화 유도를 위한 정보·문화·인도주의적 접근을 병행해야 한다. 결국 한국의 전략은 안보-외교-심리전이 통합된 복합전략이 되어야 한다. 방위력과 외교력, 유연성과 일관성, 현실 인식과 미래지향의 균형 위에서 북한을 협상 테이블로 다시 끌어들이는 정교한 접근이 절실하다.

한반도 정전체제를 항구적 평화체제로 전환하는 논의는 비핵화 협상과 병행되어야 한다. 북한이 핵을 체제 보장의 수단으로 삼는 한, 이를 대체할 수 있는 정치·경제적 안전장치가 함께 마련되어야 하며, 남북 및 북미 간의 상호 불신을 해소할 협약과 체계적 검증 장치가 필요하다.

핵 문제 해결은 단순히 무기를 제거하는 것이 아니라, 북한이 핵을 필요로 하지 않도록 하는 구조적 전환을 포함해야 한다. 안보, 경제, 외교가 결합된 다층적 전략이 요구되는 이 과제는 한국과 국제사회의 지혜와 결단을 요구하는 21세기의 가장 복합적인 외교 도전이라 할 수 있다.

12장.
주한미군과 평화체제: 동맹인가 자주인가

한반도 안보 환경에서 주한미군의 존재는 단순한 군사 배치 이상의 정치적, 외교적 의미를 가진다. 이 장에서는 주한미군 주둔의 역사와 전략적 의미, 평화체제 논의와의 연계, 한국 사회 내부의 논쟁, 그리고 미래의 방향성을 중심으로 '동맹과 자주'라는 두 축 사이의 균형점을 모색한다.

1. 주한미군의 역사와 전략적 기능

주한미군은 1950년 6.25전쟁 발발 이후 한미상호방위조약(1953)에 기반해 배치되었으며, 이후 냉전기와 북한의 위협에 대응하는 전략적 기지로 기능해 왔다. 오늘날에도 2만 8천여 명의 미군이 한국에 주둔 중이며, 이는 억지력 제공, 연합작전 수행, 군사정보 공유의 핵심 축이다.

주한미군의 기원은 제2차 세계대전 직후 한반도 분단과 함께 시작되었다. 1945년 8월 15일 해방 직후 미군은 38선 이남에 진주하여 군정 체제를 수립했고, 이는 곧 1948년 8월 15일 대한민국 정부 수립과 더불어 한반도 남측의 안보 기반을 마련하는 토대가 되었다. 본격적인 주둔은 1950년 6월 25일 6.25전쟁 발발과 함께 시작되었으며, 1953년 10월 1일 체결된 한미상호방위조약을 통해 법적 근거가 명문화되었다.

냉전기 동안 주한미군은 소련·중국·북한으로 대표되는 공산 진영에 맞서는 '전방 방어선' 역할을 수행했으며, 이 시기 한국은 미군 전력의 중요 거점이자 병참 기지로 기능했다. 베트남전 당시 미군은 한국 내 기지를 병참 허브로 활용하기도 했으며, 이 과정에서 한미 군사협력은 보다 심화되었다. 1970년대 들어 닉슨 독트린과 주한미군 감축 논의가 제기되기도 했지만, 이후 제임스 카터 정부 시기 철수 계획이 철회되면서 주한미군은 다시 안정적인 주둔 체계를 갖추게 되었다.

현재 약 2만 8,500여 명의 미군이 한국에 주둔하고 있으며, 주요 기지는 경기 평택의 캠프 험프리스, 오산 공군기지, 군산 공군기지 등이 중심을 이룬다. 이들은 단순한 병력 배치 이상으로 ▲북한에 대한 억지력 제공 ▲한미 연합작전의 실행 주체 ▲군사정보 및 기술 공유의 창구 ▲지역 안보 네트워크의 핵심 요소로 기능하고 있다. 특히 한미연합사령부는 한국군과 미군이 공동으로 작전 계획을 수립하고 실행하는 독특한 구조로, 한국 전시작전통제권 전환 논의와도 밀접히 연관되어 있다.

전략적 기능 측면에서도 주한미군은 동북아 전체의 안보 균형 유지에 중요한 축이다. 일본, 괌, 필리핀 등지의 미군 기지와 연계된 '전략 삼각 축'은 미국의 아시아 회귀 전략(pivot to Asia)과 인도-태평양 전략의 전진 배치 개념과 맞물려 있으며, 이는 단지 한반도 방어를 넘어 역내 전체의 억지력과 대응 능력을 상징하는 존재로 작용하고 있다.

따라서 주한미군은 한미동맹의 상징이자, 동시에 역내 질서 유지를 위한 전략 자산이라는 이중적 위상을 지니고 있다. 이러한 복합적 기능은 주한미군 논의를 단순한 찬반을 넘어 동맹의 미래와 자주국방의 전략적 비전에 대한 고찰로 확장시킨다.

2. 한미동맹의 안보적 가치와 정치적 의미

한미동맹은 단순한 군사협력을 넘어 정치·경제·외교 전반에 걸친 포괄적 파트너십으로 발전해 왔다. 주한미군은 이러한 동맹의 상징이자 실질적 수단이며, 한국의 억지력 강화와 미국의 동북아 전략의 일환으로 기능한다. 그러나 동시에 외교적 자율성과 동맹의 조건 재조정 필요성에 대한 논의도 지속되어 왔다.

한미동맹은 1953년 한미상호방위조약 체결을 기점으로 출발해, 이후 70여 년 동안 한국의 국가 안보뿐만 아니라 동북아 전체의 안보 구조를 뒷받침하는 핵심 축으로 자리매김해 왔다. 그 본질은 군사동맹이지만, 점차 정치·외교·경제·기술 협력을 포괄하는 전략적 파트너십으로 발전하였다. 주한미군은 이러한 동맹의 상징이자 실질적 보증 수단으로, 한국의 군사 억지력을 실질적으로 뒷받침하고, 동시에 미국의 동북아 지역 전략의 일환으로 기능하고 있다.

안보적 측면에서 한미동맹은 북한의 군사적 위협을 억제하는 핵심 기제다. 주한미군과 한미연합사령부는 군사훈련, 정보 공유, 공동 작전 계획 수립 등을 통해 실전 대응 능력을 유지하고 있으며, 이는 북한뿐 아니라 중국, 러시아 등 주변 국가들에도 강력한 신호를 보내는 전략적 억제력으로 작용한다. 특히 북한의 미사일 능력 고도화와 핵무기 소형화가 진행되는 상황에서 동맹 기반의 공동 방위 체제는 더욱 강조되고 있다.

정치적 의미 측면에서도 한미동맹은 단지 군사적 연대를 넘어서, 국제사회의 질서 유지와 가치 공유의 관점에서 중요하다. 민주주의, 시장경제, 법치주의라는 공통 가치 위에 세워진 양국 관계는 글로벌 협력의 토대가 되어왔으며, 미국의 대중국 견제 전략, 인도-태평양 전략 등과도 직간접적으로 연결된다. 한국의 외교적 자산으로서 한미동맹은 다른 국가들과의 외교 관계 구축에 있어서도 신뢰와 안정의 기반으로 작용한다.

그러나 동시에, 한미동맹의 유연한 재조정과 한국의 외교적 자율성 확대에 대한 요구도 증가하고 있다. 방위비 분담금 협상, 전략적 유연성, 사드 배치 등에서 발생한 갈등은 한국 사회 내에서 동맹 구조의 불균형에 대한 인식을 자극했고, '자주국방'에 대한 관심을 재점화시켰다. 일부에서는 동맹이 안보 의존을 심화시켜 외교적 선택지를 제한한다는 비판도 제기된다.

따라서 한미동맹은 그 자체로는 분명한 가치와 효용을 지니지만, 시대적 변화와 국내 여론의 다변화 속에서 끊임없는 조율과 재설계가 요구된다. 안보를 위한 동맹과 외교적 자율성 간의 균형을 어떻게 확보할 것인가는 향후 한국 안보 전략의 핵심 과제가 될 것이다.

3. 종전 선언과 평화협정 논의 속 주한미군의 위치

정전협정을 평화협정으로 전환하려는 시도는 주한미군의 법적·정치적 지위에 영향을 미칠 수 있다. 북한은 종전 선언과 주한미군 철수를 연계시키려는 입장을 취해왔으며, 이에 대한 한국과 미국의 전략적 입장 조율이 중요하다. 일부는 평화체제 전환 이후에도 주한미군의 전략적 주둔이 필요하다고 보며, 다른 한편에서는 자주국방의 원칙에 따라 재조정이 필요하다고 본다.

정전협정의 평화협정 전환 논의는 주한미군의 존재 의미와 법적 지위에 대한 새로운 질문을 제기한다. 1953년 체결된 정전협정은 군사적 적대행위를 일시 중단시킨 상태로, 아직 전쟁이 공식적으로 종료되지 않은 상태다. 평화협정은 이 전쟁 상태를 법적으로 종식시키는 조치로, 이에 따라 주한미군 주둔의 근거와 성격이 재조명될 수밖에 없다.

북한은 오랫동안 종전 선언과 평화협정 체결을 주장하며 이를 주한미군 철수와 연계시키는 전략을 구사해 왔다. 북한은 주한미군을 한반도 분단의 상징이자 외세 간섭의 주체로 규정하며, 이를 제거하는 것이 진정한 평화의 출발이라고 주장한다. 2018년과 2019년 북미, 남북 정상회담에서도 이러한 입장이 간접적 또는 직접적으로 드러났다.

반면 미국은 주한미군의 주둔이 정전협정과는 별도로, 한미상호방위조약에 기반한 양국 간의 주권적 합의에 따라 이루어졌다는 입장을 견지해 왔다. 따라서 평화협정 체결이 주한미군 철수를 자동으로 수반하지 않으며, 주한미군의 존재는 동북아 전체의 안정과 미국의 전략적 이해에도 직결된다고 본다.

한국 내부의 논의도 양분된다. 보수 진영은 북한의 위협이 완전히 제거되지 않는 이상 주한미군의 억지력은 여전히 필요하다는 입장을 고수한다. 반면 일부 진보 세력과 시민단체들은 종전 선언 이후에도 외국군이 상시 주둔하는 것은 평화국가의 지향과 어긋난다고 주장하며, 점진적 감축이나 역할 재조정이 필요하다고 본다.

주한미군의 법적 지위뿐 아니라, 지휘체계와 작전권 전환 문제도 주요 논의 대상이다. 한국은 전시작전통제권 환수를 추진 중이며, 이는 평화협정 체결 이후 자주국방 역량 강화와 맞물려 한미 군사협력의 성격 재정립을 요구할 수 있다. 아울러 전략적 유연성 개념—미군의 해외 기지를 탄력적으로 운용하는 전략—역시 주한미군의 주둔 목적과 범위를 명확히 재설정해야 할 필요성을 제기한다.

평화협정 체결은 단지 적대행위의 종식을 넘어서 주한미군의 존재 양상, 한미동맹의 작동 방식, 동북아 안보 구도의 재편까지 포함하는 종합적 전환점이 될 수 있다. 이 과정에서 중요한 것은 단지 정치적 선언이 아니라, 주권국가로서 한국의 입장을 분명히 하고, 국민적 합의와 국제적 정당성을 바탕으로 다층적인 안보 전략을 수립하는 일이다.

4. 한국 사회 내부의 입장 차이와 논쟁

주한미군에 대한 한국 사회의 시각은 보수와 진보, 세대와 지역에 따라 다양하다. 보수 진영은 주한미군을 안보의 핵심으로 보며, 진보 진영은 외세 개입의 상징 혹은 평화체제와 충돌하는 요소로 보는 경향이 있다. 사드 배치, 방위비 분담금 협상 등은 이러한 갈등을 증폭시켰다.

주한미군에 대한 한국 사회의 시각은 단순한 정치적 입장을 넘어서, 역사적 경험, 세대별 인식, 지역적 이해관계, 안보 상황에 대한 평가 등 다양한 변수에 따라 복합적으로 나뉜다. 보수 진영은 주한미군을 북한 억지력의 핵심으로 보며, 북핵 위협이 지속되는 한 주한미군은 안보 불가결의 요소라는 입장을 견지한다. 이들은 한미동맹을 한국의 국익과 안정, 국제적 위상 유지의 필수 요소로 간주하며, 오히려 미군의 역할 확대나 긴밀한 정보·무기 체계 통합을 요구하는 경우도 많다.

반면 진보 진영은 주한미군을 외세 개입의 상징이자 자주권 제한의 상징으로 인식하는 경향이 있다. 이들은 평화체제 전환과 함께 주한미군의 감축 또는 역할 전환이 불가피하며, 자주국방 체계의 조속한 완성이 필요하다고 주장한다. 특히 전시작전통제권 환수, 무기 체계 국산화, 외교적 자율성 확보 등을 통해 한미동맹을 보다 대등한 관계로 전환해야 한다는 입장을 강조한다.

세대별로도 입장 차이가 뚜렷하다. 전쟁 세대와 냉전 시기를 경험한 장년층은 주한미군의 존재를 '안보의 보루'로 인식하는 반면, 2030 세대는 글로벌 안보 환경 변화와 민족자주 의식에 따라 보다 유연하고 비판적인 시각을 보이기도 한다. 특히 젊은 세대는 평화 담론, 남북 교류, 국제 감각을 바탕으로 기존 동맹 중심 안보 담론을 재해석하려는 태도를 보이고 있다.

지역적으로도 이해관계는 다르다. 주한미군 기지가 위치한 지역 주민들은 기지 경제에 일정 부분 의존하면서도, 환경 피해나 범죄, 소음 등으로 인한 일상적 불편을 호소하는 경우가 많다. 반면 수도권이나 비기지 지역의 시민들은 안보 효용성과 정치적 상징성에 더 주목하는 경향이 있다. 사드 배치 당시 경북 성주의 사례처럼, 주한미군 문제는 단지 국가 안보 차원이 아니라 주민 생활권과도 직결되는 사안이다.

이처럼 주한미군을 둘러싼 한국 사회 내부의 입장 차이는 단순한 이념적 구분을 넘어 다층적이고 실용적인 고려가 얽혀 있다. 따라서 이 문제를 둘러싼 논쟁은 정쟁의 수단이 아니라 국민적 토론과 전략적 합의를 위한 공론장으로 전환되어야 하며, 갈등의 증폭이 아닌 상호 이해와 균형을 도모하는 방향으로 나아갈 필요가 있다.

5. 전략적 유연성과 자주국방의 조화

주한미군 문제는 자주국방 역량 강화와 동시에 한미동맹을 어떻게 조율하느냐의 문제이기도 하다. 전략적 유연성 개념은 미군의 글로벌 이동성을 높이는 동시에 한국의 동의 없는 작전 확대 가능성을 제기해 논란이 되어왔다. 자주국방은 단순한 병력 증강을 넘어 정보·지휘체계·전략 자산의 독자 운영이라는 차원으로 접근해야 한다.

주한미군 문제는 단지 외국 군대의 주둔 여부에 관한 논쟁이 아니라, 한국의 자주적 안보 역량과 한미동맹의 기능 사이에서 어떻게 조화를 이룰 것인가라는 전략적 과제다. 특히 '전략적 유연성'이라는 개념은 주한미군의 글로벌 작전 능력을 강화하는 데 유용한 한편, 한국의 동의 없는 작전 확대 가능성을 열어두면서 국내적으로는 주권 침해 논란을 불러일으켜 왔다.

전략적 유연성은 2000년대 중반 이후 미국이 주한미군을 한반도 방어뿐 아니라, 역내 전반에 걸친 군사 작전의 전진기지로 활용할 수 있도록 하기 위해 제기된 개념이다. 이는 미군의 글로벌 신속 대응 능력을 높이는 데 기여했지만, 동시에 한국 정부의 동의 없이 제3국 분쟁에 개입하는 주한미군의 역할에 대해 우려를 증폭시켰다. 따라서 이 개념은 철저한 협의 절차와 조건 설정을 통해 한국의 주권을 보장하는 방식으로 재정립될 필요가 있다.

이와 동시에, 자주국방은 단순히 병력 증강이나 무기 도입에 그치는 것이 아니라, 독자적인 정보 수집 능력, 지휘통제 체계의 구축, 전시작전통제권의 실질적 확보, 전략 자산의 운영 능력을 갖춘 포괄적 안보 시스템 구축을 의미한다. 특히 한국이 독립적 판단에 기반한 안보 전략을 수립하고 실행할 수 있으려면, 군사 기술력뿐 아니라 외교력, 위기관리 능력, 동맹 조율 능력 등 복합적 역량이 병행되어야 한다.

또한 한미 간 협력은 단절이 아니라 상호보완적 방향으로 재구성되어야 한다. 예컨대, 연합훈련의 성격과 규모, 미사일 방어 체계 통합 여부, 정보 공유 범위 등을 한국의 전략 기조와 조화되도록 조정하는 방식으로 실질적 자율성을 확보하는 것이 중요하다. 이는 한미동맹의 지속 가능성을 높이면서도 한국의 안보 주체성 강화를 실현하는 현실적인 경로가 될 수 있다.

결국 전략적 유연성과 자주국방은 대립 개념이 아니라, 상호 균형과 조율을 통해 한국 안보의 안정성과 자율성을 동시에 추구할 수 있는 상보적 개념이다. 핵심은 감정적 접근이 아니라 전략적 설계와 장기적 비전 속에서 양자 간의 역학을 조율하는 데 있다.

6. 미래의 평화체제와 주한미군의 재조정 가능성

한반도의 항구적 평화체제 수립은 주한미군의 성격과 위상을 재정의할 계기를 제공할 수 있다. 북한과의 관계 정상화가 이루어지면, 주한미군의 역할도 '억지'에서 '안정 유지' 혹은 '다자안보 협력'으로 전환될 수 있다. 주한미군의 미래는 결국 동맹의 진화, 한국의 전략적 선택, 동북아 안보 질서 변화와 맞물려 결정될 사안이다.

평화체제 수립은 단지 군사적 적대의 해소를 넘어, 기존 안보 구도와 외교 전략을 전면적으로 재설계할 계기를 제공한다. 이와 관련해 주한미군의 역할과 위상 또한 재조정이 불가피할 것으로 보인다. 과거 냉전과 북한의 침략 위협에 대응하기 위한 전방 배치 개념에서, 이제는 평화체제하에서의 안정 유지, 위기관리, 다자안보 협력 등의 새로운 임무로 기능이 전환될 수 있는 가능성이 제기된다.

북한과의 관계 정상화, 한반도 종전 선언, 평화협정 체결 등이 현실화될 경우, 주한미군의 법적·정치적 명분에 대한 재검토는 불가피하다. 평화체제가 구축된 이후에도 북한의 비핵화가 완전하지 않거나, 중국 견제 등 역내 안보 환경이 여전히 긴장된 상태라면, 주한미군의 존재는 '억지력'을 넘어 '지역 안정 기여 세력'으로 재정의될 수 있다. 이 경우 다자간 협력 체제—예를 들어 동북아 안보 포럼이나 한미일 안보 협력 체계—내에서 주한미군의 임무와 구조를 조정할 필요가 생긴다.

이와 함께 한국의 전략적 선택도 중요하다. 자주국방 역량이 실질적으로 확보되면, 일부 주한미군 기능의 전환 또는 감축이 가능해질 수 있으며, 이는 한미동맹의 성격을 '의존적 방위 체계'에서 '공동 전략 파트너십'으로 진화시키는 기회가 될 수 있다. 단, 이는 철저한 사전 조율과 국제사회 설득, 국민적 합의라는 복합적 조건이 충족되어야 가능한 일이다.

주한미군의 재조정은 그 자체로 민감한 안보·외교 사안인 동시에, 한국의 대외 전략과 민족통일 구상, 그리고 동북아에서의 균형자 역할 구상과도 연결되어 있다. 주한미군이 한반도 평화체제 내에서 어떤 방식으로 지속될 것인가는 향후 수십 년간의 전략 지형을 결정짓는 변수이자, 한국 안보의 새로운 프레임을 설계하는 기준점이 될 것이다.

주한미군 문제는 단지 찬반의 문제가 아니라, 안보와 자주, 동맹과 평화, 현실과 이상 사이의 균형점을 어떻게 설계할 것인가에 대한 질문이다. 이 복합적 사안을 다룰 때 필요한 것은 감정적 이분법이 아닌, 전략적 상상력과 실용적 조율이다.

주한미군의 재조정은 철수냐 유지냐의 이분법을 넘어, 그 존재 이유와 기능을 어떻게 시대적 변화에 맞게 재설계할 것인가라는 질문인 것이다. 이를 위해 필요한 것은 안보 환경의 다변화에 대한 분석, 동맹의 유연한 진화, 국민적 공감대 형성이라는 세 요소가 정교하게 맞물리는 전략적 사고와 실용적 실행력이다.

13장.
통일 담론과 남북의 통일방안

한반도 분단 이후 통일은 언제나 우리 사회의 가장 근본적인 과제이자 논쟁의 중심에 있어왔다. 이 장에서는 한국 사회와 정치권에서 통일이 어떻게 논의되어 왔는지를 검토하고, 변화하는 시대 흐름 속에서 통일의 방향성과 새로운 담론의 가능성을 탐색한다.

1. 통일 담론의 역사

1945년 분단 직후부터 1970년대까지 통일 논의는 주로 남북한 체제 우위를 전제로 한 냉전적 사고에 기반했다. 남측은 자유민주주의 체제에 의한 흡수통일을, 북측은 사회주의에 의한 적화통일을 주장하며, 통일은 상호 체제의 전복을 의미하는 것이었다. 이 시기 통일 담론은 군사력과 이데올로기를 중심으로 전개되었으며, 실질적인 민족통합보다는 정치·군사적 우위 확보 수단으로 기능했다.

1) 초기 통일 논의와 냉전적 시각

1945년 해방 이후 미국과 소련의 한반도 분할 점령으로 인해 통일 문제는 본격적으로 국제 정치의 틀 속에 갇히게 되었다. 초기 남북한은 각기 다른 체제를 수립하고 이를 정당화하기 위한 이념적 정당성과 정치적 우위를 확보하려 했다. 이에 따라 통일 담론은 민족통합이나 평화적 공존보다는, 상대 체제의 전복과 흡수라는 극단적 목표에 집중되었다.[28]

남한에서는 자유민주주의와 시장경제 체제를 북한에 확산시키는 '흡수통일'이 이상적 모델로 제시되었으며, 이는 미국과의 군사적 협력, 반공 이데올로기 교육, 체제 정당성 강조 등을 통해 사회 전반에 뿌리내렸다. 북한은 반대로 사회주의 혁명을 남한에 확산시키는 '적화통일'을 전략 목표로 삼았고, 김일성 정권은 이를 위해 무장투쟁과 공작 활동을 병행하며 이념 대결을 지속했다.

1950년 6.25전쟁의 발발은 이러한 상호 배타적 통일 구상의 극단적 충돌이 현실화된 사례였다. 이후 정전체제가 고착되면서 통일 논의는 공식적으로는 유지되었지만, 실질적으로는 상호 불신과 적대의 연속이었다. 특히 남북한 모두 상대 체제를 인정하지 않는 '적대적 무시'의 태도를 고수했으며, 통일을 위한 대화는 정치 선전의

28] 이중구(2024). 〈북한의 '적대적 두 국가론'과 남북관계 전망〉, 《통일정책연구 제33권 1호》, 29-54, pp.35-36.

수단으로 활용되는 경우가 많았다.

당시 통일에 대한 논의는 국가주의적이고 이념 중심적인 시각이 지배했으며, 민중의 일상과 분단의 현실은 담론의 주변으로 밀려났다. 통일 교육은 '반공정신 함양'에 초점을 맞췄고, 통일 연구는 군사적 대비책과 심리전 전략 수립의 연장선에서 다루어졌다. 이로 인해 통일 담론은 오랫동안 실질적 공감대 형성보다는 정권의 정치적 도구로 활용되었다는 비판도 존재한다.

결과적으로 초기 통일 담론은 분단 현실을 해결하기 위한 현실적 모색이라기보다, 체제 우위의 과시와 정당화를 위한 상징적 수사에 가까웠다. 이러한 접근은 이후 통일 논의가 보다 실용적이고 구체적인 방향으로 전환되기까지 오랜 시간 걸리는 원인 중 하나가 되었다.

2) 7.4 공동성명 이후의 민족공조 담론

1972년 남북이 동시에 발표한 7.4 공동성명은 자주·평화·민족 대단결이라는 통일 3대 원칙을 확인하며 통일 논의의 전환점을 마련했다. 이후 민족공조에 기반한 통일 논의가 확산되었고, 1980년대에는 민족 문제와 이념 문제를 분리하려는 시도들이 나타났다. 특히 1989년 민족자주와 평화통일을 강조한 '한민족 공동체 통일 방안'은 기존 흡수통일 중심의 구상을 보완하며 단계적 통일 모델을 제시했다.

7.4 남북공동성명은 통일 3대 원칙을 천명하며 분단 이후 처음으로 남북 간 공식 대화가 이루어졌다는 점에서 역사적 전환점이 되었다. 이는 당시 냉전체제 속에서도 남북이 최소한의 협력 원칙에

합의할 수 있었음을 보여주었고, 통일 논의의 패러다임을 '체제 경쟁'에서 '민족 내부 합의'로 이동시키는 계기가 되었다.

공동성명 이후 민족공조에 대한 담론은 점차 확산되었고, 통일을 위한 내재적 동력을 강조하는 시각이 등장했다. 특히 '우리 민족끼리'라는 표현은 이후 남북 간 접촉에서 자주적으로 문제를 해결하자는 기조를 상징하는 구호로 자리 잡았다. 남북 대화와 적십자 회담, 통일 관련 실무 회담 등이 이어졌고, 이러한 접촉은 단절과 재개를 반복하면서도 민족 내부 대화의 틀을 유지하는 데 기여했다.

1980년대에는 통일 문제를 이념 문제와 분리하려는 학문적·정치적 시도가 본격화되었다. 남한 내에서는 군사 정권하에서도 민간 주도의 통일 논의가 조심스럽게 이루어졌으며, 1989년 당시 노태우 정부는 '한민족 공동체 통일방안'을 발표했다. 이 방안은 기존의 흡수통일론을 넘어, 민족 내부의 다양한 의견을 수용하고 단계적으로 통일을 실현하겠다는 입장을 담았다. 정치·경제·사회문화 공동체 형성이라는 3단계 접근은 이후의 통일 정책에도 큰 영향을 미쳤다.

이 시기의 담론은 통일을 단숨에 달성해야 할 이념적 목표가 아니라, 점진적으로 준비하고 조율해야 할 현실적 과제로 전환시키는 데 중요한 전환점이 되었다. 민족공조 담론은 이후 등장하는 '6.15 공동선언', '10.4 선언' 등 남북 합의의 사상적 기반이 되었으며, 통일 논의의 현실성과 다층적 접근을 가능하게 하는 핵심 개념으로 정착했다.

3) 냉전 해체와 통일 패러다임의 다변화

1990년대 이후 동서냉전의 해체와 독일 통일의 영향으로 한국 사회에서도 통일 논의가 보다 실용적이고 다층적인 방향으로 전개되기 시작했다. 정치적 통일을 넘어서 경제통합, 사회통합, 문화 교류 등 다양한 요소가 논의되었으며, '단계적 통일', '공존과 협력', '평화체제 전환' 등 새로운 개념이 등장했다. 특히 2000년 6.15 공동선언은 남북 정상이 제각기 방식의 통일방안을 인정하며 실질적인 협력과 공존을 위한 기반을 마련했다.

1990년대 이후 동서냉전이 종식되고, 독일이 분단을 극복해 통일을 이룬 사건은 한국 사회에도 커다란 충격과 전환점을 제공했다. 이 시기를 기점으로 한국 내 통일 담론은 과거의 이념 대립 중심에서 벗어나, 보다 실용적이고 단계적인 접근으로 전환되기 시작했다. '민족통일'이라는 추상적 개념보다는 '과정으로서의 통일'이라는 구체적이고 점진적인 시각이 대두되었고, 이에 따라 정치·군사·경제·사회문화 전 분야를 아우르는 통합 개념이 통일 논의에 포함되기 시작했다.

특히 이 시기에는 '단계적 통일' 모델이 적극적으로 논의되었으며, 남북이 급격히 통합되는 방식보다는 공존과 협력, 상호 교류 확대를 통해 신뢰를 구축하고 궁극적으로 제도통합을 이루는 방식이 현실적인 대안으로 제시되었다. 통일 정책은 점차 '통일을 준비하는 평화'에서 '평화를 기반으로 한 통일'로 전환되었고, 이는 남북관계 정책 전반에 걸쳐 중요한 철학적 기반이 되었다.

경제적 차원에서는 남북 경협이 구체적인 논의로 부상했다. 금강산 관광사업, 개성공단 설치 논의 등은 단순한 교류를 넘어 남북한의 상호 의존 구조를 만드는 실험이었고, 이를 통해 '경제 통일' 개념이 처음으로 현실 정책의 일부로 등장하게 되었다. 동시에 통일 비용에 대한 현실적 문제의식도 사회적 논의로 부상하면서, 통일이 단순한 이상이 아니라 계획과 설계가 필요한 정책 과제로 인식되기 시작했다.

이 시기의 핵심 전환점 중 하나는 2000년 6.15 남북공동선언이다. 이 선언은 남북 정상이 서로의 통일방안을 처음으로 인정하고, 민간 교류와 경제협력 확대, 이산가족 문제 해결 등을 위한 실질적 조치를 담았다는 점에서 획기적인 진전이었다. 무엇보다 중요한 것은 '통일 방식의 다양성 인정'이라는 인식이 남북 정상 간에 공유되었다는 점으로, 이는 이후 10.4 선언(2007)으로 이어지며, 통일 패러다임이 이념에서 실용과 협력 중심으로 옮겨가는 결정적 기반이 되었다.

이처럼 냉전 해체 이후의 통일 담론은 단선적 사고에서 벗어나 다층적이고 유연한 사고로의 전환을 이끌어 냈고, 통일을 민족의 당위로만 보기보다 전략적 과제로 바라보는 현실주의적 접근이 강화되었다. 이는 이후 세대의 통일 인식에도 적지 않은 영향을 미치며, 통일 담론의 방향을 미래지향적으로 이끄는 데 중요한 역할을 했다.

4) 남남 갈등과 통일 피로감

2000년대 이후 남한 내부의 통일에 대한 인식은 정치 성향, 세대, 경제 여건에 따라 다르게 나타나며 남남 갈등 양상으로 발전했다. 일부는 통일을 역사적 사명으로 보지만, 또 다른 일부는 경제적 부담과 정치적 불안정 가능성에 대한 우려로 인해 통일 자체에 회의적인 태도를 보인다. 이른바 '통일 피로감'은 통일 논의를 점차 주변화시키는 요인이 되었으며, 실용적 접근의 필요성이 부각되었다.

2000년대 이후 통일에 대한 남한 사회 내부의 시각은 뚜렷한 분화 양상을 보이며, 이른바 '남남 갈등'이라는 용어가 등장하게 되었다. 정치 성향에 따라 통일을 바라보는 관점은 크게 갈렸으며, 보수 진영은 통일을 민족적 사명과 안보 차원의 과제로 간주한 반면, 진보 진영은 평화공존과 인도주의적 교류 중심의 접근을 강조했다. 이념 간 충돌은 정책 결정뿐 아니라 대중 담론에서도 적지 않은 갈등과 혼란을 야기했다.

세대 간 인식 차이도 통일에 대한 사회적 합의 형성을 어렵게 했다. 전쟁과 분단의 경험을 공유한 세대는 통일을 당연한 민족적 목표로 받아들이는 경향이 강한 반면, 2030 세대는 통일이 불러올 경제적 부담과 사회적 혼란을 우려하는 경향이 크다. 특히 청년층은 통일의 이상보다 현재의 삶의 질을 우선시하는 경향이 뚜렷하며, 북한에 대한 거리감과 낯섦이 통일에 대한 관심 저하로 이어지기도 한다.

경제적 요인 또한 통일 피로감의 핵심 요소 중 하나다. 독일 통일 이후의 막대한 비용 지출 사례가 반복적으로 언급되며, 한국 사회에서도 통일이 곧 국민 부담으로 이어질 것이라는 우려가 팽배하다. 통일에 필요한 재정, 인프라, 사회통합 비용 등에 대한 실질적 준비가 부족하다는 인식이 확산되며, 이러한 현실적 문제의식이 통일에 대한 심리적 거리감을 심화시켰다.

통일 담론의 정치화도 피로감을 키운 요인 중 하나다. 정권에 따라 통일 정책의 방향이 급변하거나 정치적 수단으로 활용되는 일이 반복되면서 국민들의 신뢰가 약화되었고, 결과적으로 통일 자체에 대한 기대와 참여 의지가 감소하게 되었다. '통일'이라는 단어가 일상적 언어에서 멀어지고, 교과서나 언론에서도 과거보다 축소된 비중으로 다루어지게 된 것도 이 같은 피로감의 반영이라 할 수 있다.

결국 남남 갈등과 통일 피로감은 단순한 인식 차이나 정보 부족의 문제가 아니라, 분단의 장기화, 남북관계의 단절, 사회 내부의 다변화된 이해관계가 맞물린 복합적 현상이다. 이러한 현실 속에서 통일 담론은 강요나 감성적 호소가 아니라, 공감 가능한 미래상과 실용적 해법을 바탕으로 다시 설계되어야 하며, 장기적 관점에서 사회적 신뢰와 인식 전환을 유도하는 노력이 필요하다.

5) 새로운 세대와 통일 담론의 전환

2030 세대를 중심으로 한 젊은 세대는 통일에 대해 기존 세대와 다른 관점을 지니고 있다. 이들은 통일을 민족의 과제라기보다는 개인의 삶의 질과 연결된 현실적 문제로 인식하며, 통일보다 평화공존과 협력관계를 우선시하는 경향이 있다. 이에 따라 문화 교류, 디지털 소통, 접경지역 공동체 구축 등 새로운 방식의 통일 접근이 필요하다는 목소리가 커지고 있다.

2030 세대의 통일에 대한 관점은 기존 세대와는 본질적으로 다르다. 이들은 통일을 민족적 사명이나 역사적 필연으로 보기보다는, 자신들의 실생활에 어떤 영향을 미칠지를 중심으로 평가한다.

통일이 가져올 수 있는 혼란, 세금 부담, 취업 시장의 변화 등 실질적 요소들에 대한 민감도가 높으며, 이로 인해 통일 자체보다는 안정적 평화공존과 장기적 협력 체제 구축에 더 큰 가치를 부여하는 경향이 있다.

이러한 변화는 통일 담론의 전환을 요구한다. 기존의 이념 중심, 민족 중심 통일 서사에서 벗어나, 실용성과 다양성을 강조하는 방향으로의 전환이 필요하다. 젊은 세대는 북한에 대한 일방적인 이미지보다 유튜브, 웹드라마, 온라인 커뮤니티 등을 통한 문화적 상호작용과 디지털 콘텐츠를 기반으로 한 접촉을 더 친숙하게 느낀다. 이에 따라 통일 교육이나 홍보도 기존의 교과서적 전달 방식보다는, 스토리텔링, 게임, 메타버스 등 감각적이고 상호작용적인 플랫폼을 통한 접근이 더 효과적일 수 있다.

또한 젊은 세대는 '접경지 공동체', '환경 협력', '청년 교류 프로그램' 등 구체적이고 실행 가능한 과제를 중심으로 한 실질적 협력에 높은 관심을 보인다. 이들은 통일이 반드시 하나의 제도나 국가로의 통합을 의미한다고 생각하지 않으며, 연합체적 접근이나 느슨한 연대 구조도 충분히 수용 가능한 시나리오로 받아들인다. 결국 새로운 세대의 시각은 통일을 낡은 담론이 아닌, 삶의 연장선 위에서 설계되어야 할 구체적 미래로 바라보게 한다. 이들의 관점을 반영한 통일 담론은 보다 열린 사고와 창의적인 전략을 요구하며, 장기적으로는 통일의 기반을 강화하는 데 필수적인 동력으로 작용할 수 있다.

6) 평화체제 속 통일의 재구상

미래 통일 담론은 단순한 제도통합이나 영토 회복이 아니라, 공존과 다양성, 지속 가능성을 고려한 새로운 통일 구상으로 전환되어야 한다. 점진적 통합, 연방제 또는 두 국가 체제를 인정하는 과도기적 모델, 비정치적 교류 확대를 통한 사회·문화적 통합 등 다양한 시나리오가 논의되고 있다. 핵심은 남북이 서로를 적대시하지 않는 평화적 환경에서 상호 신뢰를 구축하고, 실질적 통합을 가능하게 하는 기반을 만들어 나가는 것이다.

미래의 통일 담론은 단순한 영토적 통합이나 정권 차원의 제도 병합이 아니라, 평화체제를 기반으로 한 상호 인정과 공존의 관점에서 재구성되어야 한다. 분단 이후 수십 년간 누적된 체제 차이와 인식 격차는 한순간에 해소될 수 없으며, 현실적으로 통일은 다단계적 과정과 과도기적 협력 구조를 전제로 해야 한다는 인식이 확산되고 있다.

평화체제란 단지 전쟁의 부재가 아니라, 제도적·정치적 신뢰 구축과 일상적 교류, 문화적 소통을 포함하는 보다 포괄적 개념이다. 즉, 종전 선언이나 평화협정 체결을 넘어, 남북이 상호를 실질적으로 인정하고, 군사적 위협 없이 공존하는 구조를 제도화하는 과정이 핵심이다. 이 속에서 통일은 목적이 아니라 결과로 자연스럽게 도출될 수 있는 방향으로 접근해야 한다.

이러한 전환 속에서 통일 방식에 대한 새로운 구상도 등장하고 있다. 예를 들어, 연방제 또는 국가연합 체제를 통한 점진적 제도통합, 경제공동체 형성에 기반한 상호 의존적 구조 구축, 환경·재난

대응·보건의료 등 비정치적 영역에서의 협력 확대 등은 현실적이고 실현 가능한 시나리오로 부상하고 있다. 이러한 접근은 통일 과정에서 발생할 수 있는 사회적 충격을 완화하고, 국민의 수용성과 참여를 높이는 데 기여할 수 있다.

특히 통일을 하나의 이상적 목표로 삼기보다, 평화공존의 과정 속에서 실용적 연대를 형성하고, 이를 통해 장기적으로 통일의 방향성을 설계하는 방식이 더욱 주목받고 있다. 이러한 방식은 젊은 세대의 통일 인식과도 부합하며, 통일 피로감을 줄이고 참여 가능성을 높이는 데 효과적이다.

평화체제 속에서의 통일은 이념이나 감정의 논리를 넘어서, 다원성과 지속 가능성, 상호 신뢰에 기반한 새로운 정치·사회적 상상력을 요구한다. 통일은 더 이상 단일한 경로로 향하는 직선이 아니라, 다양한 길이 모여 하나의 공동 미래를 향해 나아가는 유연한 구조로 재설계되어야 하며, 이를 위해 지속적 담론 형성과 제도적 준비, 시민적 공감대가 함께 구축되어야 한다.

결론적으로 통일 담론은 과거의 이념 대결을 넘어서, 미래 세대와 세계 질서 변화에 맞는 창의적이고 실용적인 방향으로 재구성되어야 한다. 통일은 이상이 아니라, 설계되고 준비되어야 할 현실의 과제이며, 이를 위한 지속적 담론 형성과 사회적 합의가 절실히 요구된다.

2. 남북 통일방안의 교집합:
   南 연합제와 北 낮은 단계의 연방제

남북한은 서로 다른 정치 체제와 이념을 기반으로 하고 있음에도 불구하고, 통일을 위한 방안에 있어 일정한 공통점을 제시한 바 있다. 특히 남측의 연합제와 북측의 낮은 단계의 연방제는 각기 다른 표현과 구조를 가지고 있으면서도, 그 기본 방향과 취지에서 유사한 점이 발견된다. 이는 남북 간의 실질적인 통일을 준비하는 과도기적 형태의 통일방안으로서 의미를 가진다.

1) 남측의 연합제 통일방안

1989년 9월 11일 노태우 정부에서 발표한 '한민족 공동체 통일방안'은 1994년 8월 15일 광복절 경축사를 통해 발표된 김영삼 정부의 '민족 공동체 통일방안'(한민족 공동체 건설을 위한 3단계 통일방안)으로 계승되었다. 남북연합을 통해 2국가 2체제의 과도기를 거쳐 1국가 1체제의 통일국가를 구성하는 것을 목표로 한다.

통일의 기본 원칙으로 자주, 평화, 민주를 제시하고 화해·협력 → 남북연합 → 완전한 통일의 3단계 접근 방식을 제시했다. 남북연합 단계는 하나의 민족 공동체로서 공동 기구를 구성하고, 정치 체제나 이념의 차이를 인정한 상태에서 교류와 협력을 제도화하는 것을 목표로 한다.[29] 하나의 정부나 국가가 아닌 남북의 공동체적 연

---

29) 임동원(2015), 《피스메이커—남북관계와 북핵문제 25년》, 창비, pp.79-86.

합으로서 각자의 체제를 유지하면서 공동 기구를 운영하는 방안이다. 남북은 이와 함께 공동시장을 형성하거나 공동체 활동 등을 통해 실질적인 협력을 증진할 수 있다.

남측의 연합제 통일방안은 대한민국 정부가 제안한 단계적·점진적 통일 로드맵의 핵심 개념 중 하나로, 서로 다른 체제를 유지한 채 일정한 범위 내에서 남북이 협력하고 공동체를 형성해 나가자는 과도기적 통일 모델이다.

① 기본 개념

남북한이 서로의 체제와 정부를 인정하면서도, 공동의 이익을 추구할 수 있는 협의체를 구성하여 실질적 협력과 교류를 제도화하자는 구상이다. 이는 하나의 국가를 이루기 이전 단계에서 하나의 민족 공동체로서의 틀을 만들어 가는 것을 목표로 한다.

② '민족 공동체 통일방안'의 3단계 구조

1단계인 화해·협력 단계에서는 적대관계를 해소하고, 교류·협력을 증진한다. 이산가족 상봉이나 경제협력, 군사적 긴장 완화 등의 조치가 본격적으로 실행될 수 있는 시기다. 2단계인 남북연합 단계는 사실상의 통일 준비 단계다. 남북정상회의, 남북각료회의, 남북평의회 등의 공동 기구를 설치하고 공동의 행사를 공동의 정책을 통해 추진할 수 있다. 국제기구에 공동으로 가입하고 문화·체육·환경 등의 분야까지 협력 범위를 넓힐 수 있다. 3단계인 통일국가 단계는 남북 의회가 마련한 통일헌법에 따라 선거를 실시하고 통일정부와 통일국회를 구성해 두 체제의 기구와 제도를 통합하고 단일 국가를 완성하는 것이다.

③ 남북연합의 주요 구조

남북연합 단계에는 남북연합위원회나 평의회 형태의 공동 기구를 구성하고 이를 정례적 협의체로 만들어 운영한다. 정치, 경제, 사회, 문화, 군사 등 각 분야에서 공동 의사결정을 하는 공동 기구를 구성할 수 있다. 남북은 각자의 정부를 존속시키면서 기존 법제에 따라 통치하는 과도기적 체제로, 상호 비방을 중지하고 교류를 확대하며 신뢰를 구축하는 단계다. 공동 투자, 공동 개발, 공동 교육·연구 사업 등을 통해 실질적인 협력을 강화하고 남북이 함께 국제기구에 가입하거나 국제 스포츠 대회 등에서 단일팀을 구성하는 방법 등을 통해 국제적 위상을 높일 수 있게 된다.

④ 연합제 방안의 강점과 한계

연합제는 급격한 체제 통합이 아닌 점진적인 접근을 통해 남북 모두의 부담을 완화시키는 현실적 접근이다. 서로의 체제를 부정하지 않음으로써 체제 안정성을 보장해 상대의 경계심을 낮추는 효과를 기대할 수 있다. 통일에 대한 다양한 시각을 수렴함으로써 남북 각각 내부의 통일에 대한 국민적 합의를 유도할 수 있다.

연합제는 과도기적 방안으로서 실질적인 통일 의지가 부족한 형식적 협력이라는 비판을 받을 수 있다. 남북이 공동 기구를 구성하고 운영할 때 양쪽이 주도권을 다툴 가능성이 크다. 체제와 법제가 완전히 다른 상태에서 상호 협력 체계를 지속시키기 위한 법적·행정적 기반이 부족하다.

남측의 연합제 통일방안은 현실적인 조건 아래에서의 평화적 통일을 위한 중간 단계 모델로, 체제 유지를 전제로 한 공동체 형성이라는 점에서 북측의 낮은 단계 연방제와 유사한 구조를 지닌다. 궁극적으로는 완전한 통일을 목표로 하되, 그 과정에서 남북이 신뢰를 쌓고 협력의 범위를 넓혀 나가는 데에 초점을 둔다.

2) 북측의 연방제 통일방안과 낮은 단계 연방제

북한의 연방제 통일방안은 1960년 8월 14일 김일성 주석이 '8.15해방 15주년 경축대회' 연설에서 처음으로 제시한 것이다. 김 주석은 1973년 6월 23일 조국통일 5대방침을 제시하면서 '고려연방공화국'이라는 국호에 의한 남북연방제 실시를 주장했고, 1980년 10월 10일 노동당 제6차 당 대회에서 '고려민주연방공화국 창립방안'이라는 명칭의 통일 구상을 내놓았다.

이 통일방안은 남북한이 서로의 정치·사회·경제 체제를 유지한 채, 하나의 연방국가를 구성하자는 제안이다. 즉, 남과 북이 대등한 자격으로 참여해 남북 정부를 그대로 두고, 그 위에 중앙정부 성격의 연방정부를 구성한다는 1국가, 2정부 형태의 구상이다.

북한은 1990년대 들어 기존의 고려민주연방공화국 창립방안에서 보다 유연한 입장으로, '느슨한 연방제'를 제안하였다. 김일성이 1991년 자치 정부의 권한을 강화해 '느슨한 연방'을 구성해야 한다는 교시를 내렸고, 김정일 국방위원장은 2000년 6월 남북정상회담에서 이를 계승하여 '낮은 단계의 연방제'를 제안하였다. 이는 남한이 주장하는 연합제와 흡사하게, 일정한 독립성을 유지한 채 연방정부를 구성하자는 안이다. 이 안은 연방정부의 기능은 제한적이고, 남북은 각기 상대방의 다른 제도와 정부를 인정한다. 이 역시 남측의 연합제와 마찬가지로 상호 체제를 존중하는 과도기적 모델이다.

다만, 북한은 2023년 12월 노동당 전원회의에서 남북관계를 동족 관계가 아닌 적대적 두 국가 관계로 규정해 북한이 기존의 통일 노선을 폐지한 것이라는 해석을 낳고 있다.

① **기본 개념**

북한의 연방제 기본 개념은 남북이 서로 다른 이념과 제도를 인정하면서 하나의 국가 형태를 이루는 것을 목표로 한다. 양 체제의 자율성을 유지하되 외교, 국방 등 일부 분야는 공동으로 관리하는 방식을 제안한다.

남북은 각자의 정치제도, 이념, 경제 체제를 유지하는 체제 병존의 원칙에 따른다. 다만, 연방정부는 공통의 외교, 국방, 교통 등 일부 분야만 담당한다. 남북의 지방정부 위에 연방정부를 두는 구조이며, 연방정부 구성에 있어 남북 대등의 원칙을 명시하고 있다. 국호는 고려민주연방공화국이며, 향후 연방정부의 국기, 국장, 국호를 사용하되 남북 각자의 상징도 존중한다. 대외적으로는 연방정부를 통해 하나의 주권국가로서 국제사회에 참여한다.

② **북측 연방제의 주요 구조와 특징**

북한의 고려연방제는 남북이 각각 독립된 정부와 체제를 유지하면서, 상위에 공동 중앙정부를 설치하는 구조를 제안한다. 공동 중앙정부는 외교와 국방 등 주요 사안을 담당하고, 남북은 내부 문제에 대해 높은 자율권을 갖는다. 1국가, 2체제, 2정부 원칙을 바탕으로 통일을 점진적으로 추진하려는 구상이다.

북측은 고려연방제에 대해 남북 간의 체제와 이념 차이를 인정하면서 통일을 추진할 수 있다고 주장한다. 이 구상은 강제적 통합이 아니라, 서로의 자율성과 특성을 존중하는 방식이라는 것이다. 남북은 각각 독립된 정부와 체제를 유지하면서, 외교와 국방 등 일부 분야는 공동 중앙정부를 통해 관리하도록 설계되어 있다.

또한 북측은 고려연방제는 대결과 긴장을 완화하고, 상호 신뢰를 점진적으로 구축할 수 있는 환경을 조성하는 데 유리하다고 주장한다. 현실적인 조건 속에서 점진적이고 단계적으로 통일을 추진할 수 있어, 급격한 변화로 인한 사회적·정치적 불안정을 최소화할 수 있다는 것이다.

북한은 2000년 남북 정상회담 이후, 기존의 연방제 방안에 유연성을 더한 '낮은 단계의 연방제'를 언급했다. 이에 따르면 남북은 각각 정부를 그대로 유지하면서 연방정부는 구성하지 않고 남북이 공동 기구나 위원회 등을 먼저 설치하는 방안을 따른다. 이는 남측의 연합제와 유사한 점이 많은 것으로 평가된다.

북한의 고려연방제와 낮은 단계의 연방제는 북한이 제안한 통일방안의 두 가지 버전으로, 기본 이념의 연속선상에 있지만 구체적 구조와 접근 방식에서 차이가 있다. 이 두 통일방안의 관계는 '원칙적 이상안'과 '현실적 조정안'의 관계로 이해할 수 있다.

④ 북측 연방제의 한계와 과제

북한의 연방제 통일방안은 남북한의 체제 병존과 점진적 통합을 전제로 한 과도기적 통일 모델로, '하나의 국가, 두 개의 체제'를 목표로 한다는 점에서 남측의 연합제와 일정한 공통성을 갖는다. 그러나 수십 년간 분단된 상황에서 민주주의·자본주의를 기반으로 한 남한과 주체사상·사회주의를 지탱하는 북한의 정치, 경제, 사회 체제는 근본적으로 다르다. 이러한 이질성은 단순히 인정하고 병존한다고 해결되지 않으며, 실제 연방체 운영에서 지속적으로 마찰을 일으킬 수 있다.

북한은 고려연방제를 통해 통일 국면에서의 '대등한 연합'을 강조하지만, 실제로는 연방정부에서의 주도권을 확보하려는 정치적 의도를 포함하고 있다는 비판이 존재한다. 남북한이 실질적으로 대등한 권한을 가지려면 연방정부의 구성, 법률 적용, 외교·안보 정책 결정 등에서 정교한 권력 분점이 필요하나, 현재의 권력 구조와 정치문화에서는 그 실현 가능성이 낮다. 민족 통일의 외피를 강조하지만, 남북 주민 간 교류·화해·정서적 통합에 대한 구체적 로드맵이 결여되어 있다. 이질화된 사회와 문화, 교육, 언론 환경을 통합하기 위한 중장기적 접근이 필요하지만 이에 대한 고려가 미흡하다.

북측 고려연방제와 낮은 단계 연방제

구분	고려연방제	낮은 단계 연방제
제안 시기	1980년(김일성)	1990년대 후반~2000년대(김정일)
성격	이념적 통일 모델	현실적·단계적 협력 모델
중앙정부 구성	연방정부 명확히 구성	연방정부 없이 협의기구 중심
남북관계	대등한 지역정부 구성	기존 정부 인정+실용적 협력
유연성	낮음(고정적 구도)	높음 (남측 연합제와의 접점 확보)
대남 메시지	체제 병존 속 자주적 통일 강조	남북 간 대화·협상용 카드 성격

3) 남북의 통일방안: 공통점과 차이점

남북의 두 통일방안은 모두 통일 이전 단계의 과도기적 모델로서 작동할 수 있으며, 상호 체제 인정, 공동 기구 구성, 통일에 대한 단계적 접근, 실질적이고 현실적인 협력 추구 등의 면에서 공통점을 공유한다.

그러나 용어의 선택과 제도적 구상에 있어 여전히 차이점이 존재한다. 남측은 '연합'을 통해 국가 단위를 형성하지 않는 협력 구조를 구상한 반면, 북측은 '연방'을 통해 하나의 국가 틀 안에서 두 체제를 병존시키는 구조를 구상한다는 차이이다. 또한, 각각의 안에 따른 남북의 주도권 추구 의지가 협상의 장애물이 될 수 있다.

연합제와 낮은 단계의 연방제는 남북이 평화적 통일을 위한 접점을 찾는 데 있어 중요한 토대를 제공한다. 양측이 이 공통점을 바탕으로 지속적인 대화와 신뢰 구축을 해나간다면, 장기적인 통일의 길로 나아가는 기반이 마련될 수 있다.

WHY SHOULD THE SOUTH
AND THE NORTH MEET BY 2030

5부.
미래를 향한 상상

14장. 독일 통일에서 배우는 것들
15장. 청년의 눈으로 본 통일, 기회인가 부담인가
16장. 한반도 미래 시나리오: 공존, 연합, 통일, 그리고 코리안 커먼웰스
17장. 남북은 왜 만나야 하는가, 만나면 무엇을 얻는가

14장.

독일 통일에서
배우는 것들

독일의 통일은 냉전시대 분단국의 현실을 극복한 대표적 사례로, 한반도의 통일 논의에 있어 중요한 비교와 교훈의 대상이 된다. 독일 통일의 배경과 과정, 그 성공과 한계를 살펴보고, 이를 통해 우리가 얻을 수 있는 시사점들을 알아보고자 한다.

1. 독일 통일의 역사적 배경과 경로

동서독 분단은 제2차 세계대전 이후 미소 간 냉전 질서의 산물이었다. 서독은 자유민주주의와 시장경제 체제를, 동독은 사회주의 체제를 선택하며 분단이 고착되었고, 베를린 장벽은 이를 상징하는 구조물로 기능했다. 하지만 1989년 동유럽의 민주화 물결과 고르바초프의 개혁 정책, 동독 시민들의 대규모 시위가 맞물리며, 베를린 장벽이 붕괴되고 1990년 10월 3일 전격적인 통일이 이루어졌다.

독일의 분단은 1945년 제2차 세계대전 종전 이후 연합국의 점령 구도로부터 출발했다. 전승국이었던 미국, 영국, 프랑스, 소련은 독일을 각각의 점령지로 나누어 통치했고, 이후 서방 연합국 점령지역은 1949년 '독일연방공화국'(서독)으로, 소련 점령지역은 '독일민주공화국'(동독)으로 분리되어 각기 다른 정치 체제를 수립하게 되었다. 서독은 자유민주주의와 시장경제 체제를 채택하고 서방 진영에 편입되었으며, 동독은 사회주의와 중앙집권 경제를 기초로 한 체제 아래 소련의 위성국가로 기능했다.

이러한 분단 구도는 냉전의 첨예한 대결 구도를 고스란히 반영한 것이었으며, 1961년 동독 당국이 서독으로의 탈출을 막기 위해 세운 베를린 장벽은 분단의 상징적 존재로 자리 잡았다. 그러나 1980년대 후반에 들어 동독 내부의 경제위기, 정치적 폐쇄성에 대한 시민들의 불만, 동유럽의 급속한 민주화 물결이 맞물리면서 급격한 변화가 시작되었다. 소련의 고르바초프가 추진한 '글라스노스트'(개방)와 '페레스트로이카'(개혁) 정책은 동독의 기존 질서를 흔들었고, 동독 내 시민운동과 시위가 확산되면서 통일의 문이 열리게 되었다.

결정적인 계기는 1989년 11월 9일 베를린 장벽의 붕괴였다. 동독 정부가 국경 개방을 발표하자 수많은 시민들이 장벽을 넘어 서로 포옹하고 환호하며 분단의 현실이 무너졌다. 이후 정치적 통일 절차가 급속히 진행되었으며, 서독 헌법의 조항을 활용한 '흡수통일' 방식으로 서독의 법체계와 제도를 동독에 적용하는 형태의 통일이 추진되었다. 1990년 10월 3일, 동서독은 공식적으로 하나의 국가로 통합되었고, 이날은 현재 독일의 '통일의 날'로 기념되고 있다.

2. 서독의 체계적 준비와 역할

서독은 오랜 기간 동안 동독에 대비한 체계적인 통일 전략을 준비해 왔다. '동방정책'(Ostpolitik)을 통해 소련 및 동유럽 국가들과 외교적 관계를 넓히고, 동독과의 교류를 지속적으로 확대하며 점진적 통합의 기반을 닦았다. 또한 정치, 경제, 사회 전반에서 통일 이후를 상정한 다양한 법적·행정적 준비를 병행함으로써 통일 이후의 혼란을 최소화할 수 있었다.

서독은 통일을 단기간의 정치적 이벤트로 보지 않고, 장기적인 전략 목표로 설정하고 체계적으로 준비했다. 그 중심에는 1969년 빌리 브란트 총리가 주도한 동방정책이 있었다. 이 정책은 동독 및 동유럽 국가들과의 외교 관계 정상화를 목표로 하며, 이념 대결을 넘어서 현실적인 협력과 교류 확대를 통해 장기적으로 통일의 기반을 조성하고자 했다. 동방정책은 단절보다는 접촉, 대립보다는 대화를 강조한 접근이었다.

서독은 이와 함께 정치·행정적 제도 정비, 법률 체계 통합 시나리오 마련, 동독 주민에 대한 재정적 지원 제도 구상 등 다양한 준비를 병행했다. 특히 서독 헌법은 동독을 잠정적으로 분리된 독일 영토로 규정하고 있었으며, 동독 주민의 서독 시민권 인정, 통일 이후 흡수통일 방식 적용의 법적 근거 등을 명시해 두었다. 이는 통일 당시 신속하고도 제도적으로 안정적인 통합을 가능하게 한 주요 요인 중 하나였다.

또한 서독 사회는 통일을 위한 대내적 정당성과 국민적 공감대를 구축하는 데 많은 노력을 기울였다. 언론, 교육, 종교계 등은 '통일은 국민 전체의 과제'라는 인식을 지속적으로 확산시켰으며, 시민사회 차원에서도 동독과의 인적·문화적 교류를 유지하려는 노력이 이어졌다. 이러한 준비는 단순한 정부 정책을 넘어, 통일을 향한 국민적 기반 형성이라는 점에서 의미가 크다.

결과적으로 서독의 체계적인 준비는 독일 통일이 비록 급속하게 전개되었음에도 불구하고 비교적 질서 있게 진행될 수 있도록 한 결정적 배경이 되었다. 이는 한국이 통일을 준비함에 있어 통일 이후까지 포괄하는 중장기적 전략 수립과 사회적 공감대 형성의 중요성을 다시금 일깨워 주는 사례라 할 수 있다.

3. 경제통합의 긍정과 부정

독일 통일의 핵심 과제 중 하나는 두 체제 간의 극심한 경제 격차를 해소하는 일이었다. 서독은 동독에 막대한 재정을 투입하여 사회기반시설 개선, 실업 대책, 기업 인수 등을 추진했지만, 그 과정에서 대규모 재정 부담과 세금 인상, 경제적 불균형 등의 문제가 발생했다. 동시에 동독 주민들의 생활 수준 향상과 사회복지 확장은 긍정적인 평가를 받았지만, 이주와 고용 문제는 여전히 오랜 과제로 남았다.

서독은 통일 직후부터 막대한 재정 자금을 동독 지역에 투입했으며, 이를 통해 노후화된 사회기반시설의 정비, 공공 서비스 확충, 실업 대책 마련, 민간 기업의 인수 및 민영화 등을 추진했다. 그 총 비용은 2조 유로에 달할 정도로 방대한 규모였고, 이는 통일 이후 수십 년간 독일 재정에 큰 부담으로 작용했다.

긍정적으로 평가되는 부분은 인프라 개선과 사회복지 제도의 확대였다. 동독 주민들은 단기간 내에 서독 수준의 사회보험과 의료 서비스, 교육 시스템을 누릴 수 있었고, 전반적인 삶의 질이 향상되었다. 또한 서독 기업들의 투자와 정부의 보조금 정책을 통해 일부 산업구조가 재편되면서 새로운 일자리 창출의 기회도 생겼다.

그러나 부정적인 측면도 분명 존재했다. 경제통합이 빠르게 진행되면서 동독 내 전통 산업 기반이 경쟁력을 상실하고 대량 실업 사태가 발생했다. 동독 주민들은 시장경제 시스템에 적응하는 데 어려움을 겪었으며, 특히 고령층과 기술 전환이 어려운 집단은 장기적인 소외감을 느꼈다. 이로 인해 동서 지역 간 실질소득 격차와 고용률 차이는 통일 30여 년이 지난 지금도 완전히 해소되지 않았다.

또한 서독 내에서는 세금 인상과 경제적 불균형에 대한 피로감이 누적되었고, 통일 이후 경제 성장률 둔화와 재정 적자가 사회적 갈등 요인으로 작용하기도 했다. 일부에서는 이러한 통일 방식이 '서독의 일방적 흡수'였다는 비판도 제기되었다.

결론적으로 경제통합은 물리적 통일 못지않게 복잡하고 민감한 과정이었다. 이는 한국이 통일을 준비하는 데 있어 경제 격차를 줄이기 위한 사전 조치, 산업 기반 재편 전략, 장기적 재정 계획의 중요성을 강하게 시사한다.

4. 사회통합의 어려움과 노력

　제도적 통합과 달리, 동서독 주민 간의 심리적·문화적 통합은 훨씬 더 긴 시간이 필요했다. 상호 불신, 편견, 정체성의 차이로 인한 갈등은 동서 간 심리적 장벽이라는 새로운 분단 구조를 낳기도 했다. 이를 극복하기 위해 독일 정부는 통합 교육, 지역 개발, 언론 공공 캠페인 등을 지속해 왔으며, 이러한 사회통합 노력은 통일이 단순히 제도의 병합이 아님을 보여주는 사례가 되었다.

　독일 통일은 법적·행정적으로는 단일 국가를 구성했지만, 생활 방식, 가치관, 정체성의 차이는 쉽게 해소되지 않았다. 동독 주민은 자주 '2등 국민'으로 취급된다는 박탈감을 느꼈고, 서독 주민은 동독 지역의 경제적·사회적 부담에 대해 비판적인 시선을 보이기도 했다. 이로 인해 '심리적 장벽'(Mauer im Kopf, 머릿속의 장벽)이라는 표현이 사회적으로 널리 회자되었다.

　언론과 교육에서도 차이가 드러났다. 서독 중심의 역사 서술, 언론 보도 방식은 동독 주민들에게는 또 다른 소외감을 안겼으며, 학교 교육에서도 동독의 삶과 경험을 반영하지 못한 채 서독의 서사만을 주입한다는 비판이 제기되었다. 이 같은 문화적 편향은 통일 이후 동서 간 상호 이해를 가로막는 요인이 되었다.

　이에 대응해 독일 정부는 다양한 사회통합 정책을 추진했다. 통합 교육 프로그램과 시민 대화 포럼을 통해 역사 인식의 차이를 줄이고, 지역 간 경제·문화 격차 해소를 위한 지속적인 재정 지원과 개발 정책도 시행되었다. 또한 영화, 문학, 미디어를 통해 동독의 삶을 재조명하는 작업도 병행되었으며, 이는 상호 존중과 공동 정체성 형성에 기여하고자 하는 문화적 접근이었다. 그럼에도 불구하고 동서 간 차이는 통일 이후 수십 년이 지난 현재까지도 완전히 극복되지 못했다. 정치 성향, 투표 성향, 고용률, 이주 패턴 등 여러 분야에서 차별화된 경향이 존재하며, 이는 통일이 제도적 일체화만으로는 완성될 수 없다는 사실을 보여준다.

결론적으로 사회통합은 단기간에 실현 가능한 과제가 아니며, 물리적 통합 이후에도 지속적이고 섬세한 정책과 문화적 노력이 병행되어야 한다. 독일의 경험은 한국이 미래 통일을 준비함에 있어 제도적 통합뿐 아니라 사람과 사람 사이의 감정, 기억, 문화의 통합까지 포괄하는 전방위적 접근이 필요함을 강하게 시사한다.

5. 한국에 주는 시사점

독일 통일은 급진적 방식의 통일이었지만, 그 이면에는 오랜 준비와 국민적 합의, 외교적 설득이 뒷받침되었다. 한국도 통일을 위한 제도적·사회적 기반 구축과 함께, 북한 사회에 대한 체계적 이해, 남남 갈등 해소, 그리고 국제사회의 공감대 형성이 필수적이다. 특히 경제 격차 해소를 위한 장기적 계획, 사회통합 프로그램, 문화적 연대 강화는 독일 사례를 통해 미리 준비해야 할 핵심 요소로 꼽힌다.

독일 통일은 급속한 흡수통합이라는 점에서 한반도와는 차이를 보이지만, 그 과정에서의 준비와 대응, 사회적 갈등 해소의 경험은 한국 사회에 중요한 교훈을 제공한다. 독일의 경우, 체제 통합 이전에 오랜 외교적 노력과 내부 합의를 통해 통일의 명분과 동력을 축적한 뒤, 예상치 못한 기회를 빠르게 제도화할 수 있었던 점이 핵심이다. 이는 한국도 통일을 단기간의 사건이 아닌 장기적 전략 과제로 설정하고 다각도로 준비해야 함을 시사한다.

첫째, 통일을 위한 제도적 기반과 정책 설계를 준비해야 한다. 서독은 동독 주민의 시민권 인정, 법률 체계 통합의 기준 마련 등 법적·행정적 기반을 체계적으로 구축해 왔고, 이는 혼란 없이 흡수통합을 가능하게 한 중요한 요인이었다. 한국 역시 북한 주민의 법적 지위, 재산권 문제, 행정구역 개편 등에 대한 사전 논의와 법제화가 필요하다.

둘째, 경제 격차 해소에 대한 장기적 접근이 필수적이다. 독일의 경우, 통일 이후 동서 간 경제 격차는 단기간에 해소되지 않았고, 대규모 실업과 이주, 지역 간 소득 격차는 오랜 시간 동안 사회적 갈등의 원인이 되었다. 한국은 남북 간 경제력 차이가 더욱 극심하므로, 단기 지원보다 지속 가능한 산업 육성, 인프라 개선, 지역 맞춤형 일자리 창출 등을 중심으로 한 포괄적 경제통합 전략이 필요하다.

셋째, 사회통합은 물리적 통일 이후에도 오랜 시간이 걸리는 과제다. 독일 사례는 주민 간 인식 차이, 상호 불신, 문화적 소외감이 제도통합 이후에도 계속된다는 사실을 보여준다. 따라서 한국도 북한 주민의 정체성과 경험을 존중하는 통합 교육, 지역 간 교류, 문화예술을 통한 감정적 소통 등 다양한 방식의 사회통합 정책을 병행해야 한다.

넷째, 국제사회의 공감대와 협력도 중요하다. 독일은 통일 과정에서 미국, 소련, 프랑스, 영국 등 주요 강대국과의 긴밀한 협의를 통해 외교적 뒷받침을 받았으며, 이는 통일의 국제적 정당성을 확보하는 데 중요한 역할을 했다. 한국도 통일 논의를 남북 간 과제로만 국한하지 않고, 주변국 및 국제기구와의 공조 속에서 평화적 환경 조성과 외교적 설득을 준비해야 한다.

결국 독일 통일의 경험은 한국이 통일을 감성적 구호가 아닌 구체적 정책과 제도로 설계해야 할 현실적 과제로 인식할 것을 요구한다. 통일은 하나의 사건이 아니라, 사회 전체가 단계적으로 합의하고 준비해 나가야 하는 국가적 장기 프로젝트라는 점에서 철저한 준비성이 필요함을 일깨워 준다.

6. 독일 통일의 한계와 비판

독일 통일이 모든 면에서 성공적인 모델은 아니었다. 서독 중심의 통일 방식은 동독 주민에게 소외감을 주었고, 경제적 불평등과 정체성 혼란은 지금까지도 완전히 해소되지 않았다. 이러한 경험은 한국이 통일을 추진할 때 더욱 포용적이고 상호 존중적인 방식, 그리고 국민 참여형 접근이 필요함을 시사한다.

독일 통일은 전 세계적으로 긍정적인 사례로 널리 평가되지만, 동시에 여러 가지 한계와 비판도 수반되었다. 가장 뚜렷한 비판은 통일 방식이 흡수통일이라는 점이다. 서독의 헌법 조항에 따라 동독이 서독에 편입되는 방식으로 진행되었기 때문에, 동독 주민들은 자신의 정치적·사회적 정체성이 충분히 존중받지 못한 채 일방적으로 서독 체제에 흡수되었다는 인식을 갖게 되었다. 이로 인해 통일 이후 동독 주민들 사이에서 소외감과 박탈감이 확산되었고, 이는 정치적 무관심과 극우 정당 지지 증가 등의 형태로 나타나기도 했다.

경제적 측면에서도 비판은 존재한다. 막대한 재정이 투입되었음에도 불구하고 동독 지역의 경제 회복은 예상보다 더뎠고, 일부 지역은 지금까지도 높은 실업률과 낮은 소득 수준, 인구 유출 등의 문제를 안고 있다. 이러한 불균형은 동서독 간의 상징적·실질적 격차를 고착화시키는 요인이 되었다. 통일 과정에서 빠르게 진행된 민영화와 구조조정은 많은 동독 기업을 도산에 이르게 했으며, 결과적으로 경제 기반을 상실한 주민들에게는 통일이 오히려 삶의 조건을 악화시키는 계기가 되었다.

사회통합의 측면에서도, 통일 이후 수십 년이 지났음에도 불구하고 동서 간의 심리적 간극은 여전히 존재한다. 'Wessi'(서독인)와 'Ossi'(동독인)라는 명칭은 그 자체로 상호 간의 정체성 차이와 거리감을 상징하며, 통합 교육이나 지역 개발에도 불구하고 완전한 통합에는 이르지 못했다. 통일이 제도적 병합에 그치고, 진정한 사회적 통합에는 상대적으로 소홀했다는 비판은 지금도 유효하다.

또한 국제사회의 시각에서도 독일 통일은 단순히 내부 의지에 의한 것이 아니라, 국제 정치의 변화와 미국·소련의 이해관계 속에서 가능해졌다는 점에서 전례 없는 외교적 행운이었다는 평가도 있다. 이는 곧 한반도의 경우, 주변국의 이해관계와 국제 정세를 고려하지 않고는 결코 독일식 통일 경로를 그대로 답습할 수 없다는 현실적인 인식을 요구한다.

독일 통일은 고무적인 모델인 동시에, 그 한계와 부작용을 냉정히 돌아봐야 할 사례다. 통일은 단순한 제도의 병합이 아니라, 정체성의 존중, 공정한 기회 제공, 지속 가능한 지역 균형, 국민의 자발적 참여를 전제로 하는 복합적 과제임을 독일의 경험은 우리에게 분명히 일러주고 있다.

독일의 경험은 통일이 단순한 제도적 병합이 아니라, 사전 준비와 신중한 조율, 그리고 지속적인 사회통합 노력이 수반되어야 함을 보여준다. 한반도의 통일이 독일과는 다른 경로일 수 있지만, 그 과정과 철학에서는 분명히 참고할 교훈이 많다.

15장.

청년의
눈으로 본 통일,
기회인가 부담인가

통일에 대한 인식은 세대별로 큰 차이를 보이며, 특히 청년층은 통일을 '민족의 사명'보다는 개인의 삶에 어떤 영향을 줄지에 따라 평가한다. 이 장에서는 청년 세대가 통일을 어떻게 바라보는지를 경제, 일자리, 문화, 정치 참여 등의 측면에서 분석하고, 통일의 새로운 담론 형성을 위한 시사점을 도출한다.

1. 통일에 대한 청년 세대의 복합적 인식

청년층은 통일에 대해 희망과 우려라는 상반된 감정을 동시에 지니고 있다.[30] 한편으로는 전쟁 위협의 종식, 새로운 기회의 확대,

---

[30] 이종석(2012).《통일을 보는 눈―왜 통일을 해야 하느냐고 묻는 이들을 위한 통일론》, 개마고원, pp.46-48.

민족 공동체 회복에 대한 기대가 있으며, 다른 한편으로는 세금 부담, 취업 경쟁 심화, 북한과의 문화적 차이에 대한 낯섦이 공존한다. 이들의 통일 인식은 이념보다 실용성과 현실성을 중시하는 특징을 보인다.

오늘날 청년 세대는 통일을 기존의 '민족적 사명'이나 '역사적 과제'라는 담론보다는 자신의 삶에 실질적으로 어떤 영향을 미칠지에 따라 판단하는 경향이 강하다. 이러한 인식 변화는 청년 세대가 성장해 온 환경—경제 불안정, 경쟁 심화, 다양한 문화와의 공존 경험—과 밀접하게 관련되어 있다. 청년층은 통일을 통해 안보 위협이 줄고, 경제적 기회가 확대될 수 있다는 측면에서는 긍정적으로 바라보지만, 동시에 세금 인상, 취업 시장 불안정, 북한 주민과의 문화적 충돌에 대한 우려도 깊다.

특히 청년층의 통일 인식은 실용성과 조건부 낙관주의를 기반으로 한다. "통일이 되면 좋긴 한데, 내가 손해를 보면 안 된다"는 사고방식이 흔하게 나타나며, 감성적 민족주의보다는 데이터와 사실, 개인의 삶에 미치는 영향에 근거한 평가가 중심을 이룬다. 이는 과거와는 달리 통일을 이상적 미래가 아닌, 정책적·경제적 계산의 대상으로 인식하는 현상으로 읽힌다.

또한 통일을 바라보는 청년층 내부에서도 계층, 지역, 전공, 경험에 따라 다양한 스펙트럼이 존재한다. 일부 청년들은 북한에 대한 관심조차 크지 않으며, 통일 문제는 지금 당장 급한 일이 아니라고 여긴다. 반면 평화 문제, 국제관계, 인권에 관심 있는 청년들은 남북 교류와 통일에 보다 적극적인 태도를 보이기도 한다. 이처럼 청년 세대 내에서도 통일에 대한 인식은 일률적이지 않으며, 이질성과 복합성이 함께 존재한다.

통일에 대한 청년 세대의 인식은 희망과 부담, 이상과 현실 사이에서 균형을 모색하는 복합적 구조를 가지고 있다. 이들의 시각을 반영하지 못하는 통일 담론은 공감을 얻기 어려우며, 청년의 목소리와 현실을 반영한 맞춤형 정책과 소통 전략이 무엇보다 중요하다.

2. 경제적 기회 vs 비용 부담

청년들은 통일 이후 북한의 저렴한 노동력과 자원을 활용한 산업 기회, 스타트업 진출, 인프라 건설 등 경제적 가능성에 주목하는 동시에, 막대한 재정 지출과 복지 부담이 개인에게 전가될 것에 대한 우려도 제기한다. 특히 취업이 불안정한 청년 세대는 통일이 고용 시장에 미칠 영향을 민감하게 받아들인다.

청년들은 북한의 저렴한 노동력과 풍부한 천연자원을 활용해 새로운 산업을 일으키고, 건설·에너지·물류·정보통신 등 다양한 분야에서 신시장 개척과 창업 기회를 모색할 수 있다는 점에서 통일을 경제적 도약의 기회로 인식하기도 한다. 특히 스타트업을 준비하는 청년들 사이에서는 북한 지역이 잠재력 있는 시장이자 새로운 실험의 장이 될 수 있다는 기대도 있다.

그러나 이러한 기회와 병행되는 현실적인 우려도 만만치 않다. 가장 큰 걱정은 통일 이후 증가할 사회복지 지출, 인프라 재건, 교육·보건 분야 투자 등에 소요될 막대한 비용이 고스란히 청년 세대에게 부담으로 전가될 수 있다는 점이다. 통일세 도입 가능성, 소득

세 및 사회보험료 증가 등의 이슈는 청년들의 통일에 대한 거리감을 형성하는 주요 요인이 되고 있다.

물론, 이러한 비용을 개성공단과 같은 공단지구 건설을 통해 북측에 부담시키는 대안도 있다. 북한이 자체 힘으로 경제력을 신장할 수 있도록 지원해 북한이 보다 빨리 경제적으로 일어서면 서독처럼 별도의 막대한 통일 비용을 치르지 않아도 될 거라는 논리다. 북한인들의 자존감을 보호하고, 지역 차별이나 계층 차별도 피할 수 있어 경제통합뿐 아니라 사회통합, 정치통합에도 기여할 거라는 기대감이 많다. 청년들의 통일 비용 걱정도 덜 수 있어 잘만 진행된다면 일거오득, 일거육득이다.

또한 통일이 노동시장에 미치는 영향도 주요 관심사다. 북한 주민의 노동력 유입이 기존 청년층의 일자리를 잠식할 수 있다는 우려가 제기되며, 특히 저임금 일자리나 단기 고용 시장에서의 경쟁 심화는 불안 요소로 작용한다. 일부 청년들은 이로 인해 통일은 나의 기회를 빼앗는 구조로 받아들이기도 한다.

반면, 긍정적인 시각에서는 통일이 경제적 성장 모멘텀을 제공함으로써 오히려 양질의 일자리 확대, 도시 개발, 창업 활성화 등 장기적 혜택으로 이어질 수 있다고 본다. 이를 실현하기 위해서는 청년층을 대상으로 한 일자리 설계, 직무 교육, 금융·창업 지원 등 구체적인 정책 마련이 동반되어야 한다.

결국 청년층은 통일을 경제적 기회와 부담이 공존하는 양면적 현실로 받아들이고 있으며, 이들에게 통일이 긍정적 미래로 인식되기 위해서는 불확실성을 줄이고, 체감 가능한 이익 구조를 제시하는 실질적인 정책적 노력이 필요하다.

3. 교육과 통일 인식의 간극

청년 세대는 교과서 중심의 통일 교육보다 다양한 매체와 경험을 통해 북한을 접하고 있다. 유튜브, 다큐멘터리, 탈북민 콘텐츠 등은 북한에 대한 감정의 외연을 넓혔지만, 동시에 정보의 편향성 문제도 제기된다. 체험 중심의 통일 교육, 남북 청년 교류, 공동 프로젝트 등 실질적인 접촉 기회 확대가 필요한 시점이다.

청년 세대는 통일에 대해 과거와는 다른 정보 접근 방식과 학습 경로를 통해 인식하고 있다. 전통적인 학교 교육에서 제공되는 통일 교육은 여전히 국가 주도의 이념 중심 서술과 형식적인 내용 전달에 머무르는 경우가 많으며, 이는 청년층의 실제 관심과 괴리를 낳고 있다. 반면 유튜브, 넷플릭스 다큐멘터리, SNS상의 탈북민 콘텐츠 등 다양한 디지털 플랫폼을 통해 북한 사회에 대한 생생하고 다면적인 정보를 접하면서, 청년들은 국가 교과서 외부의 콘텐츠를 통해 통일과 북한을 스스로 해석하는 경험을 하고 있다.

그러나 이러한 비공식 정보는 때로는 자극적이고 편향된 서술로 인해 왜곡된 인식을 고착화시키기도 한다. 일부 콘텐츠는 북한을 비정상적이고 이질적인 대상으로만 묘사하거나, 통일을 불가능한 일로 단정하는 내러티브를 강화하면서, 통일에 대한 혐오감이나 회피감을 키우는 부작용을 낳기도 한다. 이는 통일 인식에 대한 세대 간 단절뿐 아니라, 통일 자체에 대한 회의와 피로를 유발하는 원인이 되기도 한다.

이러한 상황에서 통일 교육의 혁신은 더욱 시급한 과제로 부상하고 있다. 청년들이 주체적으로 참여할 수 있는 체험형 통일 교육,

예를 들어 남북 청년이 함께하는 교류 캠프, 공동 창업 프로그램, 협업형 프로젝트 학습 등은 청년들 간 상호 이해와 공감대를 형성하는 데 효과적일 수 있다. 또한 북한에 대한 이해를 단순히 정치·군사적 프레임이 아닌, 인간적 삶의 차원에서 접근하도록 돕는 서사 교육도 필요하다.

청년 세대의 통일 인식을 바꾸기 위해서는 통일 교육이 이념 중심에서 공감 중심, 지식 주입에서 상호 소통형으로 전환되어야 하며, 디지털 세대의 감각에 맞는 교육 콘텐츠와 실질적 교류 기회 제공이 병행되어야 한다.

4. 통일을 바라보는 문화적 거리감

청년들은 북한을 낯선 존재로 인식하며, 단일 민족이라는 관념보다는 '다름을 인정하는 공존'을 선호한다. 언어, 가치관, 생활양식의 차이를 고려할 때, 급격한 통합보다 장기적 공존과 점진적 통일이 선호된다. 이는 다문화 사회로 성장해 온 청년 세대의 감수성과도 맞닿아 있다.

청년들은 북한을 물리적으로 가까운 존재지만 정서적으로는 멀리 느끼는 '낯선 이웃'으로 인식하는 경향이 강하다. 이는 북한과 직접적인 접촉이 거의 없는 세대적 특성과 분단 이후 남북 간 이질적인 체제가 오랜 시간에 걸쳐 뿌리내린 결과다. 청년들에게 북한은 일상적으로 경험하지 못한 '다른 사회'이며, 언론이나 콘텐츠를 통해 간접적으로 접하는 이미지가 대부분을 차지한다. 이러한 간접 정보는 종종 북한을 억압적이고 폐쇄적인 체제로만 규정짓는 경향이 있어, 문화적 거리감을 더욱 확대시킨다.

또한 청년들은 통일 이후 북한 주민과 일상적으로 함께 살아가야 한다는 현실을 떠올릴 때, 언어 습관, 가치관, 노동윤리, 정치사회 인식 등에서의 차이에 대한 우려를 갖는다. 이러한 차이는 직장, 학교, 지역사회 등 다양한 공간에서 문화적 충돌이나 갈등으로 이어질 가능성이 있다는 인식으로 연결된다. '우리는 같은 민족'이라는 담론보다, "같이 살 수 있을까?"라는 실존적 질문이 더 중요한 의제로 떠오르는 것이다.

특히 다문화 사회에서 성장한 청년 세대는 '차이의 공존'을 일상의 가치로 받아들이는 한편, 그만큼 공존을 위한 제도적 장치와 사회적 합의의 중요성도 체감하고 있다. 이들은 북한 주민과의 관계에서도 무비판적인 동질성 강조보다, 차이를 인정하고 조율해 나가는 과정이 필요하다고 본다. 따라서 급격한 체제 통합보다는, 점진적인 교류 확대와 상호 적응을 유도하는 '시간의 전략'이 문화 통합 측면에서 더 실현 가능하다고 판단한다.

결국 청년들에게 통일은 단일한 민족주의적 서사로 접근하기보다는, 낯섦을 어떻게 이해하고 극복할 것인가에 대한 문화적 상상력의 문제다. 문화적 거리감을 줄이기 위한 교류와 협력, 공감 기반 콘텐츠 생산, 다양한 경험의 플랫폼이 마련되어야 하며, 이는 통일을 삶의 일부로 받아들이게 하는 중요한 기제가 될 수 있다.

5. 참여와 담론의 주체로서의 청년

과거와 달리 청년들은 통일을 외부로부터 주어지는 과제가 아니라, 내가 설계하고 경험하는 미래로 인식하려는 경향이 강하다. 이를 위해 청년이 정책 설계에 직접 참여하거나, 청년 당사자의 목소리를 반영하는 플랫폼 구축, 지역 기반 청년 통일 아카데미 등도 제안되고 있다.

과거 통일 담론은 정부 주도, 전문가 중심의 일방향적인 형태가 주를 이뤘지만, 청년 세대는 점점 더 통일 문제의 수동적 수용자가 아닌 능동적 설계자이자 실천자 역할을 요구하고 있다. 청년들은 통일이 자신들의 삶과 미래에 직결되는 만큼, 의사결정 과정에서 주체적으로 목소리를 낼 수 있는 구조를 바라고 있으며, 통일에 대한 논의와 정책 수립 과정에 참여할 수 있는 기회 확대를 요구하고 있다.

이러한 요구는 구체적인 형태로도 나타나고 있다. 예를 들어 청년 통일 서포터즈, 청년 평화토론회, 통일 관련 청년 공모전, 대학 통일 모의국회 등의 활동은 청년들이 직접 자신의 아이디어와 비전을 제시하는 통로가 된다. 이러한 공간을 통해 청년들은 자신의 세대적 감수성에 맞는 통일의 의미를 탐색하고, 통일을 자신들의 언어로 다시 정의하려는 시도를 이어가고 있다.

뿐만 아니라 청년들은 통일의 거시 담론뿐만 아니라 마이크로 이슈에도 적극적으로 관심을 가지며, 북한 청년들과의 교류, 탈북 청년의 정착 문제, 청년 대상 남북 공동 창업, 문화 교류 플랫폼 기획 등 보다 실질적이고 생활 밀착형 의제를 중심으로 참여하고 있다. 이는 청년 통일 담론이 단지 이념적 접근이 아닌, 사회적 실천과 지역 커뮤니티 기반의 현실적 접근으로 확장되고 있음을 보여준다.

결국 청년의 참여는 단지 정책 수혜자로서가 아닌 정책 결정자로서의 전환을 의미한다. 청년의 언어, 문화, 감각을 반영한 정책 수립과 이들이 실제 기획하고 운영할 수 있는 정책 생태계의 조성이 필요하다. 통일은 '미래 세대의 일'이라는 수사적 문장을 넘어서, 지금 이곳에서 청년이 실제로 주도하고 참여할 수 있는 장을 열어야 한다.

6. 청년 세대를 위한 통일 담론의 재설계

결국 청년의 눈으로 본 통일은 민족의 이상이나 감정의 동원이 아니라, 실제 삶의 질, 사회적 안정성, 기회의 확장과 직결된 현실적 과제로 다가온다. 하지만 기존의 통일 담론은 여전히 구시대적 언어와 방식에 머무르며, 청년층의 참여를 유도하기에는 그 설득력과 공감력이 부족하다. 이에 따라 청년 세대를 위한 통일 담론은 내용, 전달 방식, 참여 구조 전반에서 전면적인 재설계가 요구된다.

첫째, 통일 담론의 언어가 바뀌어야 한다. 과거의 통일 담론은 '민족', '역사', '사명' 등의 추상적이고 감정적인 용어에 치우쳐 있었지만, 청년 세대에게는 "내 삶에 어떤 의미가 있는가"가 보다 중요한 기준이다. 따라서 고용, 주거, 창업, 여행, 문화 등 청년들이 일상에서 중요하게 여기는 주제를 통일과 연결 짓는 새로운 서사가 필요하다.

둘째, 전달 방식도 디지털시대의 감각에 맞춰야 한다. 유튜브, 팟캐스트, 웹툰, 메타버스 플랫폼 등 청년들이 주로 소통하고 콘텐츠를 소비하는 채널을 적극 활용해야 하며, 통일 관련 콘텐츠도 짧고 직관적인 형식으로, 흥미와 공감을 이끌어 내는 방식으로 재구성되어야 한다. 이를 통해 청년들이 통일 이슈를 자신의 생활 영역 안에서 자연스럽게 접하고 고민할 수 있게 된다.

셋째, 담론 형성의 주체를 청년으로 전환해야 한다. 단지 통일 교육의 수동적 대상이 아니라, 통일을 어떻게 설계할 것인지에 대한 논의에 청년들이 직접 참여할 수 있도록 해야 하며, 이를 위한 지원제도와 정책적 공간도 병행되어야 한다. 청년 주도의 공론장, 모의 정책 실험, 교류 프로젝트 등이 그 예가 될 수 있다.

넷째, 청년 담론은 공존과 다양성을 핵심 가치로 삼아야 한다. 청년 세대는 이미 다문화·다양성 환경에 익숙한 세대로, 남북이 동일하지 않음을 전제한 통일 접근—즉 차이를 인정하고 조율해 나가는 방식—에 더 높은 수용도를 보인다. 따라서 통일 담론도 동질성 강요보다 상호 존중과 협력의 언어로 재편되어야 한다.

이러한 재설계를 통해서만 청년은 통일을 타인의 과제가 아니라 나의 미래 설계의 일부로 받아들이게 된다. 통일은 단지 하나의 정책 이슈가 아니라, 청년의 상상력과 실천이 반영된 삶의 계획이어야 하며, 이를 위한 정책적 기반과 문화적 공간이 병행되어야 한다.

청년과의 소통을 바탕으로 한 통일 정책, 공감 가능한 언어로 서술된 통일 담론, 젊은 세대의 기획 참여를 보장하는 통일 전략은 통일 담론 형성에 새로운 조류가 될 것이다. 이는 한반도의 미래를 책임질 세대가 통일을 자신의 문제로 인식하고 행동할 수 있는 실질적 기반이 될 것이다.

16장.
한반도 미래 시나리오: 공존, 연합, 통일, 그리고 코리안 커먼웰스

한반도의 미래는 하나의 통일이라는 단선적 경로만 있는 것이 아니라, 다양한 가능성과 단계적 경로들이 병존하는 복합적인 시나리오의 형태로 논의되고 있다.[31] 이 장에서는 세 가지 주요 시나리오—공존, 연합, 완전한 통일—를 중심으로 각 경로의 가능성, 과제, 장점과 한계를 분석하고, 우리 사회가 무엇을 준비해야 할지를 모색한다.

1. 공존: 현상 유지 속 점진적 협력

공존 시나리오는 현재의 분단 체제를 유지하되, 남북 간의 군사

---

[31] 한반도평화포럼(2015).《통일은 과정이다》, 서해문집, pp.88-92(이종석-무엇이 통일인가)

적 긴장을 완화하고 경제·사회·문화적 교류를 점차 확대해 나가는 방식이다. 이 방식은 평화체제 구축과 신뢰 형성에 초점을 맞추며, 갑작스러운 통일로 인한 비용이나 사회적 충격을 피할 수 있다는 장점이 있다. 하지만 분단을 전제로 하기 때문에 장기적으로는 민족 정체성의 약화, 통일 의지의 퇴색이라는 문제도 함께 수반된다.

이 시나리오는 남북이 현재의 분단 상태를 유지하되, 적대적 충돌을 방지하고 신뢰를 축적하는 방향으로 점진적인 관계 개선을 도모하는 접근이다. 이 시나리오는 일종의 '분단 속 평화'를 지향하며, 평화체제 구축과 군사적 긴장 완화, 인도적 교류 및 경제협력 등 비정치적 분야에서의 실질적 진전을 통해 장기적으로 통일의 기반을 마련하려는 전략이다.

공존 모델의 장점은 안정성과 예측 가능성이다. 급격한 체제 변화나 흡수통일이 야기할 수 있는 혼란과 비용을 줄이고, 양측이 정치·사회적 충격 없이 차분히 상대를 이해하고 수용할 수 있는 여유를 확보할 수 있다. 남북 경협 확대, 이산가족 상봉, 체육·문화 교류, 비무장지대 생태 협력 등은 이러한 공존 시나리오 하에서 실현 가능한 대표적인 사례들이다.

그러나 공존의 한계도 명확하다. 정치·군사적 분단이 유지되는 한, 언제든지 관계가 악화될 수 있는 구조적 불안정성이 내재되어 있으며, 체제 간 근본적 이질성으로 인해 상호 신뢰의 속도와 깊이에 한계가 존재한다. 또한 장기적인 공존은 국민들 사이에서 통일 필요성에 대한 관심과 의지를 약화시키고, 민족 정체성과 역사적 책임감이 희석될 수 있다는 우려도 있다.

그럼에도 불구하고 공존은 통일로 가는 현실적 출발점으로서의 가치를 지닌다. 단기적으로는 한반도의 평화 유지와 위험 관리 차원에서 실효적일 수 있으며, 이후 연합이나 통일로 이행하기 위한 준비 단계로 활용될 수 있다. 중요한 것은 공존이 '영속적 분단'이 아닌 '미래를 위한 전환기'로 기능하도록 설계되고 운영되어야 한다는 점이다.

2. 연합: 제도적 병존과 공동체 형성

연합 시나리오는 남북이 각각의 정치 체제를 유지하면서도 일정한 제도적 협력을 통해 하나의 '한민족 연합체' 또는 '평화 공동체'를 구성하는 모델이다. 이 방식은 유럽연합(EU)식 연합체나 국가연합 모델에서 영감을 받으며, 경제공동체, 교통·환경·보건 등 비정치적 협력을 제도화할 수 있다. 연합은 급진적 통일이 아닌 현실적 접근이라는 점에서 실현 가능성이 있으나, 상호 불신 해소와 법·제도의 조율이라는 실질적 난제를 안고 있다.

이 시나리오는 남북이 각자의 정치 체제를 유지한 채, 일정한 제도적·경제적 협력 구조를 통해 하나의 공동체 혹은 연합체를 형성하는 방식이다. 이는 통일로 가는 중간 단계 혹은 대안적 모델로 논의되며, 급진적인 체제 통합보다 현실적 접근이라는 점에서 주목받는다. 남북 간의 정치 이질성을 인정하면서도, 민족 공동체로서의 정체성과 상호 연계를 회복하고 강화하려는 방향이다.

이 모델은 유럽연합(EU)이나 북미자유무역협정(NAFTA) 같은 지역 공동체 협력 모델에서 영감을 받는다. 구체적으로는 남북한 간 공동 경제지대 설치, 공동시장 운영, 교통·에너지망 연결, 환경 공동관리, 보건의료 협력 등 다양한 비정치적 분야에서의 제도화가 가능하다. 이와 함께 남북 정상회의 정례화, 공동 의사결정 기구 설치 등 정치적 차원의 협의 구조도 병행될 수 있다.

연합 시나리오의 장점은 단계적 접근을 통해 양측의 부담과 저항을 최소화할 수 있다는 점이다. 또한 국제사회와의 관계에서도 점진적 안정성을 보장받을 수 있으며, 남북 주민이 서서히 상호 이해와 공감대를 형성할 수 있는 환경을 제공한다. 통일로 가기 위한 사전 신뢰 구축 및 실험적 통합의 장으로 기능할 수 있다는 점에서 전략적 유용성이 크다.

그러나 연합 모델 역시 현실적 과제가 많다. 남북 간의 법률 체계, 경제 시스템, 행정 구조, 시민권 개념 등이 크게 다르기 때문에, 제도적 조율에는 복잡한 협상과 오랜 시간이 필요하다. 또한 체제 경쟁 구도가 완전히 해소되지 않은 상황에서는 정치적 긴장이나 상호 불신이 협력 구조의 지속 가능성을 위협할 수도 있다.

무엇보다 중요한 것은 연합이 최종 단계가 아닌, 변화 가능한 유동적 구조로 설계되어야 한다는 점이다. 연합이 장기적 분단의 또 다른 형태로 고착되지 않도록 하기 위해서는, 통합을 향한 방향성과 비전을 지속적으로 공유하고 확산시키는 정치적 리더십과 국민적 지지가 함께 뒷받침되어야 한다.

3. 통일: 하나의 국가로의 완전 통합

전통적 의미의 통일 시나리오는 정치·경제·사회·문화적 모든 영역에서 남북이 하나의 국가로 통합되는 것을 의미한다. 이는 오랜 분단을 극복하고 완전한 민족 공동체를 구현한다는 이상적 목표를 담고 있으며, 국제사회에서의 위상 강화, 자원과 인구의 시너지 효과 등 다양한 기대 효과도 존재한다. 하지만 경제 격차 해소, 제도 통합, 사회통합 등에서 막대한 비용과 시간이 소요되는 만큼, 철저한 사전 준비와 국민적 지지가 요구된다.

이는 단순한 협력이나 연합을 넘어, 주권과 법제, 행정, 영토, 군대, 교육 등 모든 체제 요소가 일원화되는 형태이며, 대한민국 헌법이 궁극적으로 지향하는 통일 형태이기도 하다. 이 시나리오는 오랜 분단의 역사적 상처를 치유하고, 하나의 민족으로서의 정체성을 회복한다는 점에서 상징적·정서적 의미가 매우 크다.

완전한 통일의 가장 큰 장점은 체제 간 불일치를 근본적으로 해소할 수 있다는 점이다. 남북한의 이중 체제로 인한 대립 구조를 제거하고, 내부 갈등을 줄이는 한편, 단일 국가로서의 위상을 통해 국제사회에서의 전략적 지위도 강화할 수 있다. 또한 인구 구조의 보완, 자원의 효율적 활용, 한반도 전역에 걸친 균형 발전을 통해 국가적 시너지를 극대화할 수 있다.

하지만 통일의 비용과 위험 역시 막대하다. 경제적 격차 해소에는 수십 년이 걸릴 수 있으며, 법과 제도의 통합, 금융 시스템 안정화, 북한 주민의 생활 안정과 적응을 위한 복지 인프라 구축 등 광범위한 구조 개편이 요구된다. 무엇보다도 남한 내부에서도 통일에 대한 인식이 엇갈리고 있어, 국민적 공감대 형성이 선행되지 않는다면 갈등과 반발이 통일 이후에도 지속될 수 있다.

또한 통일 과정에서의 체제 주도권 문제는 남북 간뿐 아니라 남한 내부의 정치 세력 간에도 갈등 요인이 될 수 있다. 통일 이후에도 정치·사회적 분열이 계속된다면, 실질적 통합은 요원해질 수 있다. 따라서 통일은 단지 제도의 병합이 아니라, 사람과 문화, 인식의 통합을 포괄하는 전방위적 프로젝트로 접근해야 한다.

완전한 통일은 가장 이상적인 시나리오인 동시에, 가장 많은 준비와 조율이 필요한 도전이다. 이를 위해서는 단계적 이행 계획, 세부 정책 로드맵, 국민적 설득과 합의, 국제사회와의 긴밀한 협력이 필수적이다. 통일은 국가의 미래를 완전히 다시 설계하는 작업이며, 그만큼 치밀하고도 포용적인 접근이 요구된다.

4. 시나리오 간의 연결 가능성과 유동성

세 가지 시나리오는 서로 배타적인 것이 아니라, 서로를 보완하거나 전환될 수 있는 연속적인 경로로 볼 수 있다. 공존에서 신뢰를 구축하고, 연합을 통해 공동체 기반을 강화한 뒤, 장기적으로 통일로 이행하는 단계적 모델이 가장 현실적인 접근일 수 있다. 상황에 따라 각 단계가 병행되거나 되돌아가는 유동적 구조도 상정해야 하며, 이를 위한 유연한 정책 설계가 필요하다.[32]

---

32) 변종헌(2014),《남북한 관계와 한반도 통일: 성찰과 논의》, 인간사랑, pp.321-345.

한반도의 미래를 바라보는 세 가지 시나리오—공존, 연합, 통일—는 각각 독립적인 선택지처럼 보이지만, 실제로는 고정된 궤도라기보다 상호 연결되고 이동 가능한 유동적 구조에 가깝다. 현실 정치와 국제 정세, 남북 간의 신뢰 수준, 국민 여론의 변화 등에 따라 이들 시나리오는 서로 전환되거나 병행 적용 될 수 있는 특징을 지닌다.

예컨대, 공존은 단지 분단의 연장이 아니라, 협력과 교류를 통해 신뢰를 축적하고 제도적 기반을 마련함으로써 연합으로 이어질 수 있는 출발점이 될 수 있다. 연합 역시 고정된 상태가 아니라, 협력의 심화 정도에 따라 더 높은 통합 수준인 통일로 이행하거나, 상황 악화 시 다시 공존 단계로 회귀할 수 있는 유연성을 내포하고 있다. 따라서 각 시나리오는 단선적 계단이 아니라, 복수의 경로가 교차하고 상호 작용하는 네트워크적 구조로 이해될 필요가 있다.

이러한 연결 가능성과 유동성을 고려할 때, 정책 설계는 시나리오 간 전환을 자연스럽게 할 수 있는 다층적 구조를 기반으로 해야 한다. 남북관계가 개선될 경우 자동적으로 제도 협력 강화로 이어질 수 있도록 법적·행정적 연계 수단을 구축하고, 반대로 위기 상황 발생 시에도 최소한의 대화 채널과 안전판이 유지될 수 있도록 제도적 안전망이 필요하다.

또한 이러한 유동성은 국민적 상상력과 사회적 담론 형성에 있어서도 중요한 의미를 지닌다. 고정된 통일관이 아니라, 다양한 미래 시나리오에 대한 개방성과 수용성을 바탕으로 통일 담론을 재구성해야 하며, 국민 각자의 입장에서 각 시나리오가 어떤 의미를 가지는지를 성찰할 수 있도록 하는 다층적 교육과 공론장이 필요하다.

결국 시나리오 간의 연결성과 유동성을 인정하는 것은, 미래에 대한 경직된 예측이 아닌 유연한 대응을 위한 조건이다. 예측 불가능성이 높아지는 한반도 정세에서, 중요한 것은 특정 시나리오에만 매몰되는 것이 아니라, 변화하는 환경 속에서도 선택지를 유지하고 확장할 수 있는 전략적 사고와 제도적 설계다.

5. 국민 통합과 세대 설득의 과제

어느 시나리오를 선택하든, 가장 중요한 것은 국민 내부의 통합이다. 세대 간, 지역 간, 이념 간 인식 차이를 극복하고, 통일과 공존의 미래에 대해 함께 토론하고 상상할 수 있는 민주적 공론장이 반드시 필요하다. 특히 청년 세대의 참여와 설득은 미래 시나리오의 지속 가능성을 결정짓는 핵심 변수다.

남북 간 통일이나 협력 이전에, 남한 내부의 세대 간, 계층 간, 지역 간, 이념 간 분열을 해소하는 것이 선결 과제이며, 이는 미래에 대한 공동의 상상력과 정책적 실천을 위한 토대를 마련하는 작업이다.

특히 세대 간 인식 차이는 통일 담론의 가장 큰 장벽 중 하나다. 전쟁과 분단을 경험한 세대는 통일을 역사적 사명이나 민족적 의무로 여기는 경향이 강하지만, 청년 세대는 통일을 경제적 부담, 사회적 불확실성, 또는 삶의 질에 대한 변수로 받아들인다. 이 같은 인식 차이는 단지 태도의 문제가 아니라, 통일에 대한 정보 접근 방식, 교육 내용, 미디어 환경의 차이에서 비롯된다.

따라서 통일과 공존의 미래를 두고 전 세대가 함께 토론하고 공감할 수 있는 다층적 공론장이 필요하다. 이는 학교 교육에서의 세대 간 대화 프로그램, 지역 공동체 기반의 통일 포럼, 세대 혼합형 정책 연구 프로젝트 등 다양한 방식으로 구성될 수 있다. 단순한 설득이 아니라, 함께 고민하고 설계하는 참여 구조로의 전환이 핵심이다.

또한 통일 담론은 특정 정치 세력이나 진영의 언어가 되어서는 안 된다. 통일을 둘러싼 이념적 진영 대립은 국민 통합을 저해하는 가장 큰 요인이며, 따라서 통일 문제를 초정파적이고 실용적인 과제로 재정의하고, 이를 위한 사회적 합의 절차를 제도화하는 것이 중요하다.

한반도 미래 시나리오의 실현 가능성은 국민 내부의 감정적·인식적 통합에 달려 있으며, 이는 단기적 캠페인이나 교육으로 해결될 수 없는 과제다. 지속적이고 구조화된 세대 간, 계층 간 소통과 참여의 장을 마련함으로써, 우리는 통일과 공존을 둘러싼 다양한 견해를 하나의 사회적 에너지로 전환할 수 있을 것이다.

6. 영연방에서 찾는 코리안 커먼웰스의 미래

영연방(英聯邦·The Commonwealth of Nations)은 영국과 그 옛 식민지 또는 자치령 국가들 사이의 느슨한 연합체로, 공동의 역사, 언어, 제도, 가치관을 공유하는 국가들의 모임이다. 한국, 중국, 일본 등 한자 문화권 국가에서는 주로 영연방이라고 호칭하지만, 대만은 대영국협(大英國協), 영연방 가입국인 말레이시아나 싱가포르는 공화연방(共和联邦)이라고 부른다. 영국 등 영어권 국가에서는 단순히 '커먼웰스'라고 부르기도 한다.

1931년 웨스트민스터 헌장으로 시작되었고, 1949년 런던 선언을 통해 오늘날의 형태를 갖추게 되었다. 웨스트민스터 헌장은 영국의 해외자치령에 외교권을 부여, 영국 본국과 평등한 공동체로 규정했다. 그전에는 영국 정부 아래에 해외자치령이 있었다면, 이 헌장 이후부터 영국 국왕 아래에 영국, 캐나다, 호주 등의 수장들이 동등한 지위로 나란히 서게 된 것이다.

런던 선언에서 비로소 이 기구의 이름을 기존의 브리튼 국가 연방(The British Commonwealth of Nations)에서 오늘날의 영연방으로 바꾸었고, 영국 국왕의 지위에 대해 "영연방의 수장(Head of the Commonwealth)이며 자유로운 결합의 상징"이라고 정의했다. 본부는 영국 런던 말보로 하우스에 두었으며, 현재 회원국은 56개국에 달한다. 가입국은 아프리카, 아시아, 아메리카, 태평양 지역까지 전 세계적으로 분포해 있다.

가입국의 정치 체제는 입헌군주제부터 공화국까지 다양한 형태를 보인다. 가입국의 공용어는 영어지만, 각국은 고유의 언어와 문화를 유지하고 있다. 가입국들은 영연방 헌장에 따라 민주주의, 인권 존중, 법의 지배 등의 가치를 공유한다.

군사나 정치적 통합체는 아니며, 현재 찰스 3세 영국 국왕이 수장을 맡고 있는 가운데 영국, 캐나다, 호주, 뉴질랜드를 포함한 15개국은 영국 국왕을 자국 군주로 인정하는 커먼웰스 왕국(Commonwealth Realm)으로서 영연방에 가입해 있다. 영연방 가입국 중 파키스탄, 가나, 키프로스, 케냐, 나이지리아, 스리랑카 등은 대통령을 원수로 하는 이른바 공화국의 형태를 띠며, 말레이시아나 레소토처럼 자국 국왕을 원수로 하는 자치 국가 형태도 있다.

영연방 가입국들은 2년에 한 번씩 열리는 영연방 정상회의(CHOGM), 4년에 한 번씩 열리는 영연방 국제 스포츠 대회 '영연방 게임'(Commonwealth Games)에 참가한다.

영연방의 특징은 구속력이 있는 국제법적 의미의 연방국가가 아니라 회원국 간의 자발적 협력에 기반한 느슨한 형태의 국제기구라는 점이다. 탈퇴나 재가입도 수월하다. 가입국 대다수는 과거 영국과 역사적 관계가 있는 나라들이지만, 모잠비크(전 포르투갈 식민지), 르완다(전 벨기에 식민지), 토고(전 프랑스 식민지) 등 과거 영국 식민지가 아닌 나라들도 있다.

이러한 영연방 형태도 남북한이 선택할 수 있는 미래 중 하나이다. 남북한이 영연방과 같은 공동체를 구성하게 된다면 그 이름은 대한연방, 또는 코리안 커먼웰스(大韓聯邦·The Korean Commonwealth of Nations)라고 불러도 무방할 것이다.

남북한이 참여하는 코리안 커먼웰스가 출범한다면 기존의 영토나 역사관에 얽매이지 않은 한국 중심의 새로운 창의적인 공동체로 성장할 수 있다. 남과 북이 참여하고 한국과 역사적으로 관계가 깊은 지역의 국가나 지방정부, 또는 한국에 호감을 갖는 세계 각국에 문호를 개방한다.

코리안 커먼웰스는 역사 및 지리적으로 관련이 깊은 요동, 만주, 중국, 몽골, 연해주, 시베리아, 바이칼 호수, 중앙아시아 초원 일대 국가나 지방정부, 국제기구까지 아우를 수 있을 것이다. 또한 느슨한 형태의 국제기구로서 북미, 유럽, 호주, 남미, 동남아, 중동, 러시아, 아프리카 등 전 세계 각지의 국가나 지방정부에도 문호를 개방할 수 있다. 남북이 참여하는 가운데 세계 여러 나라들이 코리안 커먼웰스라는 지붕 아래 공동체를 이루고 공통의 가치를 공유한다면 국가 간의 협력 증진, 세계 평화 구현 등 인류의 이상 실현에 기여할 수 있을 것이다.

영토 개념이 명확한 현대 사회에서 고구려 건국시조 주몽의 다물(多勿: 옛 땅을 되찾다) 사상을 물리적으로 실현하기란 쉽지 않은 일이다. 코리안 커먼웰스는 한국이 이러한 국제적 여건 하에서 국제 협력 증진과 세계 평화 구현을 주도하며 남북통일보다 더 큰 통합을 이뤄낼 수 있는 실리적 틀이다.

K팝, K드라마 등 세계를 강타한 한국의 대중문화 자산은 코리안 커먼웰스의 가입 동기를 극대화하는 강력한 소프트파워적 동인으로 작용할 것이다. 민관을 막론하고 어디에나 깊숙하게 자리 잡은 고객 중심의 빠르고 효율적인 일처리 문화, 깨끗하고 질서정연한 선진 시민의식, 약자를 배려하고 강자를 견제하는 정의롭고 따뜻한 공동체 문화 역시 한국이 세계에 기여할 수 있는 소프트파워가 될 것이다.

초고속 온라인 네트워크 인프라와 이용자 편의성을 극대화한 최첨단 대중교통시스템, 세계 최정상급 기술력의 가전·자동차·선박·항공기·반도체·무기체계는 한국으로 세계인들을 끌어들이는 하드파워적 동인이다. 중앙정부부터 지방정부까지 하나의 예외도 없이 층위별로 구축되어 있는 빠르고 효율적인 전자정부 시스템은 한국의 하드파워와 소프트파워의 총체로서 한국이 코리안 커먼웰스 가입국에 줄 수 있는 가장 큰 현실적 혜택이 될 것이다.

한국에서는 전자정부 시스템을 활용해 관공서에 가지 않고도 언제 어디서나 필요한 공공 민원서류를 즉시 온라인 출력할 수 있다. 한국에서는 당연하게 들릴지 모르지만, 아직도 관공서 업무에 며칠씩 걸리는 외국에서는 꿈과 같은 이야기로 들릴 것이다.

1차적으로 한국이 전자정부 시스템의 국제적 규격 표준을 만들어 다른 나라에 수출한다면 그 자체로 상당한 수요를 창출하게 되고, 2차적으로 타국에 수출한 시스템을 한국과 온라인으로 연결하면 행정망 통합 효과까지 기대할 수 있을 것이다. 코리안 커먼웰스 가입국 위주로 전자정부 구축을 지원해 망을 연결하면 온라인 코리안 커먼웰스 가입국 간의 연대와 협력은 매우 수월해질 것이다.

가입국의 국내에서는 신속하고 효율적으로 관공서 업무를 볼 수 있고, 해외의 다른 코리안 커먼웰스 가입국에서도 자국과 다를 바 없는 행정적 편의와 혜택을 누릴 수 있게 된다면, 코리안 커먼웰스에 대한 관심과 선호도는 더욱 높아질 것이다. 국제사회에서 이러한 편의가 실질적 혜택으로 여겨질 수 있도록 한국이 다양한 서비스를 정책적으로 지원한다면 가입 신청국은 크게 늘어날 것이다.

국제사회 구성원들과 건전한 규범과 가치, 이익을 공유하는 코리안 커먼웰스 공동체는 미국 중심의 일극 체제에서 빠르게 다극화되고 있는 글로벌 정치·경제 분야의 한 축으로 자리매김하게 될 것이다. 이는 이 땅에서 처음 나라를 열었던 국조 환인(桓因)과 단군의 이상 '홍익인간'(弘益人間)의 실현이자, 고구려 건국시조 주몽의 정신 '다물'의 현대적 적용이라 해도 크게 어긋나지 않을 것이다.

코리안 커먼웰스가 남북이 지향하는 국가 모델의 종착점은 아니다. 이 또한 하나의 과정에 불과하다. 남북은 훗날 코리안 커먼웰스를 거쳐 유럽연합(EU) 형태의 국가연합체인 대한연합(大韓聯合·Korean Union)으로 나아갈 수도 있고, 연방국가인 미합중국(美合衆國·The United States of America)과 유사한 대한합중국(大韓合衆國·The United States of Korea)으로 나라를 고쳐 세울 수도 있다. 이 모든 것이 남북의 만남에서 출발한다.

나라의 형태가 바뀌는 건 드물지 않은 일이다. 오늘날 우리가 익히 아는 많은 나라들이 국가의 형태가 바뀌는 경험을 겪으며 현재에 이르렀다. 예를 들어 미국이나 스위스, 캐나다, 독일은 과거에 국가연합(confederation) 형태를 띠었다가 연방국가(federation)로 변모한 나라들이다.

국가연합은 별도의 한 국가로 인정되지 않으며, 각각의 구성국이 주권을 가진 하나의 나라로서 국제사회의 일원으로 인정된다. 연방정부가 없고, 구성국이 외교권과 내치권을 모두 갖는다.

연방국가는 연방정부가 있어 외교권을 가지며, 내치권은 연방정부와 주정부가 각각 층위에 맞게 권한을 나눠 갖는다. 연방정부가 국제사회에서 하나의 나라로 인정되며, 구성국은 나라로 취급되지 않는다.

7. 한반도 미래 설계를 위한 준비 과제

한반도의 미래를 설계하기 위해서는 각 시나리오에 대응한 법적, 제도적, 재정적, 심리적 준비가 병행되어야 한다. 이는 정부의 정책 차원에 그치지 않고, 교육, 문화, 외교, 지역사회 등 사회 전반의 거버넌스 차원에서 추진되어야 하며, 변화하는 국제질서와 주변국들과의 관계 속에서 전략적 유연성 또한 요구된다.

미래를 준비하려면 각 시나리오—공존, 연합, 통일—에 대응할 수 있는 다층적 준비가 필요하다. 이는 단순히 정부 정책의 수립에 그치는 것이 아니라, 우리 사회 전반의 시스템과 인식 구조를 함께 변화시키는 포괄적 전략이어야 한다.

우선, 법적·제도적 준비는 각 시나리오에 따라 달라질 수 있는 통합의 수준과 속도를 고려해 설계되어야 한다. 예컨대 연합 시나리오를 상정한다면 남북 간의 협력 구조를 안정적으로 관리할 수 있는 법률과 합의체, 분쟁 해결 기구 등의 구축이 필요하며, 통일 시나리오를 대비한다면 시민권, 재산권, 사회복지 적용 범위 등 민감한 제도적 통합 항목에 대한 선제적 시뮬레이션과 입법 준비가 이루어져야 한다.

둘째, 재정적 측면에서는 각 단계별로 소요될 비용을 현실적으로 추산하고, 이를 지속 가능하게 관리할 수 있는 재정 프레임워크가 마련되어야 한다. 이를 위해 중장기 재정 계획, 남북 공동기금 조성, 국제기구와의 협력 방안, 통일세와 같은 국민적 기여 방식의 공론화도 필요하다. 비용 문제에 대한 국민의 이해와 참여 없이 통일 또는 연합은 현실화되기 어렵다.

셋째, 심리적·문화적 준비 역시 매우 중요하다. 남북한 주민 간의 정서적 격차와 상호 불신을 해소하기 위해, 일상적인 교류 확대, 상징적 공동 프로젝트, 공동의 미래 서사 개발 등이 필요하다. 특히 청년 세대를 중심으로 통일 이후 사회에 대한 상상력을 자극할 수 있는 문화 콘텐츠, 예술 창작, 교육 프로그램 개발이 효과적이다.

넷째, 외교적 준비도 병행되어야 한다. 한반도 미래 구상이 국내의 논리만으로 실현될 수는 없으며, 미국, 중국, 일본, 러시아 등 주변국의 이해관계를 조율하고, 국제사회의 지지를 얻는 외교 전략이 반드시 필요하다. UN, EU, ASEAN 등과의 협력 및 공동연구 플랫폼 구성이 이에 포함될 수 있다.

이러한 준비들은 지속적이고 유기적으로 연결되어야 한다. 변화에 따라 전략을 수정할 수 있는 유연성을 갖추되, 방향성과 일관성은 유지되어야 하며, 국민과의 소통을 통한 신뢰 구축이 핵심이다.

한반도의 미래는 하나의 정해진 길이 아니라, 다양한 가능성과 불확실성이 교차하는 복합적 공간이다. 중요한 것은 모든 시나리오에 대한 구체적인 정책적 준비와 국민적 상상력의 결합, 그리고 그것을 함께 논의하고 선택할 수 있는 사회적 합의의 기반을 넓혀가는 것이다.

17장.

남북은 왜
만나야 하는가,
만나면 무엇을 얻는가

1. 왜 만나야 하는가

1) 역사적 책임: 분단은 우리의 선택이 아니었다

1945년 해방과 동시에 찾아온 38선은 외세의 군사적 편의에 따라 그어진 분단선이었다. 남북의 분단은 자발적 결정이 아닌, 강대국 간의 전략적 타협의 산물이다. 우리는 이 고통을 스스로 선택한 적이 없지만, 지금 그것을 해결하지 않는다면 그 책임은 우리에게 있게 된다.

한반도 분단은 우리 민족 스스로가 원해서 선택한 결과가 아니었다. 1945년 8월 15일, 우리는 일제의 지배로부터 해방되었지만, 동시에 또 다른 비극의 문턱에 서게 되었다. 그것은 38선을 중심으로 한 강대국의 군사적 분할 통치였다. 미국과 소련은 전후 질서 재편이라는 세계사적 계산 아래, 한반도를 그들의 영향권 속에 나누어 통제하기로 합의했다. 그리고 그 결정은 한반도 주민의 의사나 민족적 합의와는 전혀 무관하게 이루어진 것이었다.

해방은 곧 분단의 시작이었다. 당시 미국은 일본군의 항복을 효율적으로 처리하고, 공산주의 확산을 막기 위한 전략적 군사분계선으로 38선을 제안했고, 소련은 이를 곧바로 수락했다. 그렇게 38도선은 일제 식민지에서 막 벗어난 한반도 위에 지리적 선이 아닌 정치적 선, 임시 조치가 아닌 구조화된 분단의 기초로 새겨졌다.

우리는 스스로 국가를 수립할 기회조차 갖지 못했다. 1948년에는 결국 남북이 각각 단독 정부를 수립하면서, 분단은 사실상 고착되었고, 1950년 6.25전쟁은 그 분단을 피와 철조망으로 굳혀놓았다.

분단은 결과이지, 의지가 아니었다. 한반도의 분단은 한민족의 역사 속에서 그 어떤 자발적 내전, 종족 분열, 지역 분할의 역사도 없이 도입된 외생적 결과이다. 남과 북은 의견이 달랐지만, 갈라지자고 결정한 적은 없다. 오히려 해방 직후 남북 각지에서 '통일 임시정부 수립'을 위한 열망과 논의는 꾸준히 있었고, 다양한 민간 주체들의 노력이 있었다. 하지만 냉전체제라는 국제 정치의 구조가 그 열망을 좌절시켰다.

역사적 책임이란 무엇인가? 오늘날, 우리는 자주 "분단은 너무 오래되었다", "남북은 너무 달라졌다"고 말한다. 하지만 오래되었다는 이유로 그것을 정당화할 수는 없다. 역사적 책임이란, 우리가 만들지 않았지만 지금 우리가 떠안은 문제를 회피하지 않는 태도를 말한다. 우리가 선택하지 않았지만, 지금 바꾸지 않는다면 책임은 우리에게 있다는 인식이 필요하다. 분단의 원인이 우리가 아니라고 해서, 그 결과로부터 면책되는 것은 아니다. 세대를 넘어 이 문제를 다음으로 넘기지 않기 위해, 우리는 남북이 다시 만나는 일을 선택해야 한다.

우리는 이 비극을 끝낼 수 있는 유일한 당사자다. 한반도의 분단은 강대국이 만들었지만, 그 분단을 끝낼 수 있는 권리와 책임은 우리에게 있다. 더 이상 분단의 구조를 국제 정치의 핑계로만 돌릴 수는 없다. 남북의 만남은 책임을 지는 행동이며, 미래에 대한 의지의 표현이다.[33] 그것이 바로 지금 우리가 남북이 만나야 하는 첫 번째 이유다.

분단은 '비정상'이다. 한반도의 분단은 1945년 일제로부터 해방된 직후 외세의 군사적 편의에 의해 결정된 지리적 분할이었다. 그것은 자발적 선택이 아니었고, 정치적 합의도 없었다. 남북이 갈라선 것은 당연한 결과가 아니라, 비정상적 예외 상태의 고착이었다. 이 분단은 오늘날까지 우리의 정치, 경제, 문화, 감정, 정체성에 깊은 상처를 남기고 있다. 따라서 '남북의 만남'은 과거로 돌아가자는 것이 아니라, 역사의 예외를 수정하려는 시도이다.

오늘날 우리는 분단된 상태로 살아가는 것이 너무도 익숙해졌다. 남과 북이 서로 다른 국가이고, 서로를 의심하며, 따로 존재하는 것이 마치 '자연스러운 현실'처럼 보인다. 하지만 그것은 사실이 아니다. 분단은 역사적 필연이 아니라, 정치적 선택도 아닌, 극히 인위적이고 예외적인 상황이 '정상'으로 굳어져 버린 결과일 뿐이다. 그리고 그 비정상이 너무 오래 지속된 나머지, 우리는 오히려 지금

---

[33] 연세대 김대중도서관(2024). 《김대중 육성 회고록—김대중은 오늘 우리에게 무엇을 말하는가》, 한길사, pp.663-705.

의 비정상을 당연하게 받아들이게 된 것이다.

분단은 해방의 결과가 아니라, 또 다른 억압의 시작이었다. 1945년 8월 15일, 한반도는 일제로부터 해방되었다. 그러나 그 해방은 자주적 독립으로 이어지지 못했다. 미군은 남쪽에, 소련군은 북쪽에 진주했고, 그 군사적 편의의 결과로 38도선이라는 임시 분할선이 만들어졌다. 그 선은 처음에는 행정적 구분선이었지만, 곧이어 이념과 체제의 경계선으로 고착되었다. 남북의 단독 정부 수립(1948)과 6.25전쟁(1950)은 그 분단을 돌이킬 수 없는 정치적 사실로 만들어 버렸다. 그러나 이 모든 과정에서 한반도 주민들의 의지나 결정은 배제되어 있었다. 분단은 우리의 선택이 아니라, 강대국의 의지와 냉전 질서의 산물이었다.

우리는 스스로 갈라진 적이 없다. 한반도는 고대 이래 다양한 왕조와 국가 형태를 거쳤지만, 민족 내부의 의지로 영구적인 분단을 택한 적은 단 한 번도 없었다. 삼국시대는 경쟁과 전쟁의 시대였지만, 언제나 통합을 지향하는 방향으로 흘러갔고, 고려와 조선은 단일 왕조 체제 속에서 공동체적 정체성을 발전시켜 왔다. 근대 이후 일제의 식민 지배로 민족이 억압을 받았지만, 광복 이후마저 분단이 지속된 것은 한반도 역사 속에서 매우 예외적인 사건이다. 그런데 지금 우리는 이 '예외'를 마치 '정상'처럼 살아가고 있다. 이것이 바로 분단의 가장 위험한 점이다.

비정상이 '습관'이 되고, 예외가 '현실'로 둔갑하는 것. 분단의 지속은 '정치의 실패'이자 '상상력의 단절'이다. 분단은 단지 선 하나를 중심으로 나뉜 것이 아니다. 분단은 정치·경제·사회·문화 전반에서 남과 북이 서로를 단절한 상태를 의미한다. 그리고 그것은 정치적 리더십의 실패와 국민적 공감대의 부재, 그리고 무엇보다 통일 혹은 공존을 상상하지 않는 습관화된 체념의 결과이기도 하다. 우리는 분단을 탓하지만, 동시에 그 분단 속에서 안정을 누리며, 익숙해져 버린 자신을 보게 된다. 분단이 편해진 것처럼 느껴지는 순간, 우리는 비정상의 심연에 가장 깊이 빠져 있는 것일지도 모른다.

'분단은 운명'이라는 착각을 넘어서야 한다. '이제는 너무 늦었다', '남북은 너무 달라졌다', '현실은 바뀌지 않는다'는 말은 모두 분단을 영속화하려는 말의 습관이자 체념의 언어다. 하지만 분단은 결코 운명이 아니다. 한반도는 스스로의 운명을 선택할 수 있는 민족이며, 그 선택을 다시 회복하기 위해서는 만남이 시작되어야 한다. 우리가 분단을 선택하지 않았다는 사실은, 지금 그 분단을 끝내지 않으면 그 책임이 우리에게 있다는 뜻이기도 하다.

이제 우리는 묻고, 움직여야 한다. 분단은 '잘못 시작된 역사'였고, 그 잘못을 되돌릴 수 있는 힘은 오직 남과 북이 다시 만나는 것에서 나온다. 우리는 왜 갈라졌는가? 우리는 왜 지금까지 갈라져 있는가? 우리는 앞으로도 계속 이렇게 살 것인가? 이 질문에 대한 답을 스스로 내릴 수 없다면, 한반도는 언제까지고 외부의 결정에 따라 존재하는 '지정학적 객체'로 머물 것이다. 비정상을 다시 정상으로 되돌리는 것, 그것이 남북이 지금 만나야 하는 가장 본질적인 이유다.

2) 민족적 연대: 우리는 다르지만, 낯설지 않다

체제는 다르지만, 역사와 언어, 문화와 혈연은 여전히 공유되고 있다. 이산가족, 탈북민, 남북 문화 콘텐츠의 유사성은 한민족이라는 감각의 지속을 보여주는 증거다. '같은 민족이니까 만나야 한다'는 말이 촌스러울 수는 있어도, 여전히 유효한 이유다. 분단 80년을 향해 가는 지금, 우리는 때때로 "이제 남북은 너무 달라졌다"고 말한다. 사회주의와 자본주의, 수령체제와 민주공화국, 폐쇄와 개방, 주체와 자유. 남북은 체제만 다른 것이 아니라, 삶의 방식과 언어 습관, 사고 구조까지도 달라진 것처럼 보인다. 하지만 정말 우리는 완전히 다른 민족이 되었을까? 정말로 서로를 이해할 수 없는 타자(他者)가 되었을까? 같은 말을 쓰고, 같은 역사로 울고, 같은 뿌리를 기억한다. 남북은 여전히 한글을 쓰고, 단군을 시조로 기념하며, 광개토대왕과 이순신을 위인이라 부른다. 전통 명절인 설과 추석을 함께 지내고, 고구려와 고려를 '우리의 역사'로 배우며, 한복과 김치를 일상에 두고 있다.

북한 드라마에서 들려오는 억양은 낯설지만, 대사 속 단어는 익숙하다. 북한 사람들이 즐겨 쓰는 단어 중에는 순우리말이 많고, 우리가 잊은 언어가 살아 있다. 이러한 공통의 언어와 기억은 분단 이전에 공유했던 수천 년의 시간이 지금도 여전히 작동하고 있음을 보여준다. 남북은 달라졌지만, 낯설지 않다. 그 낯익음 속에 우리가 다시 만날 수 있는 정서적 통로가 있다.

우리는 서로를 모르지만, 안다. 남과 북은 서로에 대한 정보는 점점 더 많이 갖게 되었지만, 서로에 대한 이해는 줄어들고 있다. 서로를 경계하거나 폄하하거나, 혹은 동정하거나 적대한다. 그러나 그 감정의 뿌리에는 같은 가족을 잃은 사람만이 느끼는 복잡한 그리움과 미묘한 유대가 존재한다. 이산가족의 눈물은, 다른 체제 속에서 살아온 자식들을 향한 사랑의 증거다. 탈북민 청년들이 남한 사회에 적응해 가는 이야기는, 서로 얼마나 낯설고도 가까운지를 역설적으로 증명한다.

분단은 우리를 분리시켰지만, 완전히 타자화하진 못했다. 우리는 완전한 타자이기보다는, 끊어진 관계를 기억하는 '거의 가족'이다. 민족이라는 이름이 낡았다고? 그러나 아직 작동한다. 오늘날 '민족'이라는 단어는 과도한 감정주의, 폐쇄성, 이념적 강요의 뉘앙스를 떠안고 비판받곤 한다. 하지만 한반도에서 민족 개념은 여전히 연대와 공동체 감각의 실질적 근거로 기능한다. 남북 체제 간 긴장이 고조될 때도, '민족끼리'라는 표현은 정치적 대화의 열쇠로 사용된다. 2018년 남북 정상회담에서 문재인 대통령과 김정은 위원장이 백두산 정상에서 손을 맞잡은 장면은, 우리 민족 모두에게 우리가 원래 하나였다는 사실을 새삼 깨닫게 해주었다. 민족은 때때로 현실을 왜곡하는 수단이 되기도 하지만, 동시에 현실을 극복하는 정서적 토대가 될 수도 있다. 지금 필요한 것은 민족이라는 단어를 배제하거나 맹신하는 것이 아니라, 성찰하고 재해석하며 유연하게 다루는 태도이다.

다르다는 이유만으로 만남을 포기할 수는 없다. 남북이 달라졌다는 사실은 명백하다. 그러나 그 다름은 극복의 불가능성을 의미하지 않는다. 오히려 다름은 만남의 이유가 될 수 있다. 서로 다른 체제의 경험을 나누는 것, 서로 다른 언어의 결을 다시 섞어보는 것, 서로 다른 상처를 이해해 보려는 시도, 이러한 과정 속에서 남북은 단순히 '하나의 민족'이 아닌, '서로를 기억하는 공동체'로 거듭날 수 있다.

하나였던 우리는 지금도 연결되어 있다. 민족이라는 개념이 단일화된 문화와 언어, 역사로 정의된다면, 남북은 분명한 하나의 공동체였다. 지금은 체제가 다르고 사고방식도 달라졌지만, 여전히 언어와 역사, 가족과 기억은 이어져 있다. 남북의 분리 상태는 정치와 이념이 만든 인위적 단절일 뿐, 완전한 타자화를 허용하지 않는다. 우리는 다르지만, 낯설지 않다. 그렇기에 다시 만날 수 있는 토대가 존재한다.

분단 80년. 남북은 서로 다른 정치 체제와 삶의 방식을 가진 두 개의 국가처럼 보인다. 다른 뉴스, 다른 지도, 다른 교과서를 가진 채 자라난 세대들은 이제 서로를 낯선 타인처럼 느끼기도 한다. 하지만 과연 우리는 정말 그렇게 완전히 '다른 사람들'이 되었는가? 역사는 갈라졌지만, 기억은 이어지고 있고 삶은 분리되었지만, 감정은 아직도 서로를 향하고 있다. 남과 북은 여전히 '같은 언어, 같은 뿌리, 같은 정서'를 공유하는 하나였던 공동체의 파편들이다.

언어는 갈라지지 않았다. 한반도는 남북이 나뉜 이후에도 같은 언어인 한글, 같은 문법 체계, 같은 말의 정서를 공유하고 있다. 북한은 순우리말 사용을 강조하면서도, 공산주의 이념이 투영된 단어를 발달시켰고 남한은 외래어와 신조어를 수용하며 다채로운 말의 흐름을 형성해 왔다. 하지만 그 뿌리는 같다. 북한에서 쓰는 '배낭'과 남한의 '가방', 남한의 '친구'와 북한의 '동무', 남북 모두에서 쓰이는 '정', '한', '사람답게' 같은 말들은 서로 다른 체제 속에서도 사람다운 삶에 대한 같은 바람과 정서를 담고 있다. 언어가 완전히 갈라지지 않았다는 사실은, 마음의 구조 역시 완전히 달라지지 않았다는 뜻이다.

같은 땅, 같은 조상, 같은 기원을 가진 사람들. 한민족은 단일 민족이라는 개념을 넘어, 공통의 역사적 기억과 집단적 감정을 가진 존재다. 단군신화를 공유하고, 고조선·고구려·고려·조선이라는 역사 계보를 함께 기억하며, 일제 식민 지배의 고통과 3.1운동, 광복의 기쁨을 공동의 민족사로 간직하고 있다. 이러한 기억들은 체제가 아무리 달라져도 쉽게 지워지지 않는다.

그것은 정치가 만든 정체성이 아니라, 문화와 세월이 만든 공통의 시간이기 때문이다.

단절 속에서도 이어진 가족과 피의 인연. 이산가족은 '통일'이라는 단어가 가장 현실적인 의미로 다가오는 영역이다. 그들의 고통은 단지 눈물과 그리움의 문제가 아니라, 분단이 인간을 어떻게 갈라 놓았는지를 보여주는 증거다. 부모와 자식이 서로의 생사를 모르고 형제와 자매가 서로의 얼굴을 모른 채 늙어간다. 수십 년 만에 만난 상봉의 자리에서조차 그들은 서로의 말을 알아듣고, 서로의 마음에 공감한다. 분단은 경계를 만들었지만, 피는 경계를 넘었다.

감정의 코드도, 웃음과 눈물의 방식도 닮아 있다. 북한의 영화나 드라마를 보면, 우리는 그 속에서 익숙한 억양, 닮은 유머 코드, 그리고 무엇보다 공통된 정서적 리듬을 느낄 수 있다. 북한 사람들의 슬픔과 분노, 자부심과 웃음은 어딘가 남한 사람들이 느끼는 것들과 겹쳐진다. 그 정서의 유사성은 같은 문화 토대, 같은 역사 기억, 같은 사회적 욕망을 공유하고 있다는 방증이다.

하나였다는 기억은 여전히 미래를 연결할 수 있다. 우리는 지금 남북을 '하나였던 과거'로만 연결하고 있지만, 그 기억은 지금도 유효하며, 미래를 설계할 수 있는 가능성의 씨앗이다. 같은 언어로 대화할 수 있고, 같은 노래를 부를 수 있으며, 같은 역사를 해석할 수 있다면, 우리는 다른 체제 속에서도 다시 연결될 수 있는 공동체다. 분단은 하나의 시대적 사고이자 선택이었다. 하지만 '하나였던 기억'은 그것보다 훨씬 오래되었고, 더 넓고 깊다. 그 기억을 되살릴 수 있다면, 남과 북은 다시 마주 볼 수 있다.

3) 평화의 조건: 만나야 전쟁을 피할 수 있다

한반도는 지구상 유일한 '정전 상태'의 분단 지역이다. 남북은 직접 충돌하지 않더라도, 우발적 사건이 전면전으로 번질 가능성이 상존한다. 정치적 합의와 군사적 소통, 상호주의적 신뢰 구축은 '만남' 없이는 불가능하다.

한반도는 세계에서 유일하게 전쟁이 끝나지 않은 지역이다. 1953년 체결된 정전협정은 '전쟁을 잠시 멈추자'는 약속일 뿐, '평화를 만들자'는 합의가 아니었다. 그 결과 남북은 지난 70여 년 동안 공식적으로 전쟁 상태에 있는 두 국가로 존재해 왔다. 이러한 구조 아래, 우리가 오랫동안 유지해 온 것은 '평화'가 아니라 '전쟁의 억제'에 불과했다. 무력 충돌이 없다고 해서 평화라고 부를 수는 없다. 진짜 평화는 관계와 구조, 신뢰와 제도 위에 세워져야 한다. 그리고 그것은 만남 없이는 불가능하다.

냉전은 끝났지만, 한반도 냉전은 계속되고 있다. 전 세계 대부분의 지역에서는 냉전체제가 1990년대에 공식적으로 해체되었다. 그러나 한반도는 여전히 냉전적 대결 구도를 벗어나지 못하고 있다. 북한은 '미국의 적대 정책'이 사라지지 않는 한, 비핵화는 불가능하다고 주장하고, 남한과 미국은 북한의 도발을 이유로 연합훈련과 군사력 증강을 계속하고 있다. 이러한 상호 불신은 상대의 군사 행위를 모두 '적대'로 해석하게 만든다. 결과적으로 남북은 어떤 군사 움직임도 '위협'으로 인식하며, 대화를 중단하고 무력시위를 강화하는 방식으로 반응한다.

'만나지 않음'이 가장 큰 위협이다. 군사적 긴장을 진정시키는 데 가장 중요한 수단은 정기적 소통과 상시적 접촉이다. 그런데 남북은 군사적 위기가 고조될수록 더 만나지 않는다. 즉, 위기일수록 대화가 중단되고, 대화 단절이 또 다른 오해와 무력 충돌의 가능성을 높인다. 2010년 연평도 포격 당시에도, 2015년 DMZ 목함지뢰 사건 당시에도, 2020년 개성공단 연락사무소 폭파 이후에도, 모든 군사적 긴장의 공통점은 '만남의 중단'이었다. 그렇다면 반대로 말하면, '만나기만 해도 전쟁의 확률은 줄어든다'는 것이며, '신뢰가 없더라도 소통이 있으면 위기를 관리할 수 있다'는 뜻이기도 하다.

평화는 선언이 아니라, 구조다. 남북은 그간 여러 차례 '평화'를 선언했다. 1991년 남북기본합의서에서 "불가침과 교류협력"을 약속했고, 2000년, 2007년, 2018년 정상회담에서 "전쟁 없는 한반도"를 이야기했다. 그러나 이 선언들은 만남이 지속되지 못하고, 합의 이행을 위한 제도적 뒷받침이 미비했기 때문에 평화의 실질적 진전에 실패했다. 진짜 평화는 구조화된 만남, 지속되는 접촉, 제도화된 협력에서 온다. 군사력의 균형이 아닌, 신뢰의 제도화가 해법이다.

지금까지 한반도에서의 평화 담론은 주로 군사력의 균형과 억제 전략에 의존해 왔다.

북한은 핵무기로 '자위'를 주장하고 남한은 한미동맹과 첨단 전력으로 '억제'를 보장하려 한다. 그러나 진정한 평화는 무기와 억제가 아니라, 신뢰와 제도에 기반해야 한다. 상시적인 군사 핫라인, 정례적인 남북 군사협력 회의, DMZ의 단계적 비무장화와 공동관리, 이러한 '구조적 소통 메커니즘'이 구축되어야 평화가 안정적으로 작동할 수 있다.

평화를 원한다면, 위험을 감수하고라도 만나야 한다. 남북의 만남은 언제나 위험을 수반한다. 합의가 깨질 수도 있고, 기대가 실망으로 돌아설 수도 있으며, 국내 여론의 반대에 직면할 수도 있다. 그러나 만나지 않는 위험이야말로 가장 큰 위기다. 대화의 단절은 상황을 악화시킬 뿐이며, 오해와 충돌로 이어질 가능성이 훨씬 크다. 만남은 완벽하지 않아도, 위기를 조율하고 확전을 막는 유일한 안전장치다.

갈등은 통제되지만, 평화는 설계되어야 한다. 한반도에서의 군사적 충돌은 우발적 사건조차 통제 불가능한 리스크로 확대될 수 있다. 전쟁은 억제될 수 있으나, 지속 가능한 평화는 준비되고 설계되어야 한다. 남북의 만남은 단지 전쟁 방지의 수단이 아니라, 평화 체제의 기초 인프라다. 신뢰가 없이는 대화가 불가능하고, 만남이 없이는 신뢰를 쌓을 수 없다.

한반도는 현재 전쟁 중이 아니다. 하지만 평화롭지도 않다. 남북은 70년 넘게 전면전 없이 살아왔지만, 단 한 번도 진정한 평화를 체감해 본 적이 없다. 이 상태를 '냉전적 평화(cold peace)'라 부른다. 총성이 멈췄다고 해서, 위협이 사라진 것은 아니다. 대화가 없다고 해서, 갈등이 소멸한 것도 아니다. 우리는 갈등을 통제하고 있을 뿐, 평화를 설계하고 있지는 않다.

전쟁 억제는 평화와 다르다. 전쟁을 억제하는 것은 상호 무력 균형을 유지하는 전략이다. 남한은 한미동맹과 첨단 무기 체계를 통해 북한을 억제하고, 북한은 핵과 장거리 미사일을 통해 남한과 미국에 대한 비대칭적 억지력을 확보하려 한다. 이 상태는 '무장한 긴장 속의 균형'이지, 진정한 평화는 아니다. 서로를 믿지 않기 때문에 전쟁은 일어나지 않고, 믿지 않기 때문에 협상도 불가능하다. 이런 억지적 평화는 언제든 우발적 사건이나 오판, 국내 정치 변화에 의해 무너질 수 있다. 안정처럼 보이는 상태야말로 가장 불안정할 수 있다.

평화는 자동으로 오지 않는다. 많은 사람들은 '시간이 지나면 자연스럽게 평화가 올 것'이라 기대한다. 그러나 평화는 결코 자연 발생하는 상태가 아니다. 평화는 인식의 전환과 제도의 설계, 상호 신뢰를 축적하는 오랜 노력의 결과물이다. 전쟁은 하나의 사건이지만, 평화는 하나의 구조다. 제도적 보장과 정치적 의지, 국민적 공감과 국제적 지원이 종합되어야만 지속 가능한 평화가 만들어진다.

한반도는 여전히 '정전 상태'다. 1953년 체결된 정전협정은 전쟁을 잠시 멈춘 협정이지, 전쟁을 끝내는 평화조약이 아니었다. 그 후 70년이 지났지만, 남북은 여전히 공식적으로는 전쟁 중인 국가다. 정전협정에 남한은 서명하지 않았고, 평화협정은 단 한 번도 체결된 적이 없으며, 북한은 정전협정 파기를 선언하기도 했다. 이러한 불완전한 상태는 '전쟁이 언제든 다시 시작될 수 있음'을 의미한다.

평화를 원한다면, 우리는 정전 상태를 평화체제로 전환하는 전략적 설계를 시작해야 한다. 평화는 선언이 아니라 구조다. 남북은 여러 차례 평화를 선언해 왔다. 1991년 남북기본합의서, 2000년, 2007년 남북 정상회담, 2018년 판문점 선언과 평양공동선언. 하지만 그 선언들은 이행의 제도화와 정치적 지속성을 확보하지 못해 대부분 유명무실화되었다. 선언은 말이지만, 구조는 행동이다. 말이 구조가 되려면, 법적 기초, 행정 실행, 국민적 지지가 뒤따라야 한다. 평화를 설계한다는 것은, 말이 제도가 되고, 약속이 관행이 되는 과정을 설계하는 것이다.

진짜 평화는 군사적 신뢰 메커니즘(군사 핫라인, 합의 이행 감시단, DMZ 공동관리 등), 경제적 상호 의존성 확대(개성공단 재개, 접경지역 협력, 남북 공동산업벨트), 제도적 장치의 법제화(남북기본법 제정, 정권 교체와 무관한 협력 유지), 정치적 대화의 일상화(정례적 고위급 회담, 분야별 실무협의체), 국제사회와의 연계(유엔, 미국, 중국 등을 포함한 다자적 보증 체계)와 같은 요소들이 갖춰질 때 비로소 시작된다. 이런 요소들이 단단하게 작동할 때, 우리는 '통제된 갈등'을 넘어서 설계된 평화, 준비된 공존으로 나아갈 수 있다.

4) 실용적 공존: 통일이 아니어도 만날 이유는 충분하다

남북은 이미 경제, 환경, 보건, 노동력, 문화 등 다양한 분야에서 상호보완적 구조를 갖고 있다. 북한의 노동력과 자원, 남한의 자본과 기술, 이것은 이념과 무관한 현실적 협력의 기회이다. 통일이 목적이 아니어도, '함께 사는 기술'을 배우는 과정으로서 만남은 반드시 필요하다.

'남북은 왜 만나야 하는가'라는 질문에 우리는 종종 '통일을 위해서'라고 답해왔다. 하지만 이제는 물어야 한다. "통일이 아니면 만나지 않아도 되는가?" 현실은 오히려 그 반대다. 통일이 아니더라도 만나야 하는 이유, 만나야만 가능한 일들이 너무 많다. 남북은 이미 하나의 국가가 아니지만, 여전히 하나의 공간, 하나의 지정학, 하나의 생태, 하나의 경제적 운명을 공유하고 있다. 남북의 공존은 이상이 아니라 생존의 문제이며, 통일 이전에 실용적 필요다.

통일은 먼 미래, 공존은 지금 당장 필요하다. '통일'은 원대한 이상이다. 그러나 그 이상이 현실과 너무 멀어지면, 무력감만 남기기 쉽다. 반면 '공존'은 오늘 당장 시작할 수 있는 삶의 방식이다. 통일은 하나의 제도와 시스템을 어떻게 통합할 것인가에 대한 질문이라면, 공존은 두 체제가 어떻게 충돌 없이 함께 살 수 있을 것인가에 대한 질문이다. 지금 우리가 남북의 만남을 고민해야 하는 이유는, 통일의 당위보다 공존의 필요성이 훨씬 더 절실하기 때문이다.

통일만이 목적이 되어야 남북이 만나는 것이 아니다. 지금 필요한 것은 '하나가 되는 과정' 속에서의 공존과 협력이다. 식량과 보건, 환경과 재난, 노동력과 자원, 문화와 콘텐츠 등 다양한 분야에서 공동 이익과 상호 필요가 존재한다. 만남은 '통일의 출발'이기도 하지만, 동시에 남북 주민 삶의 질을 향상시키는 현실적 수단이다. 통일을 전제로 하지 않으면 남북은 만날 이유가 없다. 이 말은 오랫동안 남북관계를 규정해 온 암묵적인 전제였다. 하지만 오늘날 우리는 오히려 그 반대의 질문을 던져야 할 때다. 왜 통일이 아니면 만나지 말아야 하는가? 남북이 반드시 하나가 되어야만 대화하고 협력할 수 있는가? 답은 명확하다. 남북은 통일이 아니어도, 아니 오히려 통일보다 먼저 만나야만 한다. 왜냐하면 지금 우리가 직면한 수많은 문제들은 통일보다 더 시급하게 협력이 필요한 일상적이고 현실적인 문제들이기 때문이다.

남한과 북한은 경제 구조상 상호보완적 특성이 뚜렷하다. 북한은 노동력과 지하자원, 저렴한 생산기지로서의 매력이 있다. 남한은 기술, 자본, 경영 시스템이 강점이다. 이 두 체제가 협력한다면, 남한 기업은 중국이나 동남아를 넘어선 근거리 생산기지를 확보할 수 있고, 북한은 내부 산업 생태계의 재건과 민생 향상이 가능하다. 개성공단은 그 상징적 사례였다. 이념이 아니라 실용이 협력을 이끌었던 모델이다.

남북은 자원과 기술, 인력과 자본 면에서 서로가 가진 것과 필요한 것이 명확히 다른 '경제적 보완 관계'다. 북한은 값싼 노동력과 풍부한 지하자원을 보유하고 있으며, 남한은 세계적 수준의 자본과 기술력을 갖고 있다. 과거 개성공단이 그 가능성을 보여줬듯, 정치적 의지만 있다면 남북 경제협력은 동북아를 연결하는 새로운 성장동력이 될 수 있다. 특히 지금처럼 글로벌 공급망이 흔들리는 시대, 지리적으로 가까우면서도 경제적으로 상호보완적인 파트너는 매우 드물다. 남북은 서로에게 경제적 기회이자 생존 전략이다.

통일은 이상이지만, 현실은 이념보다 실용이 우선이다. 통일은 제도와 체제의 완전한 통합을 요구하지만, 협력은 각자의 체제를 유지한 채 공통의 이익을 실현할 수 있다. 통일은 언제 올지 알 수 없지만, 협력은 지금 당장 시작할 수 있다. 이산가족의 생사 확인, 산림 병해충 방제, 보건의료 교류, 접경지대 환경 협력과 같은 일들은 모두 통일이 없어도 가능한, 그리고 지금 해야만 하는 일들이다.

기후위기, 산림 황폐화, 미세먼지, 수인성 전염병, 가축 질병 등의 문제들은 정치 체제를 가리지 않고 남북 모두를 위협한다. 한반도는 하나의 생태계이자 공동운명체다. 북측의 산림 황폐화는 남한의 황사와 홍수 위험을 증가시킨다. 남측의 산업 폐수는 북측 강줄기에 영향을 미친다. 이런 문제들은 '만나야만' 해결할 수 있고, '협력해야만' 효과가 있다. 환경 협력은 통일을 말하지 않아도, 남북이 함께할 수 있는 대표 분야다.

한반도는 하나의 생태계다. 북한의 산림 황폐화는 남한의 미세먼지, 홍수, 기후위기로 직결되고 감염병, 전염병, 가축 질병은 접경지역에서 국경을 넘어 확산된다. 이러한 문제들은 어떤 정치 체제든, 어떤 이념이든, 어떤 경계든 가로막을 수 없는 '공동의 위험'이다. 그렇기 때문에 남북은 반드시 만나서 함께 대응해야 한다. 기후위기 대응 공동 전략, 감염병 정보 교환 시스템, 수자원·농업 협력 체계 구축, 이 모든 과제는 통일을 기다릴 수 없다. 공존의 기술은 지금 배우고 익혀야 한다.

북한의 보건 인프라는 매우 열악하며, 취약계층의 생존이 위협받고 있다. 특히 감염병 대유행이나 식량 위기, 보건 위기는 국경을 초월한 인도적 사안이다. 코로나19 시기, 남북 간 방역 협력은 절실했지만 이뤄지지 못했다. 세계보건기구(WHO), 세계식량계획(WFP) 등 국제기구를 통한 간접 협력은 가능성 있는 접근이다. 이러한 협력은 정치가 아닌 생명과 인간 존엄의 문제로 다뤄져야 하며, 통일을 전제로 하지 않아도 가능하고 또 필요하다.

이산가족 문제, 인도적 지원, 탈북민 인권과 같은 주제는 '정치' 이전에 '인간'의 문제다. 부모와 자식이 다시 만나기 위해, 북측 어린이에게 백신과 분유를 보내기 위해, 아픈 사람에게 약을 전달하기 위해 우리는 굳이 체제를 통합할 필요가 없다. 사람을 사람으로 대하는 마음만 있으면, 만남은 가능하다. 인도주의적 교류는 통일의 사전 단계가 아니라, 그 자체로 실현되어야 할 가치다.

남북 주민이 직접 만나고 교류하는 일은 정권보다 오래가고, 정책보다 강하다. 청소년 캠프, 예술인 교류, 스포츠 경기, 공동 학술 포럼 등 이념보다 삶, 정치보다 감정이 작동하는 영역에서는 공감의 언어가 더 쉽게 통한다. 공존은 이러한 작은 만남, 지속되는 관계에서 시작된다. '먼저 마음이 만나야 땅도 만날 수 있다'는 말처럼, 통일은 그 이후의 일이다.

우리는 '통일이 당연한 미래'라 생각해 왔지만, 지금은 통일이 하나의 선택지 중 하나가 되어가고 있다. 그러나 공존은 선택이 아니라 조건이다. 서로 다른 체제를 유지하더라도, 함께 살아야만 하는 이유는 줄어들지 않는다. 경제적 이유, 생태적 이유, 인도주의적 이유, 지정학적 이유, 이 모든 것이 통일이 아니어도 만나야 할 이유들이다. 통일을 위해 만나야 하는 것이 아니라, 만나야 통일도 가능해진다.

우리는 오랫동안 통일을 '평화의 결과'로 여겨왔지만, 이제는 그 반대로 생각할 수 있어야 한다. 통일이 되어야 평화가 오는 것이 아니라, 평화가 쌓여야 통일도 가능하다. 그렇다면 그 평화는 어디서 시작되는가? 만남이다. 대화다. 협력이다. 남북이 '하나'가 되기 전에, '두 개'의 국가로서 어떻게 잘 살아갈 수 있을지를 먼저 고민하고 실천해야 한다. 그 위에 통일이라는 미래가 있을 수 있다.

통일이 아니라도 상호 존중은 가능하다

남북의 만남은 반드시 통일을 전제로 하지 않아도 된다. 공존과 협력, 상호 존중의 관계로도 평화적 미래를 만들어 갈 수 있다. 만남은 통일의 수단이 아니라, 공존의 출발점이 될 수 있다.

한반도에서 '남북의 만남'은 오랫동안 '통일'이라는 목표와 결부되어 왔다. 통일은 목표, 만남은 수단이라는 등식이 오랜 시간 당연시되어 온 셈이다. 하지만 지금 우리는 되묻고 있다.

"꼭 통일이어야만, 남북이 만날 수 있는가?" "한 나라가 되지 않으면, 평화롭게 살 수 없는가?" 나의 답변은 "아니"다. 지금 우리가 맞이하고 있는 시대는, 통일이라는 하나의 '형태'보다, 관계의 '질'이 훨씬 더 중요해진 시대다. 남북은 다른 체제로 살아가더라도, 상호 존중 속에서 공존할 수 있다.

통일에 대한 상상은 다양해질 수 있다

과거의 통일 담론은 '완전한 흡수' 혹은 '체제 통합'을 전제로 한 것이 많았다. 그러나 현실은 너무 다르다. 체제의 간극은 더 벌어졌고, 상호 이해는 부족해졌으며, 통일에 대한 열망도 희미해지고 있다. '하나의 국가'가 되는 것은 이제 오랜 여정의 끝이 아니라, 여러 가능성 중 하나일 뿐이다. '연합국가', '공동체 연합', '제도 병존', '평화적 공존' 등 형태보다 관계 중심의 사고 전환이 필요하다. 정답은 하나가 아닐 수 있다. 중요한 건 서로를 이해하고, 무시하지 않고, 존중하는 관계를 만드는 것이다.

같은 나라가 아니어도, 이웃으로 살아갈 수 있다

유럽에는 하나의 전쟁터였던 과거를 넘어 국경은 유지하되 관계는 열린 공동체로 전환한 사례들이 있다. 독일-프랑스는 오랜 전쟁의 역사를 공유했지만, 지금은 EU 안에서 '다른 두 나라'로 협력하는 동반자다. 북유럽 국가들도 각각의 정치 체제를 유지하면서, 외교·경제·사회 전반에서 긴밀한 협력 구조를 갖고 있다. 남북도 반드시 하나의 체제가 되지 않아도, 지속 가능한 평화, 실질적인 교류, 상호 이익의 관계로 전환할 수 있다. 그 핵심은 '존중'이다.

상호 존중은 평화를 만드는 전제 조건이다

지금까지 남북 간의 갈등은 종종 상대의 체제를 인정하지 않는 태도에서 비롯되었다. 북한은 남한을 "미제 괴뢰도당"이라 부르며 실체를 부정해 왔고, 남한 내부에서도 북한을 '적대적 타자'로만 인식하는 시선이 강했다. 하지만 이런 태도는 어떤 협상도, 어떤 공존도 불가능하게 만든다. 존중 없는 대화는 설득이 아니라 강요가 되고, 평화가 아니라 침묵만을 낳는다. 남북이 서로를 인정하는 것은 항복이 아니라 시작이다. 존중은 굴복이 아니라 이해의 조건이다.

정치적 인정이 아니라, 존재의 인정부터 시작하자

우리는 서로의 체제를 마음에 들어 하지 않을 수 있다. 그러나 중요한 것은 좋아하느냐가 아니라, 존재를 인정하느냐다. 북한이 사회주의를 선택했든, 남한이 자본주의를 유지하든, 그 선택은 각자의 역사와 조건에서 비롯된 현실이며, 존재 자체로 존중받아야 한다. 이러한 인식이 자리 잡혀야 적대의 언어에서 벗어나, 실용의 언어와 협력의 방식으로 나아갈 수 있다.

존중은 '통일을 위한 전략'이 아니라 '공존을 위한 태도'다

우리는 종종 상대를 존중하는 이유를 통일의 전략적 필요로 정당화해 왔다. 하지만 존중은 수단이 아니라 그 자체로 필요한 태도다. 상대의 역사와 고통을 인정하고, 상이한 언어와 문화에 경청하며, 공동의 미래를 그릴 수 있는 '관계의 기술'을 익히는 것, 그 자체가 통일보다 선행되어야 할 조건이다.

5) 국제 정치의 주도권 확보: 외부가 결정하기 전에, 우리가 만나야 한다

남북이 단절된 사이, 한반도 문제는 항상 외부의 손에 맡겨져 왔다. 북핵 문제는 북미 간 문제로 변질됐고, 남북 경제협력도 제재와 외교 변수에 종속됐다. 남북이 직접 만나고 조율하지 않으면, 한반도의 미래는 남의 책상 위에서 결정될 수 있다. 한반도 문제는 늘 국제 정치의 중심에 있었다. 남과 북, 둘 중 어느 쪽도 자신의 의지와 선택만으로 미래를 결정하기 어려운 구조 속에 있다. 그 이유는 간단하다. 한반도는 동북아 지정학의 핵심 축, 미중 전략 경쟁의 교차점, 그리고 냉전의 마지막 잔재이기 때문이다. 그러나 이 말은 곧 남북의 미래가 외부 변수에 따라 좌우되고 있다는 뜻이기도 하다. 주체적으로 만나지 않으면, 남북의 운명은 외부가 설계한 질서 안에 갇히게 된다. 남북은 함께 만나야만, 그 질서 안에서 '객체'가 아니라 '주체'로 설 수 있다.

한반도 문제는 단지 남북한만의 문제가 아니다. 20세기 초 일본 제국주의의 침탈과 제2차 세계대전 이후 냉전체제의 심화 속에서 남북은 외세의 손에 의해 갈라졌고, 그 후 70여 년간 한반도는 국제 정치의 충돌 지대(buffer zone)로 기능해 왔다. 이러한 구조는 지금도 크게 달라지지 않았다. 미·중·러·일 등 주변 강대국들은 각자의 전략적 이해에 따라 한반도 문제를 바라보고 개입하며, 남북한의 운명은 종종 그들의 정치적 이해관계 속에서 논의된다.

6.25전쟁의 휴전 역시 남북의 협상 결과가 아니라 미국과 중국이 중심이 된 정전협정이었다. 이후에도 평화체제 논의는 대부분 외세를 중심으로 전개되었고, 남북은 주변국의 동의를 구하거나 그들에 편입되는 방식으로만 움직였다. 그러나 이러한 방식은 지속 가능하지 않다. 외부의 변화에 민감하게 반응하며 주도권을 잃기 쉽고, 남북 모두 자주성을 확보하지 못한 채 전략적 수동성에 빠지게 된다.

국제사회의 구도 속에서 살아남기 위해서는 남북한이 독자적이고 주도적인 목소리를 낼 수 있어야 한다. 이를 위해 가장 기본적이고 선행되어야 할 과제가 '남북 간의 대화 복원'이다. 남과 북이 서로 만나고, 논의하고, 스스로의 방향을 정립할 때에만 외세의 시선을 견뎌내며 당사자로서 발언권을 행사할 수 있다. 국제사회는 대체로 힘의 논리에 따르며, '만나는 주체가 주도한다'는 현실을 보여준다.

북핵 문제, 유엔 제재, 한반도 평화체제 논의 등 굵직한 의제들은 언제나 미국, 중국, 러시아 등 외부 국가들이 먼저 움직이고, 남북은 그에 대응하는 방식으로 참여해 왔다. 그러나 남북이 선제적으로 공동 입장을 만들고, 이를 국제사회에 제시할 수 있다면 한반도 문제의 '프레임'을 우리 스스로 정립할 수 있다. 예를 들어, 2018년의 판문점 선언은 남북이 주도적으로 합의안을 내놓음으로써 당시 북미 정상회담의 틀 자체를 한반도 중심으로 전환시킨 사례였다.

국제 정치에서 협상 테이블에 앉을 수 있는 주체가 되기 위해서는, 남북이 스스로의 미래에 대해 공통의 목표와 전략을 수립하고 이를 정당하게 국제사회에 알릴 수 있어야 한다. 외부의 틀 안에 끼워 맞추는 방식이 아니라, 우리 의제를 외부가 수용하게 만드는 방향 전환이 필요한 것이다. 그러기 위해서라도, 남북의 대화와 접촉은 단절되지 않아야 하며, 이는 곧 외교적 주체성을 확보하는 출발점이 된다.

외부의 손에서 결정된 한반도의 운명

1945년 해방 직후, 38선 분할은 미국과 소련의 합의로 이루어진 것이었고, 1948년 남북 각각의 정부 수립은 미소의 상반된 입장 속에서 벌어진 정치적 분리였다. 1950년 6.25전쟁은 내전이었지만 동시에 국제전이었다. 미군과 유엔군, 중공군과 소련의 지원군까지 진출한 한반도는 오랫동안 주변 강대국들의 이해관계가 충돌하는 '지정학적 전장'이었다. 그 이후로도 남북관계는 스스로 결정하지 못한 채, 북미 대화에 종속되고, 미중 갈등에 휘둘리며, 국제제재 틀에 묶인 채 정체되어 왔다.

남북이 만나지 않으면, 다른 사람들이 만나서 결정한다

북핵 문제는 본래 남북의 안보 문제였지만, 어느새 북미 간 협상의 중심 의제가 되었다. 중국과 러시아는 북한을 전략적 자산으로 간주하고, 일본은 안보 불안을 빌미로 군사력 확대와 재무장 논리를 강화하고 있다. 이 구조 속에서 남한과 북한은 당사자임에도 주변의 '피동적 수용자'로 전락하고 있다. 남북이 만나지 않는다면, 남북이 대화를 주도하지 않는다면, 우리의 미래는 다시 국제 정치의 이해관계 속에서 결정될 것이다.

'한반도 문제의 한반도 주도 원칙'을 되살려야 한다

문재인 정부 시절 자주 언급된 '운전자론'은 단지 외교 슬로건이 아니었다. 그것은 남북이 직접 만나고, 한반도 문제를 당사자끼리 풀어야 한다는 원칙 선언이었다. 2018년 남북 정상회담은 북미 정상회담을 가능케 했고, 그 과정에서 남북이 '중재자'가 아닌 '설계자'가 될 수 있다는 희망을 보여주었다. 하지만 이후 북미 대화 결렬과 한미동맹 복원 강화 속에서, 남북 주도권은 다시 약화되었다. 남북이 다시 만나야, 주도권이 복원된다.

평화체제는 한반도 없는 외교 테이블에서 만들어질 수 없다

종전 선언, 평화협정 체결, 안보체제 재편… 이 모든 의제는 결국 한반도 당사자인 남북이 함께 논의하지 않으면 지속 불가능한 허상이 된다. 미국과 북한이 만나도, 남북이 만나지 않으면 평화는 반쪽이다. 중국과 미국이 협력해도, 남북이 배제되면 한반도 질서는 외부 질서에 불과하다. '남북의 합의 없는 평화'는 언제든 외부의 전략 변화에 따라 흔들릴 수 있다. 진정한 평화는 외부 보장이 아니라, 남북 간의 상호 보장에서 시작되어야 한다.

남북은 동북아 협력의 '방관자'가 아니라 '디자이너'가 되어야 한다

동북아는 이미 경제·안보·기술 주도권 경쟁이 치열한 지역이다. 한반도는 그 중심에 있으면서도, 남북 단절로 인해 자신의 역할을 제대로 하지 못하고 있다. 남북 경제벨트, 물류·철도 연결, 에너지 협력 등은 동북아 전체를 연결하는 '가교'가 될 수 있다. 남북이 협력한다면, 중국·러시아·유럽을 잇는 유라시아 대륙의 출발점이 될 수 있다. 남북은 동북아 갈등의 '중간지대'가 아니라, 협력의 허브(hub)가 될 수 있다. 그러기 위해선 만나야 하고, 함께 설계해야 하며, 스스로 결정해야 한다. 남북이 만나지 않으면, 남북의 운명은 다른 나라들의 회의실에서 결정된다. 한반도의 주도권은 선언이 아니라, 만남에서 시작된다.

'남북 문제'는 남북만의 문제가 아니다.

남북관계는 더 이상 한반도만의 문제가 아니다. 미국, 중국, 일본, 러시아 등 주변 4강의 이해가 첨예하게 교차하는 지정학적 초점이다. 그러나 외부의 이해관계 속에서 남북이 주도권을 갖지 못하면, 한반도의 미래는 계속 타자에 의해 결정될 것이다. 따라서 남북의 만남은 민족 내부의 문제 해결이자, 국제 정치 속에서 주체성을 회복하는 길이다.

남과 북의 분단은 분명 한민족의 내부 문제처럼 보인다. 한 뿌리에서 갈라져 서로 다른 체제로 살아온 공동체의 분열. 그러나 오늘날 이 분단은 민족적·내부적 문제를 넘어서, 동북아시아 전체의 질서, 국제 안보, 글로벌 정치경제와 직결된 국제적 사안이 되었다. '남북 문제'는 결코 남북만의 문제가 아니다. 그것은 지금 이 순간에도 주변 강대국과 국제사회의 이해가 교차하고 충돌하는 '지정학의 축' 위에 놓여 있다.

한반도는 냉전의 마지막 전장이다

냉전은 끝났지만, 한반도는 여전히 냉전의 논리 속에 살아가고 있다. 남한은 미국 중심의 자유주의 진영에 편입되어 있고, 북한은 중국과 러시아 등 반미 권위주의 블록과 전략적 연대를 맺고 있다. 군사적으로는 한미동맹 대 북중 협력, 경제적으로는 자유시장 대 계획경제, 외교적으로는 개방 대 폐쇄의 구도가 여전히 공고하다. 이 구조는 단지 남북의 대립을 의미하는 것이 아니다. 한반도 위에 세계의 갈등 구도가 포개져 있는 것이다.

남북의 긴장은 주변국의 전략적 자산이 되기도 한다

남북 간의 갈등이 높아질 때, 주변국은 이를 자국의 외교·군사·경제 전략에 활용하기도 한다. 미국은 북한 위협을 근거로 동북아 안보체계와 군사비 지출을 정당화하고, 일본은 한반도 불안을 자위대 역할 확대와 헌법 개정 논리의 명분으로 활용하며, 중국은 북한을 통해 미국의 영향력을 견제하는 완충지대를 유지하려 한다. 즉, 남북의 불안정 상태는 단지 당사자의 위협일 뿐 아니라, 주변 강대국의 '지정학적 자원'으로 작동하는 셈이다.

북핵 문제는 이미 글로벌 안보 이슈다

처음에는 남북 간 위협 균형의 문제였던 북핵은 이제 국제사회의 핵 확산 통제, 비확산 체제(NPT)의 근간을 흔드는 도전이 되었다. 북한의 핵실험은 유엔 안전보장이사회 제재를 불러오고, 제재는 또다시 인도적 지원과 남북 경협을 가로막는 악순환을 만든다. 북미관계가 얼어붙으면 남북 대화도 끊기고, 한미 훈련이 강화되면 북한은 이를 도발의 명분으로 삼는다. 북핵은 더 이상 남북 간 문제로 해결할 수 없는 국제 이슈이며, 반대로 국제질서가 조정되지 않으면 남북 문제도 풀 수 없다.

남북이 만나야 세계도 움직인다

이처럼 한반도 문제가 국제질서의 일부라면, 그 해법 역시 남북 간의 합의 없이는 작동하지 않는다. 남북의 합의는 국제사회의 긴장 완화의 출발점이 될 수 있고, 남북 간의 긴장이 고조되면 동북아 전체가 불안정에 빠진다. 남북의 교류와 신뢰 구축은 북미 협상, 북중 관계, 미중 전략 경쟁의 판도에도 직접적인 영향을 준다. 남북이 만나야만, 외교는 협상 테이블을 갖게 되고, 국제질서도 그 테이블에 초대될 수 있다.

'한반도 평화'는 세계 평화의 일부다

남북의 평화는 동북아 안보 질서의 핵심 조건이며, 한반도의 긴장 완화는 유엔, 미·중·러·일의 공동 이익이기도 하다. 따라서 남북은 자신들의 미래만이 아니라, 세계의 안정과도 연결된 행위자다. 우리는 더 이상 남북관계를 '민족의 숙제'로만 볼 수 없다. 이것은 동북아 미래의 청사진이자, 세계 평화의 시험대. 남북은 더 이상 고립된 섬이 아니다. 남북이 만나야 세계가 조정된다. 세계가 움직여야 남북도 변할 수 있다.

6) 미래 세대의 삶을 위한 선택

분단을 경험한 세대는 점차 줄어들고 있다. 이제 분단을 '기억하지 못하는 세대'가 그 부담을 떠안게 될 상황이다. 우리가 지금 만나야 하는 이유는, 다음 세대가 더는 분단의 비용을 치르지 않도록 하기 위해서다. 남북관계는 흔히 '역사의 문제'로 여겨진다. 이산가족의 한, 전쟁 세대의 기억, 냉전의 그림자… 하지만 그 역사가 계속될지, 달라질지는 미래 세대의 선택에 달려 있지 않다. 그 선택은 지금 이 세대를 살고 있는 우리에게 달려 있다. 분단은 우리가 시작한 일이 아니지만, 그 지속은 우리의 침묵과 무관심, 회피와 단념의 결과일 수 있다. 따라서 남북이 만나는 일은 단지 과거에 대한 복원이 아니라, 앞으로의 세대를 위한 '미래 설계'이자 '윤리적 선택'이다.

우리는 분단을 경험한 마지막 세대일 수도 있다

지금의 청년 세대는 분단 이후에 태어났다. 그들에게 전쟁은 역사책 속의 사진이고, 북한은 뉴스에 나오는 대상일 뿐이다. 이제 더 이상 '같은 민족'이라는 감각만으로 통일을 말하기 어려운 시대가 되었다. 그러나 아이러니하게도, 이 세대가 분단의 현실을 바꾸지 않는다면, 분단이 남긴 정치·경제·안보의 부담을 가장 오래, 가장 무겁게 지게 되는 세대가 바로 이들이다. 청년 세대는 징병제·군비·불안정한 한반도 리스크 속에 살아야 하고, 통일 비용, 외교적 리스크, 지역 균형이라는 복합 과제를 짊어져야 한다. 분단을 기억하지 못하는 세대가, 분단의 결과를 살아야 하는 시대가 오고 있다. 그렇다면 지금의 우리는, 그들이 살아갈 미래를 어떤 모습으로 넘겨줄 것인가?

다음 세대는 더 이상 '분단의 피해자'가 되어서는 안 된다

과거는 바꿀 수 없지만, 미래는 지금의 선택으로 바꿀 수 있다. 우리가 지금 남북이 만나고, 교류하고, 공존을 준비한다면, 다음 세대는 적대가 아닌 협력, 대결이 아닌 이해, 전쟁의 공포가 아닌 평화의 일상 속에서 살아갈 수 있다. 그것이야말로 진짜 유산이고, 세대 간의 윤리적 약속이다.

통일은 청년의 꿈이 아니라 부담이 되었는가?

여론조사 결과에서 '통일은 필요 없다'는 응답이 청년층에서 가장 높게 나타난다. 그들은 통일을 '복잡하고 귀찮고 비싼 일'로 인식하고 있다. 왜일까? 통일은 너무 멀고, 북한은 너무 낯설며, 통일 논의는 과거 세대의 추억처럼 느껴지기 때문이다. 하지만 중요한 건 통일이라는 단어가 아니라, '미래의 삶을 더 안정적이고 자유롭게 설계할 수 있는 기반'을 만드는 것이다. 남북의 만남은 청년에게 감정의 동원이나 사명의 부과가 아니라, 자신의 삶을 지킬 권리를 확장하는 문제다.

지금 만나지 않으면, 미래는 닫힌 채 유산된다

남북관계를 회피하고 방치한다면, 미래 세대는 지금보다 더 폐쇄된 구조, 더 고착화된 갈등 속에서 살아가야 할 것이다. 외교의 주도권도, 경제의 활로도, 평화의 가능성도 점점 좁아질 것이다. 반대로, 지금 우리가 작지만 꾸준한 만남을 시작한다면, 그들은 우리가 누리지 못한 더 넓은 공간, 더 자유로운 관계, 더 유연한 선택권을 누릴 수 있다. 그것이 바로 '만남이 미래를 바꾸는 이유'다.

미래는 주어지는 것이 아니라 설계되는 것이다

우리는 '통일한국'이라는 꿈을 후세에 남겨주어야 한다고 말해왔지만, 사실 더 중요한 것은 '분단을 넘을 수 있는 상상력'과 '현실적 공존의 기술'을 유산으로 남기는 일이다. 남북 청년들이 함께 대화하고, 미래의 한반도에 대해 토론하며, 협력의 경험을 공유하는 삶을 가능하게 만드는 것. 그것이 진짜 변화이고, 진짜 미래다.

미래 세대를 위한 책임, 지금 우리가 져야 한다

분단은 우리가 선택한 것이 아니지만, 그 지속은 지금 세대의 책임이다. 남북이 다시 만나는 것은 과거를 정리하기 위한 것이 아니라, 미래를 준비하기 위한 공동의 과제다. 특히 청년 세대가 분단 이후에 태어난 유일한 세대가 된 지금, 새로운 관점과 언어로 미래를 상상할 수 있어야 한다. 남북이 만나는 이유는 더 나은 세대의 출현을 가능케 하기 위한 전제 조건이기도 하다. 우리는 분단을 선택하지 않았다. 그것은 1945년 해방 이후 강대국들에 의해 정치적으로 설정된 인위적 경계였고, 전쟁과 냉전, 이념 대립이 굳혀놓은 역사의 예외적 상황이었다.

하지만 우리는 이제 더 이상 그 책임에서 자유롭지 않다. 왜냐하면 지금 분단을 끝내지 않는다면, 그 결과는 다음 세대가 떠안게 되기 때문이다. 분단의 시작은 우리가 만든 것이 아니지만, 분단의 지속은 우리의 침묵에서 비롯될 수 있다. 그래서 남북의 만남은 과거를 정리하기 위한 일이 아니라, 다가올 세대의 삶을 열어주는 선택이다.

다음 세대는 분단을 기억하지 못한다

그러나 살아가야 한다. 2000년대 이후 출생한 세대는 분단 이후에 태어나, 북한을 '뉴스 속 존재'로만 접한 유일한 세대다. 그들은 6.25전쟁도 모르고, 이산가족도 체험하지 않았으며, 통일이 '사명'이었던 시절의 감정에도 동참하지 않는다. 통일은 그들에게 '막연한 구호'이고, 북한은 '낯선 외부자'이며, 남북관계는 '정치 뉴스의 일부'다.

그러나 역설적으로, 분단이 만든 위기와 부담, 안보 불안과 경제적 손실은 그들이 가장 오래 경험할 몫이다. 청년 세대는 '기억 없는 분단'을 살아가야 할 운명에 처해 있다.

우리가 지금 결정하지 않으면, 그들은 선택할 수조차 없어진다

남북이 만나지 않고, 대화하지 않고, 외면한 채 시간을 흘려보낸다면, 다음 세대는 더 굳어진 경계, 더 높아진 장벽, 더 닫힌 가능성 속에서 살아야 할지도 모른다. 더 위험한 한반도, 더 고립된 북한, 더 비싼 통일 비용, 더 극단적인 상호 혐오와 무관심의 시대. 이 모든 것이 지금 우리가 선택을 유예한 결과일 수 있다. 무대응은 포기이며, 침묵은 방조다.

다음 세대가 갈등보다 평화를 배우게 하자

남북이 다시 만나고, 신뢰를 회복하고, 작은 교류라도 지속한다면, 미래 세대는 적대보다는 협력을, 전쟁보다는 대화를, 고립보다는 연결을 배우며 자랄 수 있다. 그것은 단지 안전한 한반도를 만드는 일이 아니라, 더 나은 감정 구조와 사고 체계를 갖춘 세대를 키워내는 일이기도 하다. 남북 청년들이 함께 캠프를 하고, 예술과 스포츠, 학술로 교류하며, 서로의 언어와 문화를 직접 체험한다면, 그들에게 분단은 '이상한 과거의 유산'으로 인식될 수 있다.

평화는 다음 세대를 위한 가장 소중한 유산이다

부모 세대는 자녀에게 집과 재산을 물려주지만, 더 중요한 유산은 '살아갈 세상의 조건'이다. 그리고 그 조건 중 가장 절실한 것이 바로 '평화'다. 우리가 지금 평화를 만들지 않는다면, 우리 자녀들은 끊임없는 위기 속에서 살아야 하며, 국제 정세의 파고에 휘둘리는 불안한 삶의 구조 안에 갇히게 될 수 있다. 남북이 만나는 것, 서로를 이해하고 연결하는 것, 그 모든 노력은 '평화를 물려주는 실천'이다.

책임을 넘기지 말고, 우리가 책임지자

우리는 다음 세대가 남북 긴장 속에서 군 복무를 계속해야 하고, 분단 비용으로 세금을 부담하고, 한반도 리스크 때문에 기회가 줄어드는 그런 미래를 살게 해서는 안 된다. 우리는 '분단을 정리하지 못한 세대'가 아니라, '평화로 가는 길을 설계한 세대'로 남아야 한다. 지금 우리가 하는 작은 만남, 작은 약속, 작은 변화들이 결국 미래 세대가 '다르게 살 수 있는 권리'를 지키는 토대가 될 것이다.

2. 만나면 무엇을 얻는가

1) 한반도 평화체제 구축

남북이 만남을 통해 가장 먼저 기대할 수 있는 것은 한반도에 지속 가능한 평화체제를 구축하는 것이다. 현재 한반도는 1953년 정전협정 이후 70년 넘게 '전쟁을 일시 중단한 상태'에 머물러 있으며,

공식적인 평화조약이 체결되지 않은 세계 유일의 분단 지역이다. 이로 인해 남북은 물론 주변 국가들도 불안정한 정전체제 속에서 긴장과 충돌 가능성에 끊임없이 노출되어 왔다.

남북 간 신뢰 구축과 상호 인정은 이러한 정전체제를 평화체제로 전환하는 출발점이 된다. 상호 비방과 적대행위를 중단하고, 군사적 긴장을 단계적으로 완화하며, 평화협정 체결을 통해 전쟁 상태를 공식적으로 종식하는 것이 핵심 목표다. 이 과정에서 남북은 물론, 관련국들(**특히 미국과 중국**)과의 협력도 필수적이다.

한반도 평화체제가 구축되면, 남북 간 무력 충돌 위험이 대폭 감소할 뿐 아니라, 경제·사회·문화 분야의 교류협력이 훨씬 더 안정적인 환경 속에서 이루어질 수 있다. 이는 한반도를 넘어 동북아시아 전체의 안보 지형에도 긍정적 파급효과를 가져오며, 대한민국이 국제사회에서 평화 중재자로서의 역할을 강화하는 데에도 크게 기여할 수 있다.

따라서 남북의 만남은 단순한 이벤트가 아니라, 한반도 미래를 좌우하는 구조적 변화를 여는 열쇠라 할 수 있다.

2) 경제적 시너지 효과 창출

남북이 만나 협력할 경우, 한반도는 상호보완적 경제 구조를 기반으로 강력한 시너지 효과를 창출할 수 있다.[34] 남한은 첨단산업,

---

[34] 정세현·황방열(2018), 《담대한 여정—판이 바뀐다, 세상이 바뀐다》, 메디치미디어, pp.241-259.

자본, 기술력 등에서 강점을 지니고 있으며, 북한은 풍부한 자원(광물, 지하자원 등)과 저렴하고 젊은 노동력을 보유하고 있다. 이러한 차별화된 요소들이 조화를 이룬다면, 한반도 전체의 경제적 잠재력은 비약적으로 상승할 수 있다.

특히, 북한의 사회간접자본(SOC) 재건과 현대화는 남한 기업들에 대규모 투자 기회를 제공하며, 남북 공동의 인프라 구축은 물류, 에너지, 관광 등 다양한 산업 분야의 신성장 동력을 만들어 낼 것이다. 예를 들어, 남북 연결 철도와 도로망은 한반도를 넘어 중국, 러시아, 유럽으로 이어지는 대륙경제권 진출의 관문 역할을 할 수 있다.

또한, 남북 경제협력은 남한 경제의 구조적 한계를 극복하는 데에도 도움이 된다. 고령화, 내수시장 한계, 성장 둔화라는 문제를 안고 있는 남한은 새로운 시장과 생산기지를 확보함으로써 경제 활력을 재점화할 수 있다. 반면, 북한은 외부 투자와 기술이 유입되면서 산업 기반이 현대화되고, 생활 수준이 점진적으로 향상될 수 있다.

결국 남북 경제협력은 단순히 '북한을 돕는' 것이 아니라, 남북이 함께 성장하고 세계 경제 속에서 경쟁력을 높이는 길이 된다. 이는 한반도를 동북아시아 경제허브로 자리매김시키는 중요한 밑거름이 될 것이다.

3) 사회·문화적 동질성 회복

남북이 만나고 교류를 활성화하면, 분단 이후 약 80년 가까이 단절된 사회·문화적 동질성을 회복하는 중요한 길이 열린다. 남북은 같은 민족적 뿌리를 가지고 있지만, 오랜 시간 다른 정치 체제와 이념, 경제적 환경 속에서 살아오면서 생활양식, 언어 사용, 사고방식 등 여러 측면에서 상당한 차이를 보이게 되었다.

남북 간 사회문화 교류는 이러한 간극을 줄이고, 서로에 대한 이질감과 오해를 해소하는 데 중요한 역할을 한다. 예를 들어, 학술 교류, 스포츠 공동 참가, 문화예술 교류, 관광 프로그램 활성화 등을 통해 서로의 문화를 자연스럽게 이해하고 존중하는 경험을 쌓을 수 있다. 특히 청소년과 청년 세대 간의 교류는 장기적으로 공동체 의식을 회복하는 데 결정적이다.

또한 남북이 공유하는 역사, 전통, 언어를 기반으로 새로운 민족적 정체성을 재구성해 나갈 수 있다. 이는 통일 이후 사회통합을 원활하게 이끄는 데에도 필수적이다. 이질성이 심화된 상황에서 통일을 맞이할 경우 내부 갈등이 심각해질 수 있는데, 사회·문화적 동질성 회복은 이러한 위험을 사전에 완화하는 일종의 사회적 안전장치가 된다.

결국, 남북의 만남과 교류는 단순한 상징적 이벤트를 넘어, 한민족 공동체를 복원하는 실질적 과정이며, 미래 통합의 토대를 다지는 중요한 작업이라고 할 수 있다.

4) 군사적 긴장 완화와 국방비 절감

남북이 만나 협력하게 되면, 한반도에서 가장 즉각적이고 가시적인 변화 중 하나는 군사적 긴장의 완화이다. 현재 남북한은 세계에서 가장 군사력이 밀집된 지역 중 하나에 속해 있으며, 군사적 충돌 가능성이 상존하는 상황이다. 이로 인해 남북 모두 막대한 비용을 국방에 투입할 수밖에 없었고, 이는 경제·사회적 자원의 효율적 배분을 저해하는 주요 원인 중 하나가 되어왔다.

남북 간 신뢰 구축과 군사적 긴장 완화는 국방비 절감이라는 실질적인 이익으로 이어진다. 군사훈련 강도 조정, 비무장지대(DMZ) 평화지대화, 국지적 충돌 방지 시스템 구축, 군사적 정보 교류 등을 통해 점진적으로 군사적 긴장을 해소할 수 있다. 이와 함께, 군비 경쟁의 악순환을 멈추고 국방 예산을 보다 효율적이고 절제된 수준으로 재편성할 수 있다.

절감된 국방비는 경제 재건, 사회복지, 교육, 과학기술 투자 등 평화시대에 필요한 다양한 분야로 재배분될 수 있으며, 이는 국민 삶의 질 향상과 국가 경쟁력 제고로 이어진다. 특히 남한 입장에서는 인구 감소와 고령화로 인해 방위력 유지를 위한 인적·물적 비용 부담이 가중되고 있는 상황에서, 국방비 절감은 미래 세대를 위한 중요한 대비책이 될 수 있다.

나아가 군사적 긴장 완화는 단순한 재정 절감 효과를 넘어, 한반도 전체에 걸친 안정과 신뢰의 환경 조성으로 연결된다. 이는 국내외 투자 심리를 개선시키고, 한반도를 보다 매력적인 경제 및 외교 무대로 변화시키는 데에도 긍정적으로 작용할 것이다.

5) 국제적 위상 강화와 외교적 지렛대 확보

남북이 만나 협력하고 한반도 평화체제 구축에 성공할 경우, 대한민국은 국제사회에서 압도적으로 강화된 위상과 외교적 지렛대를 확보할 수 있다. 한반도 문제는 오랫동안 동북아시아는 물론, 전 세계의 주요 외교·안보 의제 중 하나였기 때문에, 남북 간의 관계 개선은 단순한 지역 문제를 넘어 국제 정치의 판도를 움직이는 중대한 사건이 된다.

우선, 한반도의 긴장이 완화되면 대한민국은 '갈등 지역'이라는 기존 이미지를 벗고, '평화 구축과 중재의 주체'로서 새로운 국제적 이미지를 확립할 수 있다. 이는 외교 무대에서 더 큰 발언권을 확보하는 데 도움이 되며, 주변 강대국(**미국**, **중국**, **일본**, **러시아**)과의 관계에서도 보다 주체적이고 능동적인 외교를 펼칠 수 있는 여지를 넓혀 준다.

또한, 평화와 협력을 이루어 낸 성공 모델은 대한민국의 소프트 파워를 크게 증대시킨다. 남북 협력을 바탕으로 경제, 문화, 인권 분야에서 글로벌 리더십을 강화할 수 있으며, 국제기구(**예: UN, 국제개발은행, 지역협력체 등**)에서 더 중요한 역할을 맡을 기회를 얻을 수 있다. 특히, 분단과 대립을 극복한 경험은 다른 분쟁 지역에 대한 중재 외교나 평화 구축 지원에서도 대한민국의 외교적 신뢰도를 높이는 자산이 된다.

더 나아가, 남북 협력을 통해 대륙과 해양을 연결하는 지정학적 중심지로서 한반도의 전략적 가치가 극대화되면서, 대한민국은 경제적, 외교적 교차로 역할을 강화할 수 있다. 이는 경제 성장뿐 아니라 외교적 협상력, 국제사회 내 영향력 증대에도 긍정적 효과를 가져온다.

결국, 남북이 만나고 협력하는 것은 대한민국이 '변방의 국가'에서 '국제사회의 중심 국가'로 도약하는 전략적 발판이 되는 셈이다.

6) 인도적 문제 해결: 이산가족 상봉과 인권 개선

남북이 만나고 교류를 활성화하면, 한반도 분단의 가장 비극적인 결과 중 하나인 이산가족 문제를 해결하는 데 실질적인 진전을 이룰 수 있다. 1950년 6.25전쟁 이후 수십만 명의 가족이 생이별했고, 지금도 많은 이들이 가족의 생사조차 알지 못한 채 고통 속에 살아가고 있다. 시간이 흐르면서 이산가족들의 고령화가 심각해져, 시간이 촉박한 인도적 과제로 인식되고 있다. 남북 간 대화와 협력은 정례적이고 지속적인 이산가족 상봉 프로그램을 가능하게 하며, 나아가 상시적 생사 확인, 서신 교환, 자유 왕래 등 보다 발전된 인도적 조치로 이어질 수 있다. 이는 단순한 개인적 재회의 의미를 넘어, 분단으로 인해 생긴 민족 공동체 내부의 상처를 치유하는 과정이다.

또한 남북 대화는 북한 내부의 인권 상황 개선에도 긍정적인 영향을 미칠 수 있다. 인권 문제는 민감한 정치적 사안이지만, 교류와 협력이 확대되면서 국제적 기준에 부합하는 인권 개선 요구가 보다 현실적으로 제기될 수 있고, 북한 사회 내부에서도 점진적인 변화가 촉진될 수 있다. 특히 경제협력, 인도적 지원, 문화 교류 과정 속에서 북한 주민들의 삶의 질 향상과 정보 접근성 증가는 자연스럽게 인권 개선의 밑거름이 될 수 있다.

궁극적으로 남북의 인도적 문제 해결은 단순히 과거의 비극을 복원하는 것을 넘어, 미래를 함께 준비하는 신뢰 구축 과정이다. 이는 남북관계의 안정성과 지속성을 높이고, 한반도 통합의 정서적 토대를 마련하는 데 중요한 역할을 하게 된다.

7) 통일 대비 기반 조성

남북이 만나고 교류를 확대하는 것은 단순한 현안 해결을 넘어, 장기적으로 한반도 통일을 대비하는 기반을 조성하는 데 결정적 역할을 한다. 통일은 어느 날 갑자기 이루어지는 사건이 아니라, 긴 시간에 걸친 신뢰 형성, 제도적 준비, 사회·문화적 통합 과정을 통해 점진적으로 이루어지는 복합적 과정이다.

현재 남북은 정치 체제, 경제 구조, 사회·문화적 환경 등 거의 모든 면에서 큰 차이를 보이고 있다. 이로 인해 통일이 현실화될 경우, 막대한 비용과 사회적 혼란이 우려된다. 그러나 남북이 사전에 지속적이고 체계적인 교류·협력을 통해 차이를 좁혀 나간다면, 통일로 인한 충격을 최소화하고 부드러운 통합을 이룰 수 있다.

구체적으로는 경제공동체의 단계적 구축, 법과 제도의 조율, 사회복지 시스템 협력, 인프라 연계 강화, 교육 및 문화 교류 활성화 등을 통해 통일 준비를 현실화할 수 있다. 이는 단순히 통일을 꿈꾸는 데 그치는 것이 아니라, 실질적이고 현실적인 통일 설계도를 마련하는 작업이다.

또한 통일 기반 조성은 남북 모두에게 미래에 대한 명확한 비전을 제시하는 역할도 한다. 통일이 막연한 두려움이나 부담이 아니라, 기회의 창으로 인식될 수 있도록 만드는 것이 중요하다. 이를 통해 국민적 통일 의지를 강화하고, 남북한 모두가 통일을 향해 자연스럽게 나아가는 심리적·사회적 토대를 다질 수 있다. 결국 남북의 만남과 협력은 통일을 가능하게 하는 정치적 선언 이상의 의미를 지닌다. 이는 '지금부터 시작하는 통일'을 현실로 만들어 가는 과정이다.

8) 청년 세대의 새로운 기회 확대

남북이 만나고 교류를 활성화하게 되면, 그 가장 큰 수혜자는 청년 세대가 될 것이다. 한반도의 평화 정착과 경제협력 확장은 청년들에게 새로운 기회 공간을 열어줄 뿐 아니라, 기존의 한정된 내수 시장과 일자리 문제를 넘어서는 도약의 발판을 제공한다. 우선 남북 경협 확대와 북한 지역 개발은 새로운 산업과 시장을 창출한다. 북한의 사회간접자본(SOC) 구축, 에너지 개발, 관광산업, 농업 현대화 등 다양한 분야에서 대규모 프로젝트가 진행될 경우, 청년들에게는 다양한 일자리와 창업 기회가 열릴 수 있다. 이는 단순한 취업 기회를 넘어, 북한과 남한을 아우르는 신성장 산업의 주역이 될 수 있는 가능성을 의미한다.

또한 남북 간 문화·예술·스포츠 교류의 활성화는 청년 세대에게 글로벌 감각과 민족 공동체 의식을 동시에 키울 수 있는 장을 마련해 준다. 청년들은 새로운 환경 속에서 창의성과 개척 정신을 발휘하여, 남북 공동 프로젝트, 스타트업, 문화 콘텐츠 제작 등 다양한 분야에서 혁신적 역할을 수행할 수 있다.

더 나아가, 남북이 평화와 협력을 강화함으로써 한반도는 대륙으로 연결되는 통로가 된다. 철도·도로 인프라 연계를 통해 유럽, 중국, 러시아 등지로 진출하는 기회가 크게 확대되며, 청년들은 국제무대에서 활동할 글로벌 인재로 성장할 수 있다. 이는 대한민국 청년들에게 닫혀 있던 지리적, 경제적 한계를 넘어서는 꿈의 무대를 제공하는 것이다.

남북이 만나고 청년 세대 간 교류와 협력을 활성화하면, 이는 단순한 민족 교류를 넘어 남한 청년들이 직면한 실업 문제, 혼인 기피, 저출산 문제를 완화하는 데에도 실질적 도움이 될 수 있다.

먼저, 남북 협력 사업이 본격화되면 북한 지역의 인프라 개발, 산업 재건, 사회 시스템 정비 등 다양한 분야에서 새로운 일자리가 대거 창출된다. 특히 초기에는 건설, 에너지, 물류, 농업 등 노동집약적 산업에서 기회가 많아지고, 이후 금융, 교육, 정보통신 등 고도화된 산업으로 확장되면서 청년층을 위한 폭넓은 취업 기회가 제공될 수 있다. 이는 과도한 경쟁과 한정된 일자리로 인한 남한 청년 실업률 문제를 실질적으로 완화하는 데 기여할 수 있다.

또한, 남북 교류를 통한 경제 활성화는 청년들의 경제적 자립 기반을 강화해 준다. 안정적 일자리와 소득은 청년들이 결혼과 출산을 고려할 때 가장 중요한 요소 중 하나다. 남북 공동시장에서의 기회 확대와 경제적 안정은 청년층의 혼인율 증가와 출산 계획 촉진에도 긍정적 영향을 줄 수 있다. 특히 남북 간 사회문화 교류를 통해 보다 열린 결혼관, 가족관을 형성하게 되면, 장기적으로 새로운 형태의 남북 공동체 가정도 등장할 가능성이 있다.

나아가 청년 교류는 단순한 고용·경제 문제를 넘어, 삶의 희망과 공동체 비전을 제공한다. 분단의 상처를 극복하고 새로운 미래를 함께 만들어 간다는 공동의 목표는, 청년 세대에게 개인적 성공을 넘어 민족 공동 번영의 주역이라는 자긍심을 심어줄 수 있다. 이는 삶의 만족도 향상, 미래에 대한 긍정적 전망 강화로 이어지며, 청년 세대의 전반적 사회적 활력 회복에도 기여할 것이다.

남북 청년 교류는 한반도 평화 정착과 함께 남한 청년 문제 해결에도 유의미한 해법을 제공하는, 다차원적 전략이 될 수 있다. 남북 교류와 협력은 청년들에게 단순한 경제적 혜택을 넘어, 미래를 스스로 설계하고 주도할 수 있는 새로운 시대의 문을 열어주는 일이다. 청년 세대가 통일시대를 살아갈 주역이자 개척자가 될 수 있도록 지원하는 것이, 지금 남북이 만나는 가장 중요한 이유 중 하나라 할 수 있다.

9) 한민족 정체성 강화와 역사적 사명 완수

남북이 만나고 교류를 활성화하는 것은 단순한 정치적·경제적 이익을 넘어, 한민족의 정체성을 강화하고 역사적 사명을 완수하는 과정이다. 한민족은 오랜 세월 동안 동일한 역사, 문화, 언어를 공유해 온 공동체였지만, 20세기 중반 강제적인 분단은 민족적 정체성에 깊은 상처를 남겼다. 서로 다른 체제와 이념 속에서 살아온 결과, 남북한은 점점 이질화되었고, 젊은 세대 사이에서는 '하나의 민족'이라는 인식조차 희미해져 가고 있다.

남북의 만남과 협력은 이러한 단절을 극복하고, "우리는 하나다"라는 민족적 자각을 다시 일깨우는 기회가 된다.[35] 공동의 역사 교육, 문화유산 복원 사업, 언어 통일 노력, 민족 스포츠팀 구성 등 다양한 방법을 통해 공통의 뿌리와 전통을 재확인하고, 이를 미래 세대에 계승할 수 있다. 이는 단순한 감정적 연대가 아니라, 공동체로서의 정체성 복원을 위한 구체적이고 체계적인 작업이 된다.

또한, 한민족 정체성 강화는 대한민국이 과거 식민 지배와 분단,

---

35) 탁현민(2023), 《미스터 프레지던트》, 메디치, pp.320-323.

전쟁이라는 비극적 역사를 넘어, 스스로 운명을 개척하고 극복하는 주체적 민족임을 세계에 입증하는 일이기도 하다. 남북이 만나고 화해하고 협력하는 것은, 외세에 의해 갈라졌던 역사를 스스로 봉합하는 역사적 사명을 완수하는 일인 것이다.

이러한 과정은 단지 과거를 회복하는 데 그치지 않고, 미래를 위한 새로운 민족 공동체를 만들어 가는 의미를 지닌다. 다시 하나가 된 한민족은 동북아시아와 세계 무대에서 자부심과 사명감을 가진 공동체로 자리매김할 수 있으며, 이는 후손들에게도 강력한 정신적 유산이 될 것이다.

맺음말:
남북이 다시 만난다면

한반도의 분단은 어느 한쪽의 의지만으로 해결될 수 없는 역사적·정치적 현실이다. 그러나 분단의 시간을 견디는 동안, 우리는 평화와 공존, 그리고 통일에 대한 상상력을 조금씩 확장시켜 왔다. 그 상상력은 단지 과거의 회복이 아니라, 미래를 함께 설계하고 살아가기 위한 집단적 지혜의 표현이어야 한다.

남북이 다시 만난다는 것은 단순한 만남이 아니다. 그것은 수십 년 간 단절되었던 경험과 기억, 체제와 언어, 문화와 감정을 마주하는 일이며, 상처를 응시하고, 다름을 인정하며, 서로를 받아들이는 과정이다. 이 과정은 급속히 이루어지지 않으며, 조심스럽고 세심한 접근이 요구된다. 그래서 중요한 것은 속도가 아니라 방향이다. 우리는 하나의 민족이라는 이상 아래 무작정 달려가기보다, 서로의 존재를 존중하고, 신뢰를 쌓고, 공통의 미래를 상상하는 과정이 필요하다.

남북이 다시 만나는 날, 그 만남은 두 국가의 정상만이 아니라, 평범한 사람들의 일상 속에서 시작되어야 한다. 이산가족의 재회, 청년들의 교류, 공동의 문화 행사, 그리고 일터와 마을에서 이뤄지는 작은 만남들 속에서, 분단의 틈은 조금씩 메워질 것이다.

우리는 통일을 강요하거나 예단해서는 안 된다. 오히려 중요한 것은 그 가능성을 열어두고, 모두가 참여할 수 있는 통일의 조건을 만들어 가는 일이다. 그것은 제도보다 사람, 선언보다 관계에 더 큰 무게를 두는 과정이다. 그 속에서 통일은 더 이상 거창한 정치 담론이 아니라, 시민 한 사람 한 사람의 삶으로 연결되는 진짜 '우리의 일'이 될 것이다.

남북이 다시 만난다면, 우리는 묻지 않을 수 없다. 그동안 우리는 얼마나 준비되어 있었는가? 얼마나 열린 마음을 가지고 있었는가? 그리고 이제부터 무엇을 해야 하는가?

이 책은 그 물음에 대한 하나의 응답이다. 불확실한 미래 속에서도 방향을 잃지 않기 위한 나침반, 남북이 다시 만나는 그날을 향해 모두가 함께 걸어가는 데 필요한 사유의 지도다. 그리고 그 길은 아직 늦지 않았다. 지금, 여기서부터 다시 시작하면 된다.

참고문헌

1. 학술 논문

- 양동안(2004). 〈여운형의 민족통일노선〉, 《정신문화연구 2004년 겨울호 제27권 제4호 통권97호》, 141-174.
- 이정식(2006). 〈이승만의 단독정부론 제기와 그 전개〉, 《한국사 시민강좌 제38집》, 40-73.
- 고유환(2015). 〈남북한 정치체제 성립과 전개과정〉, 《현대사광장 제5호》, 10-35.
- 손대권(2025). 〈김일성의 세 차례 한국전쟁 획책과 중국의 동맹 제지: 지정학적 구도의 변화를 중심으로〉, 《한국과 국제정치 제41권 제1호》, 281-321.
- 박순성(1998). 〈남북한 경제체제의 변화와 경제통합의 모색〉, 《사회과학연구 37집》, 133-156.
- 이우영(2022). 〈한국의 체제전환 연구의 비판적 검토: 남북한 사회문화적 갈등과 통합 연구를 위한 제언〉, 《현대북한연구 제25권 제3호》, 269-301.
- 김서경(2024). 〈북한 유일지배체제 형성과 교육의 역학 관계〉, 《현대북한연구 제27권 제3호》, 48-86.
- 박정진(2012). 〈냉전시대 한반도 갈등 관리의 첫 실험, 7.4 남북공동성명〉, 《북한연구학회보 제16권 1호》, 293-320.
- 이용희(2018). 〈장마당이 북한 계급제도와 체제에 미치는 영향〉, 《통일전략 제18권 4호》, 105-150.
- 배영애(2018). 〈북한의 체제유지를 위한 '인민반'의 역할과 변화〉, 《통일과 평화 제10권 2호》 193-240, 서울대 통일평화연구원.
- 한만길·이관형(2014). 〈북한의 12년 학제 개편을 통한 김정은 정권의 교육정책 분석〉, 《북한연구학회보 제18권 2호》, 233-254.
- 신형덕·박주연·유남원(2021). 〈북한이 지향하는 여성상 비교: 정부간행 잡자기사를 중심으로〉, 《유라시아연구 제18권 1호》, 25-45.
- 서유석(2019). 〈북한 당국, USB 단속에 골머리〉, 《북한연구소 북한 2019년 7월호》.
- 최현옥(2012). 〈북한주민의 남한드라마 시청에 관한 연구: 1990년대 말 이후를 중심으로〉, 경남대 북한대학원 석사논문.
- 조명철(1997). 〈북한 계획경제의 운용시스템에 관한 연구〉, 《현대경제연구원 통일경제 29호》.
- 김봉수(2017). 〈장마당이 북한 주민생활에 미친 시대별 영향 분석〉, 고려대 행정대학원 석사논문.

- 차수진(2016). 〈김정은 시대 내각의 경제적 역할 연구〉, 경남대 북한대학원 석사논문.
- 권영경(2009). 〈경제관리개선조치 이후 북한의 경제관리운용 실태에 관한 연구〉, 《북한연구학회보 제13권 2호》, 25-55.
- 박희진(2021). 〈북한 '우리식 경제관리방법'의 모순과 사회의 혼종〉, 《북한학연구 제17권 1호》, 73-104.
- 유판덕(2021). 〈김정은의 '고난의 행군'과 '자력갱생' 노선 선택 의도 및 미칠 영향〉, 《접경지역통일연구 제5권 1호》, 39-65.
- 정영철(2019). 〈북한 경제의 변화—시장, '돈주', 그리고 국가의 재등장〉, 《역사비평 봄호》, 134-159.
- 남궁영·양일국(2015). 〈중국·베트남의 개혁·개방과 북한〉, 《한국동북아논총 제76호》, 111-134.
- 바실리 미헤예브·비탈리 쉬비드코(2015). 〈러시아 경제체제 전환 과정의 주요 특징과 문제점: 북한에 대한 정치적 시사점과 교훈〉, 《중장기통상전략연구 제15권 7호》.
- 신석호(2008). 〈북한과 쿠바의 경제위기와 개혁〉, 경남대 북한대학원 박사학위논문.
- 김선호(2019). 〈조선인민군의 창설과 유일지도체제의 기원〉, 《현대북한연구 제22권 3호》, 48-87.
- 한병진(2016). 〈공포정치와 북한 엘리트: 최근의 탈북을 계기로〉, 《JPI 리서치 시리즈》, 187-191.
- 이중구(2024). 〈북한의 '적대적 두 국가론'과 남북관계 전망〉, 《통일정책연구 제33권 1호》, 29-54.

2. 단행본

- 이종석(2012). 《통일을 보는 눈—왜 통일을 해야 하느냐고 묻는 이들을 위한 통일론》, 개마고원.
- 변종헌(2014). 《남북한 관계와 한반도 통일—성찰과 논의》, 인간사랑.
- 임동원(2015). 《피스메이커—남북관계와 북핵문제 25년》, 창비.
- 한반도평화포럼(2015). 《통일은 과정이다》, 서해문집.
- 정세현·황방열(2018). 《담대한 여정—판이 바뀐다, 세상이 바뀐다》, 메디치미디어.
- 탁현민(2023). 《미스터 프레지던트》, 메디치미디어.
- 연세대 김대중도서관(2024). 《김대중 육성 회고록—김대중은 오늘 우리에게 무엇을 말하는가》, 한길사.

2030년, 남북은 왜 만나야 하는가?

초판 1쇄 발행 2025. 7. 14.

지은이 김수한
펴낸이 김병호
펴낸곳 주식회사 바른북스

편집진행 김재영
디자인 양헌경

등록 2019년 4월 3일 제2019-000040호
주소 서울시 성동구 연무장5길 9-16, 301호 (성수동2가, 블루스톤타워)
대표전화 070-7857-9719 | **경영지원** 02-3409-9719 | **팩스** 070-7610-9820

•바른북스는 여러분의 다양한 아이디어와 원고 투고를 설레는 마음으로 기다리고 있습니다.

이메일 barunbooks21@naver.com | **원고투고** barunbooks21@naver.com
홈페이지 www.barunbooks.com | **공식 블로그** blog.naver.com/barunbooks7
공식 포스트 post.naver.com/barunbooks7 | **페이스북** facebook.com/barunbooks7

ⓒ 김수한, 2025
ISBN 979-11-7263-478-0 03340

•파본이나 잘못된 책은 구입하신 곳에서 교환해드립니다.
•이 책은 저작권법에 따라 보호를 받는 저작물이므로 무단전재 및 복제를 금지하며,
이 책 내용의 전부 및 일부를 이용하려면 반드시 저작권자와 도서출판 바른북스의 서면동의를 받아야 합니다.